인문학과
실용의
경계를
넘어

이상주 지음

세종의 공부

다음생각

세종의 공부

초판 1쇄 2013년 4월 1일
초판 3쇄 2014년 10월 28일

지은이 이상주

펴낸이 방영배, 곽유찬
편집 심경보
디자인 신정난
펴낸곳 다음생각

주소 경기도 고양시 덕양구 화정동 967 송화빌딩 213호
전화 031-963-2123 **팩스** 031-963-2124 **이메일** nt21@hanmail.net
출판등록 2009년 10월 6일 제2011-000148호
인쇄·제본 (주)현문자현 **종이** 월드페이퍼
ISBN 978-89-98035-14-3 (03910)

인문학과 실용의 경계를 넘어

세종의 공부

修身齊家 | 독한 공부로 자신과 가정을 다스리다

2부

治國平天下 | 평생공부로 나라와 백성을 다스리다

2. 평생공부가 만든 지식경영

영토는 양보할 수 없다

통합을 위해 계승한다

국방을 위해 신하의 건의를 외면하다

조선 초유의 국민투표를 실시하다

부엉이에게 궁궐을 내어줄 수 없다

한글, 지식과 정보 공유의 시초가 되다

역사적 사실을 있는 대로 기록하라

젊은 두뇌를 모으라

명을 인정하고 조선의 정체성을 세우다

과거의 목적은 참다운 인재를 얻으려 함이다

처벌보다는 대책이 우선이다

세종이 평생 공부를 통해 얻은 것들

역사에서 세종世宗의 묘호를 받을 수 있는 임금은 극히 제한돼 있다. 건국을 했거나 문화, 경제에서 나라를 크게 중흥시킨 군주만이 받을 수 있는 영광의 칭호다. 조선의 세종은 정치, 문화, 경제, 군사, 과학, 역사 등 다양한 분야에서 빼어난 업적을 남겼다. 이는 세종의 천재성 덕분으로 설명될 수 있다. 임금의 천재적 잠재력은 평생 공부로 구현되었다. 왕자 시절에는 아버지 태종이 걱정할 정도로, 등극 이후에는 신료들이 건강을 염려할 정도로 공부에 몰입했다.

세종의 공부는 크게 인격수양, 가정교육, 학문탐구, 창의실험, 통치 공부로 나눌 수 있다.

첫째, 인격수양이다. 많은 독서를 통해 세상을 사는 이치와 사람의 도리를 익혔다. 앞선 이들의 좋은 점을 책으로 간접 경험했다. 다독과 정독을 병행했는데 중요하거나 이해를 더 깊게 해야 하는 책들은 100번 이상 읽었다. 구양수와 소동파가 주고받은 시를 정리한《구소수간》을 1,100번을 읽은 게 좋은 예다. 정사에 바쁜 임금은 책 읽는 시간을 확보하기 위해 사고(四鼓: 오전 2~4시)에 일어났고, 내전(內殿: 왕비의 거처)에서도 글 읽기에 조금도 나태하지 않았다.

인격수양이 된 사람은 아부나 아첨을 멀리할 능력이 배양된다. 세종은 아부, 아첨 금지 지시를 내렸다. 대신 능력 있는 신하를 얻으면 인격도 믿고 다 맡겼다. 이는 책임정치로 이어졌다.

물론 사람이기에 완벽하지 않음도 인정했다. 대신 최선을 다하는 자세를 주문했다. 세종은 공부틀, 최선을 다하는 틀을 생각했다. 임금의 신조인 '여의이위범사전치 칙무불성予意以謂凡事專治, 則無不成'은 무슨 일이든 전력을 다해야 이루어진다는 뜻이다.

둘째, 가정교육이다. 세종의 궁극적 꿈은 예의국가 완성이었다. 윗사람을 공경하고 아랫사람을 보살펴 사람답게 사는 사회를 건설하는 것이다. 이는 왕실부터 솔선수범해야 효과적이다. 왕은 자기도야에 이은 만백성의 바른 통치에 나섰다. 임금은 아버지에게 무릎을 꿇었고, 노인에게는 일어서서 답례했다. 제왕의 모습이 아닌 아들과 연소자의 예절을 택했다.

또 최고의 스승은 아버지임을 인식하고 세자, 수양대군을 직접 가르쳤다. 그 방법은 밥상머리 교육이었고, 스토리텔링 교육이었고, 내리 공부였다. 세종의 육성이다. "나는 날마다 세자와 더불어 세 차례씩 같이 식사한다. 밥을 먹은 뒤에는 세자가 동생들에게 옛 교훈에 대해 말하게 한다. 나도 또한 수양대군에게 공부를 가르쳐준다."

며느리를 훈계하기 위해《열녀전》을 가르쳤고, 왕족을 종학에 입학시켜 교양교육을 받게 했다.

셋째, 학문탐구다. 임금의 학문탐구는 현실적인 것이었다. 연구를 위한 학문이 아닌 실용을 위한 공부였다. 수학, 천문학, 음악, 의학, 역사학, 외국어 공부는 모두 생활을 윤택하게 하려는 방편이었다. 수학을 국가 경쟁력으로 보고, 연구원들에게 더 높은 수준의 공부를 요구했다. 향악과 아악을 고루 신경 써 맹목적인 보수와 무조건적인 외국문물의 수입에서 이상적인 균형을 유지하게 했다. 또 하늘길은 조선과 명나라가 다름을 분명히 하고 독자적인 천문학 공부 분위기를 조성했다. 의학과 역사 공부에서도 주관을 확립시켰다. 학문 탐구는 과학과 미신을 구분하게 했다. 궐에서 부엉이가 울면 해괴제를 지내던 미신을 없애버린 게 좋은 예다.

넷째, 창의실험이다. 임금의 실험정신은 강화도의 귤나무 재배로 이어졌다. 온실을 짓고 키 3미터의 귤나무를 재배했다. 집현전 설치는 창의성의 큰 마당이다. 비워야 채워짐을 안 세종은 사가독서제를 실시했다. 맘껏 책을 읽고 아이디어를 발산하라는 것이다. 특히 색깔이 다른 다양한 사람을 모아 무지개 같은 아름다움으로 승화시켰다. 세종 치세를 이끈 대표 주역인 허조, 황희, 맹사성, 변계량은 모두 스타일이 달랐다. 허조는 원칙주의자인 반면에 황희는 극단의 대립을 피하는 중용의 덕을 설파한다. 맹사성은 소를 타고 피리를 부는 자연론자였고, 변계량은 문장력이 일품으로 많은 것을 수용하는 입장이었다. 허조는 법가, 황희는 유가, 맹사성은 도가, 변계량은 불가적인 내음이 났다. 이들의 특징은 백성을 편안하게 하려는 세종의 이상주의 국가 이데올로기에서 융합됐다. 임금의 색다른 시각은 종묘

14

대제의 일화에서도 엿보인다. 실족하며 술잔을 떨어뜨린 허조를 벌하는 대신 좁은 계단을 넓히라고 지시했다.

 다섯째, 통치공부다. 임금은 이론과 실습을 중요시했다. 세자에게 대리청정을 시킨 것이 한 예다. 신료들의 반대에도 불구하고 임금은 세자에게 강무, 대리청정을 지속적으로 시켜 이론공부와 실습을 병행 할 기회를 주었다. 또 보고미비에 대해서는 징계하여 지휘계통의 체계를 분명히 했다. 생계형 범죄와 인륜 범죄를 구분하고, 사회적 약자를 보호하는 사회보장제도를 실천했다. 많은 공부를 통해 투철한 역사관, 국방관을 가진 임금은 나라의 강토를 넓혔고, 국민 통합을 위해 계승의 정책을 펼쳤다. 또 백성의 뜻을 알기 위해 조선 초유의 시민투표를 실시했다. 처벌보다는 대책을 우선하는 시각도 많은 공부에서 나왔다. 세종은 도성 화재를 통해 한국사 최초의 종합 소방방재 대책을 세웠다.

 공부를 즐겨한 세종은 경연經筵에 크게 신경을 썼다. 경經은 인격함양을 위해 읽어야 할 고전이고, 연筵은 펼쳐놓은 자리다. 임금은 인격수양은 물론 현실정치에 적용할 공부를 위해 책을 들었고, 신하들과 토론을 즐겨했다. 이 책에서는 평생공부로 위대한 성군이 된 세종의 공부 내용과 업적을 적었다. 민족의 위대한 스승인 세종대왕의 공부는 크게 보면 백성을 위한 노력으로 결론지을 수 있다.

2013년 3월 이상주 씀

1부 修身齊家

독한 공부로

자신과 가정을

다스리다

세종의 독한 공부

세종의 뿌리 깊은 대나무 공부

"세상에 으뜸인 걸출한 능력과 속 깊은 덕으로 백성의 마음을 어루만지셨네. / 명민한 두뇌로 학문을 닦고, 이치에 맞는 베풂으로 천하를 넉넉하게 다스리셨네. / 깊은 앎은 온 누리에 미쳤고, 성스러운 지혜와 슬기로운 기품은 하늘에 닿으셨네. / 순리와 위엄 넘친 덕, 강직하고 굳센 의지로 화란을 잠재워 대업을 보전하셨네. / 의로움과 예로써 인재를 귀히 여기고 백성을 가슴으로 감싸 공을 풍성하게 하셨네. / 예를 후하게 하고, 배려와 관심을 지속해 온 나라에 선하고 능력 있는 기운을 북돋우셨네. / 빼어난 예지력으로 다름과 다름도 새로움으로 창조해 천지사방을 아름답게 밝히셨네. / 바른 공경으로 대업의 큰 뜻을 받들고, 세심한 덕으로 나라를 태양처럼 높고 밝게 하셨네."

이는 세종이 붕어하자 조정에서 올린 존시이다. 마음을 다한 지상 최고의 표현으로 임금의 위대함을 기리고 있다. 조선 최고의 성군으로 꼽히는 세종은 지식을 바탕으로 한 사려와 빼어난 분별력, 바른 행위로 한국사에 커다란 빛이 되었다. 세종은 사후에 받은 묘호이다. 세종대왕의 이름에는 어떤 의미가 있을까. 한국과 중국의 임금 중에는 태조, 태종, 세종, 문종이 많은데 개국 초창기의 군주로 큰 업적을 이뤘다는 공통점이 있다. 이는 임금의 사후 이름인 묘호의 숨은 뜻 때문이다.

태조太祖는 천대에 빛을 뿌린 위대한 임금이라는 의미다. 천 년 만 년 이어질 빛나는 나라를 열었다는 뜻이다. 원래는 한 나라를 창업한 군주에게만 조祖를 붙였다. 나라의 시조라는 의미이다. 조祖 앞에 태太를 더하면 처음, 시초로 그 이상은 없다는 최상의 칭호이다. 이와 비슷한 게 고조다. 고조高祖는 기강을 세우고 표준을 정한 임금을 뜻한다. 그래서 나라를 연 임금에게는 태조나 고조를 묘호로 쓴다.

태종太宗은 제2의 개국을 할 정도의 업적을 남긴 왕에게 올린 호칭이다. 나라를 창업하면 모든 것이 불완전할 수밖에 없다. 아직까지는 신하들의 권력이 강한 상황이고 왕은 내각책임제의 수상과 같은 제한된 권력을 갖는 게 일반적이다. 이때 왕권을 절대 권력으로 강화하는 임금이 나오고 나라가 안정기에 접어드는 게 역사의 순환이다. 조선 태종, 당나라 태종이 대표적이다.

세종世宗은 나라를 세우거나 문화, 경제적인 면에서 나라를 크게 중흥시킨 군주이다. 문종文宗은 문장이나 문학에 뛰어나 한 파派의 시조로 일컬어지는 사람을 의미하듯 문물을 크게 일으킨 왕에게 어울린다. 성종成宗도 세종, 문종과 비슷하다. 법률 체계 등 나라의 제도를 정비한 왕에게 부여되는 경향이 있다. 조선 성종은 세종, 세조 때부

터 자리 잡히기 시작한 나라의 극성기를 이끈 주역이다.《경국대전》
과《대전속록》을 간행하는 등 문화를 크게 꽃피웠다.

묘호는 왕이 죽은 뒤에 붙이는 평가 칭호이다. 업적에 대한 평가
는 신하와 다음 임금이 한다. 증시는 가끔 논란도 있었다. 세종대왕
의 묘호에 관해서도 시각차가 있었다. 문종 즉위년(1450년) 3월 13
일, 허후와 정인지 등이 세종의 시호 변경을 건의한다. 허후는 조선
예학의 기초를 닦은 허조의 아들이고, 정인지는 원로 대신이다. "역
대에 세종은 나라를 새로 열거나 중흥시킨 임금입니다. 그러나 대행
대왕(大行大王: 세종)은 이와 같지 않습니다. 만약 세종으로 묘호를
올리면 덕행을 기록하는 뜻에 결점이 있습니다. 역대 칭호의 뜻과
같지 않습니다. 청컨대 문종이라고 고쳐 실제의 덕행을 기록하게 하
소서."

그러나 임금은 이를 받아들이지 않았다. 반대를 분명히 했다. "묘
호를 세종으로 올려도 선왕의 덕행을 누가 알지 못하겠는가? 더구나
북방에서 공훈이 있지 않은가?"

신하들은 선왕이 문물을 크게 일으키고 많은 덕을 베풀었으니 문
종이 더 적합하다는 의견이었다. 이에 비해 아들인 임금은 부왕의
덕행은 세종의 칭호로도 설명되고, 사군과 육진을 개척하는 등 나
라의 영토를 넓혔으니 제2의 건국군주로서의 의미를 담아야 한다는
생각이었다.

세종의 묘호에서 주목할 것은 종宗이다. 조祖와 종宗은 황제국에서만

사용한다. 제후국은 왕으로 표현한다. 조선은 개국 후 태조의 4대 조상을 임금으로 추존하면서 목왕, 익왕, 도왕, 환왕으로 표현했다. 그러나 태종이 국가의 자존심 차원에서 왕을 조로 바꾸었다. 목조, 익조, 도조, 환조로 표기해 신위神位를 종묘에 모셨다. 조선을 건국한 이성계는 명나라에서 강헌왕이라는 시호를 내렸지만 태조를 묘호로 올렸다.

천자만 쓰는 조종祖宗을 사용한 일은 훗날 명나라와의 외교 문제로 비화된다. 임진왜란에 참전한 명나라 찬획주사 정응태가 "조선이 참람되게 천자의 묘호인 조종을 사용한다"고 명나라 황제에게 알린 것이다. 당시 동아시아의 국제질서 시각에서는 명나라만이 조종을 사용할 수 있는데 조선이 천자국 용어인 조종을 썼다는 비판이었다.

세종대왕 호칭은 몇 가지가 있다. 성은 전주 이씨全州 李氏, 휘는 도祹, 자는 원정元正, 사후에 받은 존시는 영문예무인성명효대왕英文睿武仁聖明孝大王, 시호는 장헌莊憲, 묘호는 세종世宗이다. 여기에는 세종의 학문적 깊이와 인간미가 모두 담겨 있다.

아버지 태종은 18년 6월 18일 '원정'이라는 자를 내렸다. 아들을 세자로 임명한 지 보름 만에 준 이름으로 의미가 무척 깊다. 원정은 깊은 사려와 빼어난 분별력, 바른 행위로 주위로부터 몸과 마음으로 공경받았음을 뜻한다. 태종은 셋째 아들을 세자로 선택할 때 다음과 같은 말을 했다. "총명하고 학문을 좋아하여 덕망이 날로 높아지니 사람들의 마음을 사로잡았다." 이 같은 의미를 담은 것이 원정이다.

조정에서 올린 시호에서는 임금의 성스럽고 높은 업적을 찬미하고 있다. 존호인 영문예무인성명효의 각 뜻을 현대어로 되살려본다.

- 영英: 세상에서 으뜸을 의미한다. 걸출한 능력과 깊은 애정, 덕으로 백성을 보살핀 큰마음을 의미한다. 여주 세종대왕릉의 명칭이 영릉인데 이는 최고의 예우를 갖췄음을 보여준다. 조선 후기의 영조는 평소 "내가 죽으면 영英 자의 묘호를 얻으면 좋겠다"고 말하곤 했다. 영이 가장 뛰어남을 의미하기에 영광스러운 글자로 받아들였다.
- 문文: 명민한 두뇌로 학문을 닦고, 이치에 맞는 베풂으로 천하를 넉넉하게 한 때에 쓴다.
- 예睿: 성스러운 지혜와 슬기로운 기품이 크게 뻗치고, 깊은 지식의 경지에 이르렀음을 뜻한다.
- 무武: 강직함과 굳센 의지를 표상한다. 단순한 힘이 아니라 순리와 위엄 넘치는 덕이라는 깊은 의미가 있다. 세종은 북방의 여진과 남쪽의 왜인을 제압했기에 무를 썼다.
- 인仁: 예를 바탕으로 한 의로움과 자애로움이다. 세종은 덕과 예로써 인재를 귀히 여기고 백성을 어여삐 여겼다. 인의 정치를 했다.
- 성聖: 선한 기운을 널리 퍼지게 한 군주에 대한 칭호다. 임금은 예를 후하게 하고, 배려와 관심으로 백성을 사랑하였다.
- 명明: 창조정신이다. 이는 예지력이 있어야 가능하다. 요즘의 창

의성이다. 다름과 다름에서 새로움을 찾아내 나라를 더욱 발전시킨 공로가 있다.

- 효孝 : 바른 공경을 의미한다. 건국의 큰 뜻을 계승해 동방에 밝게 빛나는 나라를 만든 업적을 기리는 글자다.

명나라에서 전한 시호는 장헌莊憲이다. 각기 풀어보면 최고의 찬사임을 알 수 있다.

- 장莊 : 엄숙과 공정으로 백성에게 임하고, 외적을 정벌해 위엄을 더히셨네.
- 헌憲 : 덕에 덕을 쌓고, 선에 선을 행하고, 총명과 예지가 높으니 현명함이 빛나시네.

임금의 이름은 생전과 사후가 다르다. 생전은 휘, 자, 호, 시호 등으로 사대부와 다를 바 없다. 휘諱는 본래의 이름으로 타인이 함부로 부르지 못한다. 특히 왕의 이름은 부르는 것은 물론이요, 글로 써서도 안 됐다. 조선 선비는 상소문이나 과거시험 문장 등에서 이를 사용할 수 없었다. 따라서 임금의 휘를 줄줄 외우고 있어야 했다. 그렇기에 왕자가 태어나면 이름을 한 글자로 썼고 실생활에서 거의 쓰이지 않는 글자를 골랐다. 휘는 사대부도 부르는 것은 피했다. 이름 대신에 자字나 호號를 사용했다. 관례 뒤에 받는 게 자이고, 친구 또는 스승 등 주위에서 그 사람에게 어울리는 칭호를 준 게 호이다. 호는 자신이 부여할 수도 있다.

또 임금이나 대신에게는 사후 공덕을 찬양받아 추증받는 시호가 있다. 사후 임금의 이름은 시호와 묘호, 존호로 구성된다. 큰 의미의 시호는 국왕의 사후에 올리는 모든 이름이다. 작은 의미의 시호는 생전 업적을 반영해 올린 이름이다. 시호는 두 종이 있는데 명나라에서 전한 것과 조선에서 정한 것이 있다. 명나라의 시호는 대개 두 글자이고, 조선에서 고민한 것은 여덟 자가 기본이다.

사마천의《사기》에는 "시諡는 행行의 자취이고, 호號는 공功의 표시이다. 행은 자신에게서 나오고, 명號은 남에게서 이루어진다"고 하였다. 따라서 선을 베푼 임금에게는 좋은 시호가 주어지고, 악행을 한 임금에게는 나쁜 시호가 주어진다. 그러나 이것은 이론일 뿐 나쁜 시호는 없다.

조선은 임금이 붕어하면 시호도감이 설치돼 관원인 도제조, 제조, 도청, 낭청 등이 시책을 국왕에게 올렸다. 왕비에게는 시호와 휘호 두 가지가 있다. 왕후 앞에 붙는 두 글자가 시호이고, 시호 앞에 있는 네 글자가 휘호이다. 왕비가 죽은 뒤에 시호와 함께 올린 존호가 휘호이다. 시호에 쓰는 글자는 조선 개국 때 194자였으나 세종 때 107자를 추가해 모두 301자를 사용했다.

묘호는 임금의 삼년상을 마치고 종묘에 신주를 모실 때 올리는 시호의 일종이다. 존호는 원래 임금의 생전에 올리던 이름이다. 임금과 왕후를 높이는 이름으로 묘호나 시호 모두가 해당되었다. 그러나 시간이 흐르면서 사후에 받는 이름인 묘호, 시호와 엄격하게 구분되었다. 임금의 덕을 칭송하는 칭호인 존호는 원래의 것에 추가하는 예가 많았다. 임금이 생전에 더하면 가상加上이라고 하고, 사후에 더하면 추상追上이라고 한다. 존호는 네 자, 또는 여덟 자이다.

세종이 위대한 군주가 된 원동력은 공부였다. 왕자 때 편안히 책만 보던 임금은 보위에 오른 뒤에는 냉혹한 현실을 체험하는 공부를 했다. 세종은 32년 동안 통치했는데 그 성군의 치세는 처음 5년 동안의 말 못할 고통 속의 교육에서 시작됐다.

세종은 부왕이 붕어할 때까지 4년 동안 임금으로서의 권위가 없었다. 외로운 현실 공부를 했다. 오로지 상왕인 태종의 뜻을 받드는 정치를 했다. 심지어 장인인 심온이 역모로 몰려 죽고 장모와 처가의 여성들이 노비가 되는 상황에서도 입을 다물고 있었다. 또 왕비의 폐출이 거론돼도 신하들에게 호통을 치지 못했다. 처가 몰락의 비극적 상황에서도 상왕이 권유한 연회에 참석해 춤을 추었다. 상왕의 꼭두각시처럼 행동하는 세종에 대해 백성들은 신뢰를 보내지 않고, 대신들은 어전에서 서로에게 악담을 하는 사태도 생겼다.

세종은 민감한 정치적 사안에 대해서는 눈감고, 대신 집현전 학자들과 바른 정치를 위한 학문에 몰두했다. 속내를 숨기고 실력을 쌓은 것이다. 그때까지는 현실을 극복할 공부가 덜 되었던 까닭이다. 하지만 상왕이 붕어하자 국정을 완전히 장악해 체계적인 소신 정치를 펼쳤다.

　많은 생물학자와 의학자가 척추동물의 자연수명을 성장기간의 여섯 배로 추측한다. 세종의 예에서도 이것이 들어맞는데, 보위 기간 6분의 1이 준비기간이었다. 모든 공부는 결과물이 바로 나오지 않는다. 공을 들이는 시간이 필요하다. 대나무는 무려 4년 동안이나 땅속에 숨어 있다. 그러나 시간이 되면 죽순이 뻗어 나와 10미터, 20미터로 순식간에 자란다. 세종도 공부에 몰두함으로써 대나무와 흡사한 성장을 이루었다.

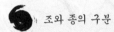 조와 종의 구분

　조와 종을 쓰는 몇 가지 기준이 있다.

　첫째, 창업지군칭조創業之君稱祖 계체지군칭종繼體之君稱宗이다. 나라를 연 임금에 대해서는 조라 호칭하고, 부자간에 왕통을 계승한 군주는 종으로 부른다. 둘째, 유공왈조有功曰祖 유덕왈종有德曰宗이다. 공이 높으면 조라 하고 덕이 많으면 종이라고 한다. 셋째, 입승왈조入承曰祖 계승왈종繼承曰宗이다. 왕자가 아닌 사람이 임금이 되면 조이고 계승하면, 즉 왕자가 임금이 되면 종이다.

　조선은 이 세 가지를 혼용했다. 그중 확실하게 지켜진 것은 창업지군칭조이다. 나라를 연 임금을 태조로 한 것이다. 이후의 임금은 유공왈조 유덕왈종을 기본으로 하되 입승왈조 계승왈종의 논리가 가미됐다. 세종은 건국군주가 아닌 임금의 아들로 왕통을 이었기에 조가 아닌 종을 받았다.

왕의 권위를 버리고 스승의 예를 다하다

"임금이 잠저(국왕이 되기 전에 생활한 집)에 계실 때에 더욱 공경하여 예를 더하였으며, (스승인) 이수도 더욱 삼가고 조심하였다."

《세종실록》 12/05/04

세종은 겨레의 스승으로 추앙받고 있다. 스승의 날인 5월 15일 역시 임금의 탄신일에 맞춘 것이다. 이날은 스승의 은혜를 다시 한 번 되새긴다. 교육적으로 의미 있는 여러 행사를 하여 선생님을 기린다.

세종의 스승은 이수이다. 중학교 3학년 나이인 열여섯 살 때 이수를 만난 세종은 많은 영향을 받았다. 세종의 미리 닦여진 인품과 천성도 있겠지만 상당 부분이 이수의 성품과 겹친다.

그의 시호는 문정이다. 문文은 배우기를 부지런히 하고 묻기를 좋아함이고, 정靖은 몸을 공손히 하고 말을 아낀다는 의미이다.

《태조실록》 2년 4월 18일 자에 이수의 사람됨이 나온다.

젊어서 학문을 좋아하여 게으르게 하지 아니 하였다. 정밀하게 연구하여 강론하니, 사람들이 추앙했다. 성품이 후중하여 겉치레를 좋아하지 않았다. 궁하든지 통하든지 얻든지 잃든지 일찍이 기쁜 빛이나 노여운 빛을 나타내지 아니하였다. 재산 증식에 관심을 두지 않았다. 여러 벼슬을 거쳤으되 항상 빈사의 지위를 띠고 있었으므로 더욱 부지런하고 삼갔다.

이수에 대한 이와 같은 표현은 마치 세종의 성품을 설명한 듯한 착각을 불러일으킨다.

세종도 어려서부터 글에 매력을 느꼈고, 호기심이 많아 궁금한 점을 곧잘 질문했다. 학문을 깊이 연구했고, 감정 표현을 자제했다. 우선 듣고 판단했다. 성격이 온화하고 진중했다. 이처럼 임금은 스승과 닮은꼴이었다.

이는 임금이 스승을 마음으로 존경했기에 가능했다. 세종은 스승에게 정중하게 예의를 차렸다. 왕자의 바른 예의에 이수가 더욱 삼가고 조심할 정도였다. 그러나 공과 사는 분명히 했다. 세종이 왕이 된 뒤 이수가 문과에 응시했으나 낙방한 일이 있다. 이를 보고 상왕인 태종은 "과거시험이 제대로 자리 잡혔다"고 평가했다. 왕의 스승이 낙방할 정도로 공정하게 치러졌다는 것이다. 세종은 스승의 문과시험에 특혜를 주지 않았다. 그러나 스승의 부고가 들리자 사흘 동안 조회를 폐하면서 슬퍼하고 정중히 장례하게 했다.

아들의 스승은 아버지가 구했다. 태종은 12년 8월 12일 생원 이수에게 옷 한 벌을 하사했다. 태종은 충녕대군과 효령대군의 스승을 찾고 있었다. 스승의 조건은 마음이 순후하고 학문이 깊은 사람이었다. 이에 성균관 대사성 유백순이 이수를 추천했다. 그는 생원시험을 1등으로 통과했으나 문과시험에서 몇 번 낙방한 상태였다. 경기도 관찰사의 추천으로 성균관에 입학했던 그는 과거시험 준비를 위해 수원에 내려가 있었다. 태종은 이수에게 "학행學行이 뛰어난 그대가 두 대군을 가르치되 게을리하지 말 것이다. 경서經書에서 의심나는 것은 나도 질문하겠다"며 특별히 관심을 쏟을 것을 당부했다.

세종 즉위 후 여러 요직을 거친 그는 병조판서로 재직하던 57세에 음주 사고로 숨졌다. 술에 취해 말을 달리다가 떨어져서 죽은 것이다. 음주 승마가 부른 화였다. 세종은 옛 스승이 죽자 흰옷을 입고 예의를 차렸다. 임금이 죽은 스승을 평한 글이 있다. 12년 6월 4일의 교서다.

정성을 쏟고 마음을 다하여 이미 보필의 공이 많았다. 은혜를 갚고 덕을 표창하여 마땅히 시종의 예를 두텁게 할 것이다. 나의 개인적인 정리가 아니라 실로 공변된 도리이다. 오직 경은 학문이 정밀하고 넓으며 성행性行이 단아하고 방정方正하였도다. 생각건대, 태종께서 경을 백의白衣로서 등용하시어 내가 어렸을 때 배움을 받았다. 마음을 알아줌과 지혜를 열어 교도함은 옛 학자, 충신과 같은 정성이 있었다. 바야흐로 심복을 삼아 의지하고 길이 귀감으로 의뢰하기를 희망하였다. 어찌하여 하늘이 그대를 빼앗기를 너무 급하게 하여 나의 마음을 슬프게 하는가. 이에 흰옷 입고 애곡하였으며 또 사신을 보내어 치전致奠하노라. 슬프다, 사생死生의 무상함은 비록 운명이라 피할 수 없으나 은의恩義가 이미 지극하니 어찌 살고 죽음으로써 다름이 있으리오.

왕자 시절의 스승은 이수였지만, 왕이 된 뒤에는 경연에서 학문을 토론하고 정세를 논하는 대신과 학자들이 스승이었다. 경연은 군주를 위한 교육제도다. 유교의 이상정치를 실현하는 게 목적이지만, 다른 한편으로는 왕권을 규제하는 기능이 있었다.

중국 한나라에 기원을 둔 경연은 당나라와 송나라를 거치면서 정비되었다. 우리나라는 고려 때 예종이 경연을 처음 도입했다. 그러나 무신집권과 원나라 간섭, 불교 융성 등으로 유명무실했다. 이후 유교를 사회개혁의 이데올로기로 내세운 조선이 개국과 함께 경연을 시작했다. 정도전은 《조선경국전》에서 "전하는 즉위와 함께 경연관을 설치하셨다"고 밝혔다. 태조는 즉위 직후 문무백관의 관제 발표 때 경연관 구성을 포함시켰다. 이는 조준, 정도전 등 신진 사대부의 작품이었다. 정도전은 《삼봉집》에서 "국왕은 여가가 있을 때마다 《대학》을 친히 읽고, 다른 사람의 강론을 듣는 등 경연을 게을리해서는 안 된다"고 말했다. 그러나 왕의 공부는 정종 때부터 자리 잡기 시작했다. 정종은 경연에 사관을 참여시키는 등 관심을 기울였다. 이에 비해 태종은 왕위 다툼, 한양 재천도 등 어수선한 정국 탓에 경연과는 거리가 있었다.

경연이 본격화된 것은 세종 때에 이르러서였다. 즉위 다음 날 경연 관을 8명에서 11명으로 늘린 임금은 두 달 후 첫 공부에 임했다. 이 때 참여자는 왕을 포함해 15명이었다. 경연은 그때까지 태조 23회, 정종 36회, 태종 80회가 있었다. 그런데 32년간 재위한 세종은 무려 1,898회를 실시했다. 월평균 6회꼴이다. 세종과 함께 호학군주인 성 종은 재위 25년 동안 9,299회(월평균 30회), 52년간 옥좌를 지킨 영 조는 3,458회(월평균 5회)를 했다.

그렇다면 경연관들은 어떤 자세로 임금을 가르쳤을까.
신하가 임금을 뵐 때는 부복(무릎을 꿇고 엎드림)한다. 무릎을 꿇 고 손을 바닥에 짚은 자세다. 천하의 주인인 임금 앞에서 신하는 고 개를 들 수 없다. 임금은 5년(1423년) 7월 3일 허조에게 조선과 명 나라에서 임금을 뵐 때 신하의 자세가 왜 다르냐고 물었다. 조선에 서는 신하가 왕을 뵐 때 엎드리는 데 비해 명나라는 임금 앞에서 머 리를 숙이거나 엎드리지 않아 그 이유가 궁금했던 것이다. 이에 대 해 허조는 중국은 모든 정무를 임금이 처리하기에 신하들이 예절을 차릴 여유가 없다고 보고했다. 이로써 세종 때 어전회의에서는 신하 들이 엎드렸음을 알 수 있다.
그런데 경연은 다르다. 경연관은 스승이고 임금은 제자다. 스승과 제자, 임금과 신하 어느 잣대를 적용했을까. 공부하는 자리에서도 군 신관계는 바뀌지 않았다. 세종 때도 마찬가지였으리라 추측된다. 그 힌트를 실록에서 읽을 수 있다.

단종 즉위년(1452년) 6월 20일, 사헌 장령 이보흠이 대관과 간관의 경연 참여를 요청했다. "지금 주상이 어리시어 학문이 넓지 못하십니다. 그런데 경연관이 자리에 나와 꿇어 엎드려서 다만 예에 의하여 강의하고 마치니, 정밀하지 못할까 염려됩니다. 청컨대 2품 이상 덕망이 있는 자를 뽑아서 날을 돌려가며 시강하여 스스로 자기 책임으로 여기게 하소서. 주상도 또한 신하의 예로 대접하지 말고 허심탄회하게 받아 들인다면 거의 성학聖學이 날로 공명한 데에 나아갈 것입니다."

성학은 임금의 학문이다. 이에 대해 단종은 "경연관이 진강하는 예의는 대신이 익히 의논하여 정하였다. 그러나 대신은 부복하지 말도록 하라"고 지시했다. 이를 통해 신하들이 임금에게 무릎 꿇은 채 강의해왔음을 알 수 있다. 또 강의 자세는 이미 신하들이 상의해 규정한 것으로 나타난다. 이에 바탕을 둬 단종은 경연관을 스승이 아닌 신하의 예로 대한 것이다. 이로 볼 때 이전 임금인 세종 역시 경연관을 스승이 아닌 신하의 예로 대했음을 유추할 수 있다. 경연관들이 편한 자세가 아니라 무릎을 꿇은 자세로 시강한 것으로 보인다.

하지만 이후 경연관의 자세는 임금마다 다를 수 있음도 생각하게 한다. 사대부들의 시각이 군신보다는 스승과 제자의 관계가 적합하다고 보았기 때문이다. 실제로 이보흠의 건의를 받은 단종은 대신들과 상의한 뒤 시강하는 대신은 부복하지 말도록 했다. 성호 이익도 같은 시각이다. 그는 《성호사설》에서 임금과 경연관을 스승과 제자

관계로 규정했다.

경연의 신하는 앉아서 강의를 해야 한다. 임금이 마음을 얻기를 바란다면 경연에 참여한 신하로 하여금 진정으로 다 말할 수 있게 하여야 한다. 군자는 다정하고 간절한 방법으로 임금을 가르치고 인도하여야 한다. 임금으로 하여금 몸을 내려 굽혀서 신하들을 이끌고 부추겨서 그들로 하여금 생각한 바를 반드시 모두 말하게 해야 한다. 무릇 경연에서 강의하는 것과 신하의 예절은 두 가지로 구분된 별도의 일이다. 서로 혼동할 수 없다.

즉 왕과 신하, 스승과 제자의 두 가지 개념으로 접근해야 한다는 것이다. 경연에서는 스승과 제자가 되어야 공부가 제대로 된다는 시각이다. 그는 한나라의 장제가 스승인 장포에게 먼저 사제의 예를 행한 뒤에 군신의 의식을 행한 사례를 들었다.

이 같은 주장은 임금이 스승을 신하로 대우하였다는 방증으로 볼 수 있다. 왕세자와 사부의 관계도 군신관계와 비슷했다. 세자는 입학례와 학문성과를 확인하는 회강會講에서 스승에게 먼저 절을 한다. 입학례에서는 세자가 서쪽에 앉고 스승은 반대쪽에 자리한다. 그러나 회강에서는 세자가 동쪽에 앉고 스승이 서쪽에 자리한다. 이는 세자가 스승보다 위라는 상징성이 있다.

공부방에서 왕이 높은가, 스승이 높은가

"태학太學에서의 예禮는 비록 천자天子에게 아뢸 때라도 북면北面하지 않으니, 스승을 높이는 까닭이다."

《상변통고》의 학교례에 나오는 구절이다. 태학은 주나라 천자가 만든 중국 고대의 대학이다. 북면은 신하로서 임금을 섬기는 것이다. 왕정시대의 군주는 남향으로 앉아서 북쪽을 향해 자리한 신하와 정사를 의논하였다. 따라서 남면은 군주의 지위를, 북면은 신하의 예의를 의미한다. 그런데 태학에서는 천자에게 강의할 때 북면하지 않았다. 이는 천자도 학교에서는 학생이라는 의미다. 스승의 상징성이 학생인 천자보다 높은 것이다. 조선의 유학자들도 비슷한 시각이었다. 그러나 현실은 군주가 스승을 예우하되 신하로 대우했다. 조선에서는 경연에서도 학생인 군주의 지위가 스승보다 높았다.

하루 5시간, 세종의 독한 공부

"충녕대군은 천성이 총명하고 민첩하며 학문을 좋아했다. 비록 몹시 추운 때나 더운 때라도 밤새 독서하였다. 나는 아들이 병이 들까 두려워 항상 야간 독서를 금지했다. 그러나 내 큰 책을 모두 청해 가져갔다."

《태종실록》 18/06/03)

조선 석학들의 독서법은 다독과 정독으로 나뉘었다. 조선 전기에는 책이 귀했기에 한 권의 책을 읽고 또 읽는 정독이 불가피했다. 그러다가 후기에 이르러 책의 종류가 많아지면서 다독의 경향이 나타났다.

명종 때의 유학자인 기대승은 독서를 옛사람의 마음을 구하는 것으로 보았다. 그래서 반복하여 읽어 마음을 붙일 것을 주장했다. 정조, 순조 때 판서를 지낸 이만수 역시 정독을 주장했다. 인생에 도움이 안 되는 많은 책이 아니라 삶에 꼭 필요한 책만 보는 게 좋다고 생각했다. 그는 서재에 13종의 책만 비치했다. 지혜의 보고인 이 책만 평생 읽어도 된다는 신념이었다. 이이 비해 정조 때의 실학자 이덕무는 책 병풍이나 책 이불을 논할 정도로 모든 책을 섭렵하는 것을 목표로 삼았다. 《홍길동전》을 지은 허균도 만 권의 책이 있는 곳을 지상낙원으로 묘사했다. 이들은 다독의 책 읽기에 가까웠다.

다독은 다양한 책을 보는 것이다. 정독은 뜻을 되새기며 깊이 읽는 독서법이다. 다독이 양이라면 정독은 질에 해당한다. 그런데 다독과 정독을 구분하는 것은 무의미할 수 있다. 다독해야 숲을 볼 수 있고, 정독해야 나무를 깊이 관찰할 수 있다. 둘은 상호 보완적 관계다.

세종은 다독과 정독을 함께 했다. 종류를 가리지 않은 책 읽기를 했고, 관심 있는 책들은 수십 번씩 읽었다. 그러나 굳이 나누자면 정독에 가까웠다. 임금은 마음속의 공부가 있어야 유익할 것으로 보았다. 이는 깊이 생각하는 공부로 정독을 의미한다. 임금은 신하들의 학문 자세를 걱정했다. "내가 학자들에게 걱정하는 점이 있다. 사서오경과 백가의 모든 역사를 어찌 한결같이 정밀히 숙지할 수 있겠는가. 지금 학자들이 사서오경을 두루 익히고자 하지만 소득이 없을 게 분명하다. 반드시 정밀히 숙지하여 꿰뚫어 보고자 한다면 어느 한 경전에 전심하는 공부만 한 게 없을 것이다."

형식적인 다독보다는 하나라도 뿌리까지 파고드는 공부가 유익하다는 시각이다. 이를 위해 공부하는 자세도 말하였다. 나태함을 멀리하는 의지를 특히 강조했다. "사람은 일을 벌이기도 하고 접기도 한다. 나태한 마음이 한번 싹트면 방종하고 해이함에 안일하여 결국에는 성취하지 못한다. 학문도 조금만 끊어짐이 있으면 쉬고 싶어 정진하지 않는다. 모든 일이 그렇다."

책 읽기를 지속적으로 한 세종에게 공부는 취미이자 특기였다. 틈만 나면 책을 보았다. 수라를 들면서도 책을 볼 정도였다. 밤에도 손에서 책을 놓지 않았다.

임금의 공부방은 옻나무의 기름을 이용했다. 이 기름불은 밝은데다 연기도 없다. 조정에서는 책 읽기에 몰두한 임금을 위해 전국에서 옻나무 열매를 채집했다. 5년(1423년) 8월 4일, 소헌왕후는 임금을 위해 은밀한 명령인 내지內旨를 평안도를 제외한 경기도, 충청도, 경상도, 전라도, 강원도, 황해도, 함길도의 감사에게 내렸다. 옻나무의 열매를 통째로 따서 서울로 올려보내도록 했다. 임금의 취침 전 독서를 위한 내조였다.

정무에 바쁜 조선의 왕은 밤 8시 무렵인 갑야甲夜에 업무를 마치고 퇴근한다. 자유로운 몸이 된 임금은 대비 등에게 저녁 문안 인사를 한 뒤 책을 펼치고 취침 때까지 계속 읽는다. 밤 10시 무렵인 을야乙夜에는 편안한 마음으로 독서에 전념할 여건이 된다.

세종은 얼마나 많은 공부시간을 확보했을까. KBS 역사스페셜 팀이 세종대왕의 하루 일과를 방송한 적이 있다. 현대 시간으로 바꿔 적용한 일과를 보면 하루 5시간 잠, 5시간 공부, 10시간 업무, 4시간 기타로 나눌 수 있다. 아침 5시에 일어나 밤 12시까지 일정이 빼곡하다. 그런데 임금의 신도비에 의하면 새벽에도 책을 보았음을 알 수 있다. "사고(四鼓: 오전 2~4시)에 일어나 평명(平明: 해 돋는 무렵)에 조회를 받는 등 숨 쉴 틈 없이 정사에 매진했다. 내전(內殿: 왕비의 거처)에 들어가서도 서적을 보는 데 조금도 나태하지 않았다."

이는 세종의 육성으로도 확인된다. 실록 16년(1434년) 12월 11일의 기록이다.

임금은 친히 대제학 윤회 등이 편찬하는 《자치통감훈의》에 대해 매일 밤중에 이르도록 오류를 바로잡았다. 임금은 이날 윤회 등에게 이르기를 "근일에 이 글을 봄으로써 독서의 유익함을 알았다. 총명이 날마다 더하고 수면이 아주 감하여졌다" 하였다. 이에 윤회 등은 "밤에 작은 글씨를 보시면 눈병이 날까 두렵습니다"라며 교정 중지를 요청했고, 임금은 "경의 말이 옳다. 내 조금 쉬겠다"고 대답했다. 세종은 말년에 눈이 침침하고 기력이 쇠약해졌다. 그럼에도 하루에 수십 권의 책을 열람했다. 임금의 독서 열기에 감탄한 정인지는 "실로 동방의 요순(堯舜: 중국 신화 속의 명 임금)"이라며 우러러봤다.

05:00 ~ 05:30; 기상

05:30 ~ 06:00; 조회

06:00 ~ 07:00; 아침 공부

07:00 ~ 08:00; 아침 식사

08:00 ~ 09:00; 아침 문안 인사

09:00 ~ 11:30; 조계 윤대(실무 관료들과의 회의)

11:30 ~ 12:00; 간단한 점심 식사

12:00 ~ 01:00; 국가 경영회의

01:00 ~ 03:00; 경연(낮 공부)

03:00 ~ 05:00; 상소문 검토

05:00 ~ 06:00; 숙직관료 명단 확인

06:00 ~ 07:00; 저녁 공부

07:00 ~ 08:00; 저녁 식사

08:00 ~ 09:00; 저녁 문안 인사

09:00 ~ 10:00; 야간 공부

10:00 ~ 12:00; 구언 외 기타

(자료: KBS 역사스페셜)

　　그렇다면 세종의 공부습관은 어땠을까. 임금과 주위의 증언을 보면 공부가 취미를 지나 특기임을 알 수 있다. 왕자 시절에는 열심히 공부할 필요도 없었다. 당시 세자는 태종의 큰아들인 양녕대군이었다. 왕위 계승권이 없는 셋째 왕자 충녕대군은 교양만 갖추는 정도가 정국 안정에 도리어 바람직했다. 아버지 태종도 충녕대군에게 아예 공부를 하지 말라고 했다. 공부를 열심히 해도 쓸 곳이 없으니 편안히 즐기기만 하라는 것이었다. 그럼에도 충녕은 밤을 낮 삼아 책을 읽었다. 그 결과 양녕대군이 폐세자되는 정국 변화와 함께 셋째 아들인 그에게 기회가 주어졌다. 《세종실록》 총서에는 셋째인 그가 임금이 된 이유가 설명돼 있다.

태종이 말하기를 "충녕대군이 천성이 총민하고 학문을 게을리하지 않아, 비록 몹시 춥고 더운 날씨라도 밤을 새워 글을 읽고, 또 정치에 대한 큰 흐름을 알아, 매양 국가에 큰일이 생겼을 때에는 의견을 냈는데, 그것이 모두 범상한 소견이었으며, 또 그 아들 중에 장차 크게 될 수 있는 자격을 지닌 자가 있으니, 내 지금부터 충녕으로 세자로 삼고자 하노라" 하였다.

아들에 대해서는 아버지가 가장 잘 아는 법이다. 아버지 태종은 아들의 호학정신과 앎을 높이 평가하여 왕통을 잇게 한 것이다. 《태종실록》 18년 6월 3일 자를 보면 세종의 공부 열정이 확연히 드러난다.

충녕대군은 천성이 총명하고 민첩하며 학문을 좋아했다. 비록 몹시 추운 때나 더운 때라도 밤새 독서하였다. 나는 아들이 병이 들까 두려워 항상 야간 독서를 금지했다. 그러나 내 큰 책을 모두 청해 가져갔다.

같은 달 10일에는 서연관들이 세자에게 사서四書를 읽도록 청했다. 태종은 이를 허락하며 말했다. "유모가 궁에 들어와 원경왕후에게 말한 적이 있다. '세자는 늘 독서를 하여 밤 2경(오후 10시 전후)에 멈춥니다.' 세자가 글을 좋아함을 알고 있으니 따로 공부를 권유할 필요는 없다."

서거정이 쓴 《필원잡기》와 허봉의 《해동야언》에도 같은 내용이 나온다. 태종이 공부에 몰입하는 아들의 건강을 염려해 독서를 자제하라고 지시했다. 태종은 아들이 잠저에 있을 때부터 학문을 좋아하고 게을리하지 않음에 고개를 끄덕였다. 아들은 몸이 아플 때도 책 읽기를 멈추지 않았다. 그래서 아들의 방에서 책을 모두 없앴다. 단지 구양수와 소동파가 주고받은 시를 정리한《구소수간》만 남겼다. 그런데 세종은 이 책을 1,100번을 읽었다. 구양수와 소동파는 고려에 좋은 책이 전해지는 것을 경계한 인물이다. 세종은 웬만한 책은 100여 번씩 읽었다. 분량이 많거나 내용이 쉽지 않은 책도 20~30차례 독파했다.

사관들의 관찰에서도 독서왕의 면모가 선명하게 확인된다. 사관들은 실록에 다음과 같이 기술하였다.

경미한 병환이 있을 때에도 독서를 그치지 아니하셨다. 즉위하신 후에도 손에서 책을 놓지 않으셨다. 수라를 드실 때에도 반드시 책을 펼쳐 좌우에 놓으셨다. 혹은 밤중에도 계속 보시면서 싫어하지 않으셨다.

그리고《국조보감》에도 비슷한 기록이 있다.

즉위 전이나 후나 손에서 책을 놓지 않았으며, 식사 때도 반드시 책을 좌우에 펼쳐 놓았다.

임금은 5년 12월 23일 어려운 책을 읽었던 경험에 대해 이야기했

다. 이날 경연에서 《통감강목》을 강독한 뒤 말했다. "송나라의 진덕
수는 '이 책은 분량이 많아서, 임금은 다 보기가 쉽지 않다'고 했다.
내가 경자년(1420년)부터 읽기 시작하여 지금까지 이르렀다. 그 사
이에 혹은 30여 번 읽은 것도 있고, 혹은 20여 번 본 것도 있다. 참으
로 다 보기는 어려운 책이다."

《통감강목》은 남송의 주희가 지은 중국의 역사책이다. 주희가 직접
만든 범례 한 권을 제자인 조사연이 전편 59권으로 작성했다. 임금
은 59권의 중국 역사책 각 권을 3년 사이에 20차례에서 30차례씩 읽
은 것이다.

임금은 스스로 독서왕임을 밝혔다. 군주가 읽기에 《대학연의》가 좋
다는 경연관인 탁신의 조언에 "어려서부터 공부에 마음을 둔 이후
지금까지 조금도 학습을 싫어한 일이 없다"고 말했다. 다른 신하들
에게 "궁중에 있으면서 손에서 책을 떼고 한가롭게 앉아 있을 때가
없다. 책을 본 뒤에는 잊어버리는 것도 없다"고 말하곤 했다. 책 읽
기에 관한 신하의 조언에도 귀를 기울였다.

탁신은 기쁨을 이렇게 표현했다. "전하께서 손에서 책을 놓지 않으
시고 밤늦게야 주무신다는 이야기를 들었습니다. 이 마음을 길이 잡
으시기 바랍니다. 사람의 마음은 한결같지 않습니다. 계획대로 실천
하면 지켜지지만 뜻을 버리면 없어지고 맙니다. 나랏일을 보살피시
고, 학문공부 외에는 다른 잡념을 갖지 않으시면 총명함이 날로 늘
어날 것입니다."

이 같은 열린 마음으로 세종은 중국의 유학서와 역사서, 우리나라의 역대 외교문서 등에 두루 통달하는 경지에 이르렀다.

세종의 즐거운 독서 기사가 실록 32년 2월 17일에 실려 있다.

유학서와 역사서를 열람할 때는 즐거워하여 싫어할 줄을 모르셨다. 희귀한 문적이나 옛사람이 남기고 간 글을 한 번 보면 잊지 않으셨다. 증빙과 원용을 살펴 조사하셔서, 힘써 나라를 다스리기를 도모하셨다. 처음과 나중이 한결같아, 문文과 무武의 정치가 빠짐없이 잘 되었다.

 독서는 다독과 정독의 융합

노수신: 산속의 절에서 무슨 책을 읽었는가.

박광전: 당나라 한유의 문장을 읽었습니다.

노수신: 몇 번이나 읽었는가.

박광전: 쉰 번가량 보았습니다.

노수신: 적게 읽었군,

박광전: 마음을 집중해 읽느라고 횟수가 적었습니다.

노수신: 읽은 내용을 의식해 숫자만 세지는 않았는가.

박광전: 이런저런 생각으로 헛되이 숫자만 센 경우가 절반이 넘습니다.

노수신: 이것이 커다란 병폐네. 그러나 책을 천만 번 읽게 되면 내용이 세밀하지 못해도 결국 내 것이 되네. 집중적인 책 읽기를 해도 50번밖

에 되지않는다면 내 것이 되지 못하네. 많이 읽는 게 좋은 방법이네.

유몽인의 《어유야담》에 실린 중종 때 학자 노수신과 생원 박광전의 대화다. 여기에서 선배 학자인 노수신은 후배에게 다독을 권유하고 있다. 독서는 수신과 제가, 치국의 방법이었다. 나아가 마음을 닦아 성인聖人에 접근하는 길이었다. 학자들은 너나 할 것 없이 독서 방법에 대해 이야기했는데 다독을 옹호하는 이들이 많았다.

실제로 유학의 우상인 공자도 《주역》을 3천 번 읽었다. 김득신은 《사기》에 나오는 〈백이전〉을 무려 1억 1만 3천 번 보았다. 김일손은 한유의 문장을 1천 번, 윤결은 《맹자》를 1천 번, 노수신은 《논어》와 두시杜詩를 2천 번, 최립은 《한서》를 5천 번, 유몽인은 《장자》와 유종원의 문장을 1천 번, 정두경은 《사기》를 수천 번, 권유는 《강목》을 1천 번 읽었다. 이안눌은 《두율》을 1만 3천 번, 오건은 《중용》을 1만 번 넘게 읽었다. 신후담은 《중용》을 1만 번 이상 읽었다. 조선의 학자들에게 다독은 자랑거리가 아닌 당연한 일이었다.

그러나 홍길주는 한 권의 책에서 실제 얻을 수 있는 중요 부분은 열 쪽 남짓이라고 했다. 따라서 핵심만 읽는 게 바람직하다는 견해를 보였다. 순조 때의 정치가인 이만수는 읽을 책만 책상에 꽂아야 한다는 입장이었다. 13종만 책상에 비치한 그는 정독주의자였다. 유성룡도 "독서는 마음"이라며 깊게 읽을 것을 주장했다.

이황을 비롯한 상당수 학자는 다독과 정독을 주장했다. 이황은 제자인 김성일에게 독서방법을 제시하면서 완전히 이해할 때까지 글을 읽고 또 읽어 음미하라고 했다. 그래야 잊지 않고 마음에 간직할 수 있다는 것이다. 대충 읽고 말해서는

45

깊이가 없고, 비록 천 편의 글을 읽고 말한다 해도 도움이 되지 않는다는 것이다. 낮에 읽은 것을 밤에 깊이 고민하고 풀어보는 게 공부하는 방법이라고 했다.

《퇴계선생언행록》에는 공부법으로 숙독이 나온다.

책은 숙독을 해야 한다. 책을 읽으면서 글의 뜻을 알았다 해도 깊이 이해하지 못하면 읽자마자 잊어버리게 된다. 또 마음에 깊이 간직할 수 없다. 반드시 배운 것을 거듭 복습하고 깊이 익히는 공부를 해야 비로소 마음속에 간직할 수 있다. 더불어 글의 맛과 성현의 말씀을 충분하게 음미할 수 있다. 낮에 읽은 것은 반드시 밤에 다시 읽으면서 사색하고 풀어보아야 한다.

그런데 선비들이 주장하는 다독과 정독은 크게 다르지 않다. 이해할 때까지 읽으라는 의미이다. 옛사람이 말하는 다독은 수많은 책을 본다는 의미가 아니라 읽은 책을 또 읽고 또 읽는 독서법이다. 읽을 때마다 마음을 집중하라고 했다. 즉, 다독이자 정독인 셈이다. 다시 말해 다독과 정독을 한몸으로 보고 상황에 따라 강조한 부분이 달랐을 뿐이다.

52일 공부 기적은 없다

"임금이 충녕대군에게 말했다. '너는 할 일이 없으니, 평안하게 즐기기나 해라.' 이때에 서화, 화석, 음악 등 모든 유희와 취미를 두루 갖추지 않음이 없었다. 충녕대군은 예술과 기능에 깊이가 있었다."

《태종실록》 13/12/30)

1만 시간을 쏟아 부었는가? 그렇지 않으면 성공을 기대하지 말라. 말콤 글래드웰이 쓴 《아웃라이어》는 우리 사회에 '1만 시간의 법칙'을 전파했다. 비틀스나 빌 게이츠 같은 비범한 인재들이 1만 시간의 연습을 통해 성공했다는 것이다.

1만 시간은 하루 3시간씩 계산하면 10년이라는 긴 세월이다. 전문가는 오랜 기간 공부를 통해 탄생한다는 것이 1만 시간의 법칙이다. 이는 스피드를 강조하는 현대인에게 맞지 않는 부분도 있다. 극히 짧은 시간에 성과를 내야 하는 게 요즘의 물결이기 때문이다. 직장인의 폭탄주 문화가 빨리빨리 성취하려는 일그러진 모습의 대표적인 예이다.

그뿐인가. 수험생들의 폭탄주스라는 것도 있다. 한때 중·고교생

사이에 붕붕주스가 유행했다. 카페인이 다량 함유된 음료와 이온음료, 비타민 음료를 섞어 만든 폭탄음료다. 각성효과가 뛰어나기에 잠을 쫓을 수 있어 수험생들에게 은밀하게 퍼졌다. 하루의 벼락치기 공부로 성적을 올리고 싶어하는 마음 때문에 생겨난 것이다. 그러나 폭탄주스는 심장과 두뇌에 무리를 주는 것으로 알려졌다.

꾸준한 공부와 초치기 공부는 어느 것이 좋을까. 세종은 초단기 제왕수업을 했다. 국왕 준비기간은 조선 역사에서 가장 짧았지만 최고의 성군으로 평가받고 있다. 그렇다면 왕세자로 임명된 뒤 몇 년의 수련을 거치는 게 좋을까.

임금과 세자는 개인적으로는 부자지간이지만 권력의 속성으로 보면 라이벌 관계다. 임금 입장에서 세자는 경계를 늦출 수 없는 존재이다. 임금은 종묘제례 등 나라의 행사 때 세자를 지근 거리에 둔다. 아들을 챙기고, 세자에게 정치수업을 시키는 긍정적인 면이 우선이다. 그러나 이면에는 감시가 가능해서 곁에 두려는 권력의 본능도 있다. 믿음과 불안, 두 가지가 왕에게는 모두 있을 수밖에 없다.

선조는 임진왜란에서 역량을 발휘한 광해군을 탐탁지 않게 여겼고, 인조는 소현세자를 믿지 못했고, 영조는 사도세자를 의심했다. 이 같은 현상은 왕권이 강하지 않고, 정국이 불안할 때 스멀스멀 나타난다. 그래서 왕세자 교육은 오래 받는 것보다는 짧게 받는 것이 현실적일 수 있다. 세종이 세자 업무를 한 것은 불과 52일 동안이다.

세종은 조선의 국왕 중 가장 짧은 세자 기간을 보냈다. 이에 비해 문종은 20년간 세자로 있으면서 8년간 대리청정을 했다. 세자 시절에 아버지 세종을 도와 수많은 치적을 남겼으나 정작 보위에 올라서는 건강 문제로 뜻을 펼치지 못했다. 세자 시절의 과로도 보위에 오른 지 2년 4개월 만에 숨진 이유 중 하나다. 연산군은 7세에 세자로 책봉돼 18세에 왕위에 올랐다. 11년 동안 후계자 교육을 받으면서 《소학》,《대학》,《중용》,《논어》 등 체계적인 공부를 했다. 또 감성도 풍부하고 수업도 잘 받아들였다. 하지만 폭군이라는 악명을 쓴 채 폐위되었다. 오랜 기간의 학업이 꼭 좋은 것만이 아닌 사례다.

세종은 짧은 세자수업 기간이 득이 된 경우다. 세자로서 왕위를 준비하기 위한 확실한 시간을 갖지 못했지만 구중궁궐에 갇혀 있지 않아 비교적 자유로운 교육을 받았다. 또 이수라는 학자로부터 개인 과외를 받으면서 학문을 닦을 수 있었다. 특정한 목적이 아닌 취향에 맞는 책 읽기가 효율적 결과로 이어진 것이다. 세종은 충녕대군 시절에 이미 여러 분야에서 깊은 지식을 습득했음이 실록에서 보인다.

태종 13년(1413년)의 마지막 날에 세자(양녕대군)를 비롯한 여러 왕자와 공주가 임금에게 무병장수를 기원하며 술을 따르고 노래와 시를 올렸다. 이때 충녕대군은 여러 시의 뜻을 자세히 알아 임금으로부터 칭찬을 받았다. 임금은 일찍이 충녕대군에게 "너는 할 일이 없으니, 평안하게 즐기기나 하라"고 했다. 이로부터 학문은 물론이고 서화, 꽃과 돌, 악기 등을 익혀 깊은 조예를 갖췄다. 거문고와 비파는 세자인 양녕대군에게 가르쳐줄 정도였다. 태종은 16년(1416년) 상왕인 정종을 위해 베푼 연회에서도 충녕대군의 학문에 감탄했다. 충녕은 주역에도 밝았다. 동생인 성녕대군이 위독할 때 정탁이 주역으로 친 점을 풀이하기도 했다.

세종은 세자 시절이 52일밖에 되지 않아 배울 만한 시간적 여유가 없었다. 그러나 평소 꾸준히 한 공부를 바탕으로 집중적인 교육을 받아 성군의 밑바탕을 마련했다. 이로 볼 때 세종은 요즘의 교육에도 할 말이 많을 듯하다. 초등학교, 심지어는 유치원부터 고등학교까지 사교육에 연연하는 모습에 대해 손을 내저을 게 분명하다. 아마 세종대왕은 요즘의 교육에 대해 이런 조언을 했을 것 같다. "평소에 학교 교육, 기초 교육에 충실하라. 그래도 입시가 부담스러우면 시험 직전에 단기간 집중적인 사교육으로 실력을 극대화하라."

세종과 공자는 공부에 대하여 일치하는 부분이 많다.

첫째, 공부에 대한 정의다. 공자는 공부를 군인이 평상시에 칼을 가는 것으로 보았다. 전쟁이 일어나면 시간이 없으니, 평소에 칼을 갈아놓아야 한다는 입장이었다. 세종도 목적한 것은 아니지만 지속적인 공부 덕분에 세자로 책봉되었다. 평소 칼을 간 군인처럼 변화 정국에서 자연스럽게 선택될 수 있었다.

둘째, 배움과 교육이다. 공자는 일생을 통하여 배우는 것을 싫어한 적이 없고, 다른 사람을 가르치는 것을 귀찮아하지 않았다. 공자는 3

천 제자로 통칭되는 수많은 제자를 길러냈다. 공부가 특기인 세종도 스스로 학문에 몰두했을뿐더러 임금의 입장을 떠나 신하들에게 책 읽기와 공부를 강조했다.

셋째, 배움의 자세다. 공자는 "세 사람이 동행하면 반드시 본받을 만한 사람이 있다. 좋은 점은 받아들이고, 좋지 않은 점은 경계하라"고 했다. 세종은 윤회 등 음주벽이 심한 신하들을 보고 절주법을, 도성의 화재를 계기로 소방법을 제정했다.

넷째, 스승이다. 공자는 아랫사람에게 묻는 게 부끄러운 일이 아니라고 했다. 세종은 젊은 문사들을 모아 자문기관인 집현전을 만들었고, 한글 창제와 관련해서는 요동에 귀양 온 명나라 신하에게 묻기 위해 대신을 파견하기도 했다.

다섯째, 진리를 구하는 방법이다. 공자는 "문제 해결을 위해 온종일 밥도 먹지 않고, 밤이 새도록 생각했지만 별로 유익하지 않았다. 책에서 배우는 것보다는 못했다"라고 했다. 세종도 방법을 강구하되 책을 수십 번에서 수백 번씩 읽으면서 답안을 찾으려고 했다.

여섯째, 교육 대상이다. 공자 시절에는 귀족만이 공부를 할 수 있었다. 그러나 공자는 나라와 지위를 불문하고 제자로 받아들였다. 평민들이 출세하는 기틀이 되었다. 세종은 훈민정음을 창제하여 널리 백성을 이롭게 했다. 조선 역시 어려운 한자 탓에 상류층만이 공부할 수 있는 여건이었다. 세종의 훈민정음 반포는 교육 대상을 대중으로 넓힌 효과가 있다.

일곱째, 동기부여다. 공자는 학습욕을 자극하곤 했다. 그는 "마음속의 의지가 없으면 가르치지 못하고, 의심하는 마음이 생기지 않으면 분발하지 않으며, 한쪽 모서리를 들어 보일 때 나머지 세 쪽 모서리를 돌이켜 깨닫지 못하면, 본래의 자기 지혜를 되찾지 못한다"고 했다. 세종도 역사학에 대해 주저하는 신하들에게 "역사서를 이해하는가"라고 무지를 탓하는 한편 뇌물 수수 구설에 시달린 황희를 정승으로 기용하고, 노비인 장영실을 중국에 유학 보내는 등 동기부여를 했다.

여덟째, 노력하는 천재의 선언이다. 공자는 "나는 타고난 천재가 아니다. 옛것을 좋아하여 빨리 터득했던 사람일 뿐"이라고 했다. 날 때부터 아는 사람이 아니라고 했다. 하늘의 명을 받아 나라를 다스리는 군왕인 세종 또한 빼어난 기억력을 가졌음에도 밤새도록 교열을 보는 등 노력을 게을리하지 않았다.

아홉째, 공부의 목적이다. 공자가 생각하는 배움의 목적은 실천이었다. 그는 말이 어눌할지라도 행동에 재빠르게 옮기는 이를 군자로 보았다. 즉, 배운 것을 실천한 사람이 군자라는 의미다. 공자의 실천이 정치철학이나 예절에 있다면 세종의 행동은 실사구시였다. 철학을 배우고 역사서를 읽는 목적은 문물을 일으켜 정신은 물론이고 물질적으로 풍요롭게 하려는 것이었다. 세종시대에 문물이 크게 일어난 배경이다.

열 번째, 자신감이다. 공자는 부족한 실력으로 창작하는 사람에 대해 손을 내저으며 "나는 그런 적이 없다"고 했다. 즉 많이 듣고, 많이 보고, 많이 생각해 강의한다는 것이다. 세종은 박연의 아악 중시에 대해 향악을, 고려사 서술에 대해 우리나라의 자주성을 넣으라고 했다. 공자나 세종이나 스스로에 대해 자신감이 넘쳤다. 그 결과 행동에 추진력이 있었다.

무슨 일이든 전력을 다해야 이루어진다

"만약 마음과 힘을 다한다면 무슨 일인들 능히 이루지 못하겠는가."

《세종실록》 22/07/21)

공부틀은 책을 보는 게 습관이 되는 것이다. 몸은 저항하는 속성이 있다. 의지는 책상에 앉으려 하지만 이와 반대로 몸은 불편해한다. 그런데 몸이 책상에 앉아 책을 보는 것을 편안하게 느낄 때가 있다. 오랜 반복으로 습관이 되었을 때다. 이 상황이 되면 학습효과가 높다. 공부틀이 형성됐기 때문이다. 공부틀은 두뇌의 활동력에도 영향을 미친다. 공부틀이 형성되면 많은 책을 읽고 생각을 하기에 두뇌의 활동도 왕성해진다.

세종은 공부틀, 최선을 다하는 틀을 생각했다. '여의이위범사전치칙무불성予意以謂凡事專治, 則無不成', 세종의 생활신조였다. 무슨 일이든 전력을 다해야 이루어진다는 뜻이다. 세종은 베 짜는 기관인 직조사 신설을 신하들과 논의했다. 당시에는 옷감의 재료인 베가 화폐의 기능도 했다. 세금을 쌀 대신 베나 무명으로도 냈으며, 명나라에 가는 사신이 챙겨 가기도 했다. 이처럼 나라 경영에 중요한 베나 모시의 효율적인 관리와 생산성 증대 차원에서 해당 관청 신설이 논의되었다.

예조판서 신상은 베를 짜는 여인들에게 모시와 삼을 줘 1년에 1인당 2필씩 바치는 방법을 아뢰었다. 그러면 일도 간편하고 당사자들도 힘이 적게 든다는 주장이었다. 새로운 기관 신설을 반대한 것이다.

임금은 신상의 의견에 손을 내저었다. 공적인 일을 개인사처럼 해서는 안 된다는 생각이었다. 임금은 "무슨 일이든지 전력을 다해 다스린다면 이루어지지 않는 것이 없다. 지금 따로 한 기관을 세우고 특정인을 전담시키면 일은 쉽사리 이루어질 것"이라고 하명했다.

임금은 예전의 사례로 종이를 만드는 조지소를 신설할 때 판단력이 좋은 허조도 반대했음을 들었다. 그러나 조지소에서 생산한 종이의 품질이 당시 최고급인 전주와 남원의 것을 능가하기에 이르렀다. 이러한 사례를 아는 임금은 '최선을 다하면 이루어진다'는 확신을 신하들에게 전파했다.

세종은 종친인 이사철이 함경도 경력으로 나갈 때도 같은 말을 했다. 집현전 학사이던 이사철은 22년(1440년) 7월 21일 임지로 떠났다. 하직 인사를 하러 온 그에게 임금은 말했다. "만약 마음과 힘을 다한다면 무슨 일인들 능히 이루지 못하겠는가."

학문을 좋아하는 이사철은 키가 크고 용모도 빼어났으나 어눌하고 결단력이 부족했다. 자신의 확고한 뜻을 밝히기보다는 다른 이의 의견을 듣고 두루뭉술하게 이야기하곤 했다. 그가 가는 함경도는 조선과 여진의 긴장이 계속되는 준 전시지역이었기에 함경도 관찰사 보좌관격인 그의 임무는 아주 중요했다.

임금은 그를 보내는 이유를 설명했다. "나의 친족은 학문을 모르는데 네가 공부에 전념하는 것을 아름답게 여겼다. 오래도록 집현전에 두고 싶었다. 그런데 너는 (북방에 관한) 지극한 나의 마음을 알고 있다. 그래서 너를 특별히 보내 임무를 전적으로 맡기는 것이다. 전력을 다해라."

이사철은 일에 정통하지 못해 큰 뜻을 제대로 받들지 못할까 두려운 마음을 토로했다. 이에 대해 임금은 "너의 자질이 아름다움을 안다. 만약 마음과 힘을 다한다면 무슨 일인들 능히 하지 못하겠는가"라고 격려하며 활과 화살을 하사하였다.

이사철은 함경도 임무를 무사히 마치고 세조 때에는 좌의정까지 승진한다. 우유부단하지만 대범한 그의 성격을 《해동잡록》에서 읽을 수 있다.

신체가 뚱뚱하고 컸으며 음식도 남보다 많이 먹었다. 매끼에 큰 밥그릇에 밥 한 사발과 삶은 닭 두 마리와 한 주전자의 술을 먹었다. 일찍이 등창을 앓아 죽게 되었을 때 의원이 "독한 술과 삶은 고기를 먹지 마십시오"라고 했다. 그는 "먹지 않고 죽는 것보다는 차라리 먹고 죽는 것이 낫다"고 술과 고기를 평상시와 똑같이 하였다.

세종은 최선을 다할 수 없는 상황이 되자 옥좌에서도 내려올 의사를 밝혔다. 24년(1442년) 6월 16일 눈병을 이유로 세자에게 대리청정을 하게 한다. 임금은 승지들에게 말했다.

"군주는 처음에 부지런하더라도 종말에는 반드시 게을러진다. 당나라 현종과 헌종이 본보기다. 나는 이 같은 행동을 매우 부끄러운 것으로 여긴다. 나는 정사를 하는 데는 부지런하였다. 날마다 신하를 접견하고 모든 서무를 결재하였다. 그런데 요즘 여러 병증이 심해져 정치를 부지런히 할 수가 없다. 눈병이 발생한 이후에는 시력도 떨어졌다. 비록 정치에 부지런하고자 하지마는, 되겠는가."

세종은 승하 기사에서도 최선을 다한 왕으로 다음과 같이 기록됐다.

즉위한 이후 매일 새벽에 면 옷을 입고, 날이 환하게 밝으면 조회를 받았다. 이어 정사를 보고, 대신을 만나고, 경연에 나아가기를 한 번도 조금도 게으르지 않았다.

다음은 불교 경전에 나오는 이야기다.

화려한 옷을 입은 미녀가 한 집을 방문했다. 그녀는 부富의 여신이었다. 집주인은 그녀를 극진히 접대했다. 얼마 후 남루한 옷차림의 추녀가 찾아왔다. 그녀는 빈곤의 여신이었다. 깜짝 놀란 주인은 그녀를 쫓아내려고 했다. 이에 앞서 온 미녀가 추녀는 자신의 동생이라고 했다. 평생 같이 살 운명이라고 했다. 주인은 미녀가 반대했음에도 추녀를 쫓아냈다. 그러자 미녀도 흔적도 없이 사라졌다.

두뇌력과 공부력은 부의 여신과 빈곤의 여신 관계와 같다. 두뇌가 뛰어나면 학습력이 높다. 또 학습을 많이 하면 지능이 계발된다. 세종은 두 가지 모두를 갖춘 것으로 볼 수 있다.

실속 없이 겉만 화려한 공부는 필요 없다

"과거시험 실시는 참다운 인재를 얻으려 함이다. 어떻게 하면 선비들이 실속 없이 겉만 화려한 버릇을 버리게 할 수 있을까?"

《세종실록》즉위년/10/07)

각종 시험 직후에는 난이도에 관한 이야기가 나온다. 대개 시험 문제가 너무 어렵거나 쉬워서 불이익을 받았다는 이들의 볼멘소리다. 성적 분포는 종 모양bell-shaped이 되는 게 좋다. 출제위원은 득점이 고르게 분포되도록 난이도를 조절하고자 하지만 예상이 빗나가기도 한다. 그래서 해마다 대학 입시 철이면 수능 문제 난이도에 대해 잠시 설왕설래한다. 2013학년도 입시에서도 한 영재학교의 일부 학부모가 불만을 터뜨리기도 했다. 한 대학에서 낮은 수준의 문제를 내 심화공부를 해온 영재학교 학생들이 손해를 봤다는 주장이었다. 모든 시험은 이해관계가 엇갈린다. 쉬워도 문제, 어려워도 문제이다.

세종은 문제의 수준에 대해 어떤 입장이었을까. 세종의 과거시험 원칙은 '쉽게 그리고 현실적으로'였다.

임금의 교육 목적은 과거시험에서 잘 나타난다. 정치에 적용할 수 있는 책 읽기, 유능한 관리를 선발하는 제도에 관심을 뒀다. 학문만을 위한 순수학문과 시험 자체를 위한 과거시험을 반대했다. 세종은 즉위년(1418년) 10월 7일 첫 경연에서 과거제도의 손질을 지시했다. 문제를 쉽게, 현실적으로 내라고 했다.

공부 도중에 임금은 주위에 물었다. "과거시험을 통해 선비를 뽑는 것은 참다운 인재를 얻으려 함이다. 어떻게 하면 선비들이 실속 없이 겉만 화려한 버릇을 버리게 할 수 있을까?"

변계량과 이지강이 답했다. "과거 시제로 처음에는 유교의 경전인 사서오경의 의심나는 내용을 논술하고, 경진의 의미를 해설하는 문장을 쓰도록 했습니다. 또 나중에는 어떤 사건에 대한 처리책을 쓰도록 했습니다. 그러나 학생이 실학에 힘쓰지 않아 최근에는 초장에서 경서의 구절을 외우고 해설하게 법을 바꾸었습니다. 이로 말미암아 영민하고 예리한 인재가 모두 무과로 달려갔습니다."

과거 1차 시험에서 경전의 어려운 내용을 글로 풀이하고, 글로 해설했다. 그러나 그 부분을 암송하고 해설하도록 한 결과 문과 응시생이 줄었다는 것이다. 이에 임금은 "경서의 암송과 해석은 극히 어렵다. 대학자인 변계량도 다 정통할 수는 없을 것"이라며 어려운 과거시험을 개선하라고 지시했다.

세종은 시험방법을 놓고 여러 차례 논의했다. 글을 짓는 제술과 경서를 외는 강경에 대한 방법이었다. 시험의 공정한 관리에 대해서도 논의했다. 이는 실사구시 정신이었다. 실생활에 도움이 되는 방향으로 과거제도를 유지하려는 의도였다. 실사구시 추구는 과거시험 논제에서 잘 드러난다.

과거시험은 소과 2차례, 대과 3차례로 치러진다. 대과의 최종 시험은 임금 앞에서 보는 전시다. 임금이 직접 논제인 책문策問을 출제했다. 시국현안의 타개책을 묻는 것이 주류를 이뤘다. 후보 33명이 모두 임금 앞에서 시험을 치른다. 합격이 확정된 상태에서 순위를 가리는 것이다. 하지만 갑·을·병 3과로 나뉜 합격자는 임용에서 차이가 있다. 갑과의 장원 급제자는 종6품 이상의 참상관으로 임명되는 데 비해 병과 합격자는 정9품으로 관직을 시작한다.

세종은 지극히 현실적인 대안을 물었다. 세종이 17년(1435년)에 낸 과제를 보자.

문제) 인구를 파악하고 과세하는 호구戶口의 법이 세밀하지 못해 누락자가 8~9할로 추정된다. 미등록자를 찾아내다 보면 시민이 괴롭게 된다. 인구조사와 등록을 충실하게 하고 시민의 부담을 공평하게 할 수 있는 방법을 기술하라!

이는 영락없이 요즘의 대학 논술 문제다. 지문은 대학 논술의 제시문 2개 분량이고, 질문 사항은 5~7개 정도다. 답해야 하는 내용은 지극히 현실적인 게 많다. 그만큼 현실적인 논제라는 의미다. 임금은 "나라를 다스리는 데 꼭 참고하고 싶은 내용을 고민했다"고 출제 배경을 설명했다.

세종은 또 다른 문제로 "정치의 도는 반드시 옛것을 본받는다. 그렇다면 중국의 하나라, 은나라, 주나라의 정치방법을 지금도 적용할 수 있겠는가?"를 물었다. 또 "종친들이 열심히 공부하지 않고, 선생도 교육에 열의를 보이지 않는다. 스승과 제자가 그 본분을 다할 수 있는 방법을 제시하라"고 했다. 이와 함께 "우리나라 군사제도는 농사와 군역을 동시에 행하는 부병제다. 그러나 이 제도는 문제점도 있다. 농사를 겸하기에 제대로 훈련받지 못해 군사력이 떨어질 뿐 아니라 군사로 징집되면 농사를 지을 사람이 없다. 어떻게 하면 강한 국방력을 키우면서 농업생산도 증대할 수 있는가?"라는 문제도 눈에 띈다. 세종대왕은 현실에 바로 적용하여 삶에 보탬이 될 수 있는 답안을 요구한 것이다.

10년이 지난 29년(1447년) 당하관 승진시험인 문과중시의 논제도 현실의 대안을 요구하는 것이었다. "법이 제정되면 폐단도 따른다. 예나 지금이나 이는 공통된 근심이다. 이에 대한 대책을 논하라."

세종 때 많은 관심사 중 하나가 새로운 전세제도인 공법이었다. 일종의 정액세법이다. 개국 후의 조선은 풍년과 흉년에 따라 세금이 달라지는 손실답험법損失踏驗法이었다. 그러나 관리와 아전의 농간으로 공정성을 상실했다. 이에 객관적인 정액세법의 필요성이 대두되었다. 세종은 9년(1427년) 3월 16일 인정전 뜰에서 실시된 문과시험의 논제로 공법의 필요성을 냈다.

임금은 인정전에 모인 응시생들 앞에서 다음과 같은 문제를 냈다.

"왕은 말하노라. 예로부터 제왕이 정치를 함에는 반드시 제도를 마련한다. 전제田制의 법은 어느 시대에 시작되었는가. 하후씨는 공법으로 하고, 은나라 사람은 조법으로 하고, 주나라에서는 철법으로 했다. 이를 오늘날에도 시행할 수 있겠는가. 명나라에서 문득 옛날 제도를 따라 하후씨의 공법을 채택하였다 해서, 어찌 그것이 편리하고 쉽다고만 할 것인가. 태조대왕께서는 나라를 만들고 먼저 전제를 바로잡으셨고, 태종대왕께서도 백성을 보호하셨다. 나는 덕이 적은 사람으로 나라를 이어받았다. 다스림을 이루는 요체는 백성을 사랑하는 것이다. 백성 사랑의 시초는 오직 백성을 위한 제도에 있을 뿐이다. 지금 백성에게 전제와 부역만큼 중요한 게 없다. 전제는 해마다 신하를 여러 고을에 보내 현지조사를 하여 집행한다. 그러나 간혹 관리가 나의 뜻에 부합되지 않고, 백성의 고통을 돌보지 아니한다. 나는 이를 매우 못마땅하게 여겼다. 고을 수령에게 조사를 위임할 수도 있지만 업무가 번잡하여 겸무할 여가가 없을 것이다. 이 두 가지가 서로 허물이 되고 있다. 생각하건대 별도로 행할 만한 법이 있겠는가. 공법을 사용하여 좋지 못한 점을 고치려고 한다면 그 방법은 어떻게 해야 하겠는가. 맹자는 어진 정치는 세금정책에서 나온다고 했다. 내가 비록 덕이 부족하지만 이에 간절히 뜻이 있다. 그대들의 좋은 아이디어를 바란다. 내가 장차 채택하여 시행하겠노라."

세종은 국방 문제도 과제로 제시했다. 8년(1426년) 4월 11일, 근정전에서 회시에 입격한 유생 남수문 등에게 다음과 같이 책문하였다.

"함길도 북방 지역 정책에 대해 세 가지 의견이 있다. 하나는 공험진 이남은 나라의 옛날 영토이니, 마땅히 군사를 주둔시켜 지켜야 한다는 시각이다. 또 하나는 경원군은 백성이 적고 수비가 어려우니 수비 본거지를 경원으로 옮기자는 주장이다. 마지막은 경원에 군사를 주둔시킨 것은 태종대왕의 큰 뜻이니 변경할 수 없다는 생각이다. 세 가지 안 중 과연 어느 것이 이익이 되고, 어느 것이 손해가 되는지를 논술하라."

토론과 경청을 통해 배움을 얻다

"중국의 사대부들은 황제의 앞에 나올 때나 물러갈 때에 절대로 머리를 숙이고 땅에 엎드리는 예절이 없다. 왜 그런가."

《세종실록》 05/07/03)

대화와 토론에서 듣는 것이 우선일까, 말하는 게 먼저일까. 듣기는 받아들이는 것이고, 말하기는 표현하는 것이다. 말하기와 듣기는 동시에 이뤄지는 게 바람직하다. 다만 상황에 따라 듣기를 더 우선할 수 있고, 말하기를 강조할 수 있다. 리더는 전달이나 설득의 말을 많이 하는 위치에 있다. 따라서 듣기 못지않게 말하는 요령이 중요하다. 표정과 몸짓 같은 비언어적 표현이 언어적 표현과 함께 균형을 이룰 때 효과적인 말하기가 된다. 또 논리적이고 설득력 있는 대화를 하려면 먼저 상대의 이야기를 주의 깊게 들어야 한다.

세종의 대화법은 초기에는 경청에 중점을 두었고, 후기에는 적극적인 말하기로 변화했다.

"여미지인물予未知人物 욕여좌우의정欲與左右議政 리병조당상吏兵曹堂上 동의제수同議除授." 세종대왕의 즉위 일성은 '상의해서 함께 하겠다'였다. 임금은 보위에 오른 다음 날인 즉위년(1418년) 8월 12일에 도승지 하연에게 말했다. "내가 사람 됨됨이를 잘 모르오. 좌의정, 우의정, 이조, 병조의 당상관과 함께 의논하여 벼슬을 내리겠소." 하연은 만부당한 말씀이 아니라 '지당한 말씀'이라며 고개를 조아렸다.

임금의 학문은 이미 문형인 변계량이 인정한 바였다. 아버지 태종도 새 임금의 정치력을 믿고 있었다. 그런데 세종은 취임 일성으로 '인물을 잘 알지 못하니 신하들과 상의해서 국사를 하겠다'고 선언한다. 이는 세종의 정치력이고 성향이다. 젊은 왕이 노련한 중신을 끌어들이기 위한 제스처이다. 정치적 목적을 위한 일회성 발언이라면 오래가지 못한다. 그런 의미에서 세종의 약속은 천성에 가깝다. 몸에 경청과 협의력이 새겨져 있는 것이다. 세종의 이 정신은 집권 내내 이어졌다.

경연과 어전회의는 아이디어를 모으는 모임이다. 이때 임금의 역할이 중요하다. 카리스마형 군주는 회의를 끌고 가고, 부드러운 리더십의 왕은 회의의 리듬을 이끈다. 세종은 후자였다. 임금은 회의 주제를 제시한 상황에서 신하들의 이야기를 즐겨 들었고, 격렬한 토론의 장을 지켜보았다. 신하들은 자기 주장의 타당성을 설명하기 위해 많은 예시와 논리를 동원했다. 임금은 그 점에 주목했다. 오랜 논란이 계속된 끝에 의견의 줄기가 모이면 의사표현을 했다. 토론 과정에서 나온 많은 아이디어를 참고했다. 이를 바탕으로 어려움을 이겨나가는 데 더욱 가능성이 높은 의견에 힘을 실었다. 상당수의 회의에서 발언권을 신하들에게 넘겨주고 시작과 끝 무렵에만 관여했다. 그러나 여진 정벌, 중국과의 외교 문제, 세제 개혁, 관료제 개혁, 한글 창제 등 나라의 안위와 직결되거나 기득권층의 반발이 예상되는 사안에 대해서는 회의를 적극 주도했다. 그 외에 전반적인 회의 스타일은 경청형이었다.

신하들 사이의 토론을 즐기는 임금의 모습은 참찬 김점과 판서 허조의 공방에서도 읽을 수 있다. 임금은 1년(1419년) 1월 11일 편전에서 정사를 마친 뒤 신하들과 술을 함께했다. 김점과 허조가 제도에 대해 다른 시각을 이야기했다. 김점은 중국의 좋은 제도는 본받아야 한다는 반면 허조는 선별해야 한다는 주장이었다.

김점이 아뢰었다. "명나라 황제가 친히 죄수를 심문하는 것을 보았습니다. 전하께서도 행하시기를 바라옵니다." 이에 허조는 "관에서 직무를 분담하고 있습니다. 임금이 친히 죄수의 일에 관하여 결재하고 대소를 가리지 않는다면, 관을 두어서 무엇하오리까"라고 반박했다. 김점은 "온갖 정사를 전하께서 친히 통찰하시는 것이 당연하옵고 신하에게 맡기시는 것은 부당하옵니다"라고 재차 의견을 냈다. 허조도 "인재를 얻으면 편안해야 하며, 맡겼으면 의심을 말고, 의심이 있으면 맡기지 말아야 합니다. 전하께서 대신을 선택하여 육조의 장을 삼으신 이상 책임 행정을 하도록 해야 합니다. 신하의 할 일까지 하시면 아니 됩니다"라고 의견을 올렸다.

김점이 "황제는 위엄과 용단이 있습니다. 6부의 장관이 정사를 아뢰다 착오가 생기면, 즉시 끌어내립니다"고 했고, 허조는 "대신을 우대하고 작은 허물을 포용하는 것은 임금의 넓으신 도량입니다. 말 한마디의 착오로 대신을 욕보이는 것은 부당합니다"라고 의견을 밝혔다.

토론 때 김점은 지리하고 번거로웠다. 얼굴에는 노기도 나타났다. 허조는 천천히 간단명료하게 반박했다. 얼굴빛도 평온했다. 두 사람의 발언과 낯빛의 교차함을 모두 관찰한 세종은 조용히 김점의 의견에 공감을 표시했다.

임금은 회의 자세도 꼼꼼하게 살폈다. 자세가 불편하면 좋은 회의가 될 수 없다. 그런데 조선의 신하들은 임금 앞에 드나들면서 모두 바닥에 엎드린다. 세종은 5년(1423년) 7월 3일 어전회의에서 이 점을 지적했다. "내가 들으니, 중국의 사대부들은 황제의 앞에 나올 때나 물러 갈 때에 절대로 머리를 숙이고 땅에 엎드리는 예절이 없다고 한다."

이에 대해 허조가 대답했다. "중국은 천하의 정무를 모두 황제가 결정합니다. 사람은 많고 일이 번거로워 예절을 차릴 여가가 없습니다. 이에 《서경書經》에서는 군주가 성가시고, 대신은 나태해진다고 했습니다."

세종은 고개를 끄덕였다. "그렇다. 임금이 되어 서무를 친히 결재하면, 담당 관원이 반드시 게으른 마음이 생길 것이다."

허조는 또 아뢰었다. "옛날에 태종께서 여성의 복색을 중국 제도에 따르고자 하시었습니다. 이에 신이 산동山東의 공자 마을을 방문했을 때 보았던 여자 복색의 화상을 설명해드렸습니다. 공자 마을의 화상은 우리나라와 비교할 때 단지 머리에 꽂는 장식품만 다를 뿐이었습니다. 이로써 우리의 옷을 그대로 지켰습니다. 중국의 예를 어찌 다 따르겠습니까."

세종은 여느 회의에서처럼 허조의 의견을 조용히 경청했다.

때때로 회의가 첨예하게 대립하여 격렬해지면 휴회를 통해 숨을 고르게 했다. 고조된 감정과 분위기를 논리적으로 유도하기 위해 일정 기간 휴회를 했다. 주로 의견 대립이 극심하거나 나라에 미치는 영향력이 지대할 때 냉각 회의를 통해 합리적인 방안을 유도했다. 더 나아가 임금은 참여하지 않은 가운데 대신들까지 자유로운 토론을 하도록 하기도 했다. 대표적인 것이 세금징수 방법이었다. 세종이 민주적 절차, 즉 백성의 여론을 수렴해 결정한 공법의 폐지 여부를 결정해야 했을 때의 회의다.

19년(1437년) 8월 28일 조정에서는 의견이 극심하게 갈렸다. 세종은 신하들을 편전으로 부르는 대신, 도승지를 육조와 의정부에 보냈다. 신하들이 자유롭게 토론하도록 한 것이다. 참찬 최사강 등 일부에서는 공법의 존속을 주장했고, 우의정 노한과 판서 황보인 등은 1년 동안의 한시적 중단 의견을 냈다. 참찬 조계생도 '각 고을 농사의 풍·흉작을 살펴 공법의 차등을 보아서 조세를 징수'하자는 의견을 냈다. 그러나 판서 권제 등은 '영구토록 시행할 수는 없다'는 주장을 굽히지 않았다. 도승지로부터 내용을 보고받은 세종은 여러 의견을 두루 들은 뒤 한참 후 정책을 결정했다.

"공법은 옛일을 상고하고 지금을 참작해서 대신들과 더불어 의논하여 정했다. 취지는 백성의 편익성이다. 내가 덕이 없어 왕위에 앉은 20여 년 동안 한 해도 풍년이 없었다. 후세의 풍년도 기필할 수 없으니, 이 법은 단연 시행할 수 없겠다. 그러나 이 법을 이미 정해서 전국에 반포했은즉, 후세의 자손이 필시 행할 때가 있을 것이다. 이제 황희 등의 의논을 따르라."

세종은 의정부에 전지를 내렸다. "각 도의 조세는 공법 대신 예전의 손실법으로 시행해 백성에게 편리함을 주게 하라."

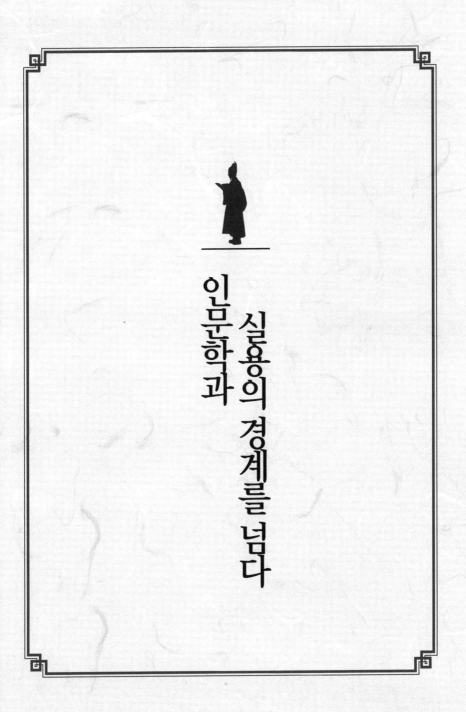

인문학과 실용의 경계를 넘다

수학은 제왕학의 근본이다

"수학[算法]은 역법에만 쓰는 것이 아니다. 만약 병력을 동원한다든가 토지를 측량하는 일이 있다면, 이를 버리고는 달리 구할 방도가 없다. 원민생과 김시우로 하여금 통역 중에서 총명이 뛰어난 자를 선발하여 보고하게 하라."

《세종실록》 13/03/02

세종은 수학을 국가 경쟁력으로 보았다. 연구원들에게 수준 높은 수학 공부를 요구했다. 25년(1443년) 11월에는 승정원에 수학 예습 대책을 마련하라고 지시한다.

"산학算學은 국가의 긴요한 사무이므로 역대 왕조에서 모두 유지했다. 정자나 주자도 비록 이를 전심하지 않았다 하더라도 알았을 것이다. 근일에 전품을 고쳐 측량할 때에 만일 이순지, 김담 등이 아니었다면 어떻게 쉽게 계량하였겠는가. 지금 산학을 예습하게 하는 방책을 의논하여 아뢰라."

이에 도승지 이승손은 취재시험에서 가례家禮를 빼고 산술算術로 대치할 것을 건의했다. 임용시험에 넣자는 의견이었다. 이 무렵에는 세종이 등극한 후 20여 년간 추진한 과학기구가 속속 완성되던 시기였다. 천문학과 농업기계, 농지측량 등에서는 기하학이 필요하다. 음악에서는 음계가 현이나 관의 길이와 비례하고, 한글 제정에서도 분석과 종합 등 수학적 기초지식이 적용된다. 세종 시기의 산업과 학문의 발달은 수학과 직간접으로 연관이 있다. 이를 아는 세종이 연구직들에게 수학 교육을 확산시킬 방법을 물은 것이다.

수학의 중요성을 인식한 세종은 수학 진흥책을 내놓았다. 첫째는 왕과 왕실의 모범이고, 둘째는 연구 장려이고, 셋째는 유학 지원이다.
먼저, 임금이 수학을 공부했다. 스승은 당대 천문天文과 역법曆法의 대가로서 수학에 밝은 정인지였다. 12년(1430년) 10월 23일 기사다.

임금이 《계몽산》을 배우는데, 부제학 정인지가 들어와서 모시고 질문을 기다리고 있으니, 임금이 말하기를, "산수[算數]를 배우는 것이 임금에게는 필요가 없을 듯하나, 이것도 성인이 제정한 것이므로 나는 이것을 알고자 한다" 하였다.

세종의 수학에 대한 관심은 다섯째 아들인 광평대군에게로 이어진다. 어릴 때부터 학문에 탁월함을 보인 광평대군은 문학과 역사, 스포츠는 물론이고 아버지가 심혈을 기울인 국어와 수학에도 정통했다. 그의 졸기에는 "수학의 오묘한 이치를 다 알았다"고 쓰여 있다. 이로 볼 때 세종과 광평대군은 수학을 깊게 공부했음을 생각할 수 있다.

《계몽산》은 중국의 수학책인 《계몽산학》이다. 송나라의 주세걸이 지었는데 당시 수학의 모든 것을 망라했다. 쉬운 문제부터 고급 수학까지 고루 다루고 있다. 조선에서 수학 교재로 채택된 이 책은 공교롭게도 중국에서는 사라진 상황이었다. 원나라와 송나라 간 전쟁 탓이었다. 중국에서는 1660년 전주부윤 김시진이 펴낸 《산학계몽》을 역수입해 갔다. 당시 수학책으로는 근세수학 형성과 관련이 깊은 《양휘산》, 당시 기술직 고시인 잡과의 시험과목으로 《경국대전》에 명시된 《상명산》과 《오조산》, 《지산》 등이 있었다.

수학 공부 장려는 연구원의 품격으로 이어졌다. 5년(1423년) 11월에 이조의 건의를 받아 사족士族에서 산학박사를 임명했다. 수학의 중요성이 반영된 것이다. 종래의 산학박사는 각 아문의 아전이 임명됐다. 그래서 회계가 한낱 형식이 되는 폐단이 있었다. 이에 산학박사를 양반의 자제를 대상으로 시험하여 임용하고, 항상 수학을 공부하게 했다. 산학박사는 회계사무 등 기술직에 종사한 종9품 관원이다.

이와 함께 질책과 대안도 제시하고, 수학을 열심히 공부할 것을 몇 차례 지시한다. 4년(1422년)에는 서운관의 계산 담당자가 수학을 잘 알지 못하자 담당자를 바꾸었다. 그해 윤12월 16일 기사다.

서운관에서 천체의 운행을 관측하는 사람이 수학에 어두웠다. 이에 직제학 정흠지를 제거提擧로 삼고, 정랑 김구려를 별좌로 삼아 그 일을 맡게 하였다.

제거는 3품의 임시직이다. 당상관인 직제학 정흠지에게 하급관리의 업무인 천체관측을 하도록 명한 것이다. 13년 실록에도 비슷한 기사가 보인다. 문과 출신 관리인 집현전 교리 김빈과 한성참군 우효강에게 수학 공부를 명했다. 임금은 3년 뒤에는 김빈 등 31명에게 《자치통감강목》에 나오는 일식을 계산하도록 했다. 《자치통감강목》은 송나라 주희가 지은 총 294권의 책이다.

수학인 산학을 공부하는 학생은 산서算書와 《역경曆經》을 읽고 매일 읽은 것을 장부에 기록하며, 열흘마다 두 책 중의 한 책을 테스트받아야 했다. 그 결과에 따라 직위가 높아지기도 하고 임용되기도 했다.

또 우수 인재를 뽑아 중국에 유학을 보냈다. 13년(1431년) 3월 2일 기사다.

상참을 받고 정사를 보았다. 임금이 공조판서 정초에게 일렀다. "역서曆書란 지극히 정세한 것이다. 일상생활에 쓰는 일들이 빠짐없이 갖추어 기재되어 있으되, 다만 일식, 월식의 경위만은 상세히 알 길이 없다. 이는 옛사람도 역시 몰랐던 것 같다. 우리나라는 예로부터 문헌의 나라로 일컬어져왔다. 이직이 역법의 교정을 건의한 지 이미 12년이 되었다. 만약 정밀, 정확하게 교정하지 못하여 후인들의 웃음을 사게 된다면 하지 않는 것만도 못할 것이다. 마땅히 심력을 다하여 정밀히 교정해야 할 것이다. 우리나라에는 수학[算數]에 밝아서 방원법方圓法을 상세하게 아는 사람이 드물다. 문자를 해득하고 한음漢音에 통한 자를 중국에 보내어 수학을 습득게 하려고 하는데 어떤가."

또 임금은 대언들에게 일렀다. "수학[算法]은 역법에만 쓰는 것이 아니다. 만약 병력을 동원한다든가 토지를 측량하는 일이 있다면, 이를 버리고는 달리 구할 방도가 없다. 원민생과 김시우로 하여금 통역 중에서 총명이 뛰어난 자를 선발하여 보고하게 하라."

수학의 중요성을 인식한 임금은 당상관들에게 수학책《계몽산법》을 하사했다. 그리고 한 달 후에 시험을 실시했다. 임금이 생각하는 기준을 모두 통과했다. 당시 유학자들이 배우는 육예 중의 하나가 수학이었기 때문이다. 공자가 가르쳤던 여섯 과목인 육예는 예절, 음악, 궁술, 승마, 글쓰기, 수학이었다.

임금의 지극한 수학 사랑에 신료들이 걱정을 하기도 했다. 또 수학을 공부해야 하는 신료들은 볼멘소리도 했다. 수학의 중요성을 그다지 인식하지 못한데다 임금의 체력이 떨어지던 시기였기 때문이다. 이에 대해 세종은 대신들이 우러르는 공자의 첫 번째 벼슬이 수학 계산직인 위리委吏였음을 설명한다. 임금이 영의정 황희, 좌의정 허조, 우의정 신개를 불러 이른 내용이 실록 21년(1439년) 9월 10일자에 실려 있다.

신하가 임금의 명령을 받으면 마땅히 마음을 다하여야 할 것이다. 비록 천한 일이라도 어찌 피할 수 있겠는가. 공자는 위리가 되어서 요량料量을 공평하게 하고, 사직司職이 되어서는 가축을 번식하게 하였다. 이것은 옛적의 신하 된 사람이 마음을 극진하게 쓰지 않음이 없는 것이다. 우리 조정에서 강례講隸와 역산曆算 등의 벼슬을 설치하였으니, 모두 내가 깊이 관심을 보이는 것이다. 이 직책에 있는 자는 마땅히 정백精白하게 마음을 한결같이 하여, 내 뜻에 부응하여야 할 것이다. 신하가 모두 이것을 천한 일로 여기어 '한번 직책을 맡으면 종신토록 벗어나기 어렵다'며 피하려고 꾀하니 어찌 효과를 이룰 수 있겠는가.

천문학과 관련이 있는 수학은 다름 아닌 제왕학의 근본이다. 그러나 수학 교육을 실천한 조선의 국왕은 세종대왕뿐이었다. 세종시대에 천문학이 어느 정도 체계가 잡혀 후대의 임금들이 새롭게 공부할 필요성을 느끼지 않았을 수도 있다. 그러나 학문에 대한 열정, 특히 천문학과 수학에 대한 열정이나 관심이 부족한 탓일 것이다. 이런 면에서 세종은 수학 교육을 강조하고 실천한 수학자라고 할 수 있다. 세종이 수학을 공부했다면 다른 임금은 산수 수준에 만족한 셈이다.

리더십에는 두 종류가 있다. 하나는 천부적 리더십이고, 다른 하나는 상황적 리더십이다. 천부적 리더십은 선천적으로 타고난 것이고, 상황적 리더십은 지위가 사람을 만드는 경우다. 가령, 대표이사로 취임하면 그에 맞는 역할을 하게 된다는 것이다. 조선의 왕은 상황적 리더십에 맞춘 교육을 받았다. 세손, 세자, 국왕의 지위에 따른 역할을 알 수 있는 교육이다. 이의 일환으로 교육도 내용과 격이 계속 격

상됐다. 강학청 교육, 시강원 교육, 경연 교육 등이다. 이 기관들을 거치면서 국왕은 유교의 주요 경전과 역사서를 공부했다.

기초 과정으로《동몽선습》과《소학》을 뗀 많은 왕이 빠뜨리지 않은 게《성학집요》,《정관정요》등이다. 율곡 이이가 엮은《성학집요》는 젊은 국왕 선조에게 올린 통치 교과서다. 2년에 걸쳐 유교 경전에서 이상정치를 실현하는 방법을 뽑아 '정치를 잘하려면 어떻게 해야 하는가'에 대해 성인들의 말씀을 적고, 율곡의 생각도 더했다.《정관정요》는 당나라 태종과 신하들의 정치문답을 정리한 책이다. 조선 후기 르네상스시대를 연 영조와 정조가 즐겨 본 책 중에는《성학집요》와《정관정요》도 있다.

세종에게 제왕학 교과서는《대학연의》라고 할 수 있다. 사서四書의 하나인《대학》의 깊은 뜻과 그 이치를 해설한 책으로 송나라 진덕수가 엮었다. 태종에 이어 세종도 이 책을 간행했다. 세종의 또 다른 관심 분야는 천문학이었다.《대학연의》가 현실 지상의 문제를 알기 위함이라면, 천문학은 하늘의 뜻을 해석하려는 움직임이었다. 주로 해와 달과 별의 운동을 살펴 일식, 월식, 우기, 건기 등의 자연현상을 정확히 측정하고자 했다. 이를 위해 천문학을 전문적으로 연구하는 서운관을 설치했다.

그런데 하늘을 관측하고 백성의 삶을 편안하게 하는 과학기구를 개발하려면 수학의 발전이 필요했다. 그래서 임금은 수학에 관심을 갖고 고위 관료에게 수학을 공부하도록 장려했다. 아버지의 영향을 받은 세자와 수양대군, 광평대군도 수학에 조예가 깊었다. 세종은 나라의 안정과 왕권 강화를 위해 천문학과 과학문물을 증진하는 데 심혈을 기울였다. 또 이를 실현하는 방편으로 수학의 중요성을 인식했다.

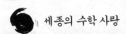

세종의 수학 사랑

세종은 국가 경영의 필요에 따라 수학을 중시했다. 이는 아들 중에 재능이 있는 세자, 수양대군과 광평대군의 수학 학습으로도 이어졌다. 그러나 세종 때 붐을 이룬 수학은 그 후 큰 진전을 이루지 못한다. 세종과 세조 이후의 임금들이 크게 관심을 보이지 않은 탓이다.

대신 수학은 중인 계급을 통하여 발전되었다. 토지측량, 세제, 역법 등의 업무를 취급하는 그들은 아버지나 친척의 영향을 받아 세습하는 경향이 있었다. 그래서 조선은 세계에서 특수하게 중인이라는 수학자 집단이 형성됐다.

산학과 관련된 과거제도는 잡과로 취재라는 시험을 봤다. 조선에서는 이 시험을 통해 1,627명의 중인 산학자가 배출됐다. 이들은 전문직으로서의 자부심이 강했다. 스스로를 새로운 지식층으로 인식하였고, 같은 중인 계층인 아전과는 심리적 차별화를 시도했다. 그 배경은 조선 초기에 왕과 왕실 그리고 고위 관료가 관심을 보인 학문이라는 점에서 찾을 수 있다.

시로 배경지식을 습득하다

"아름다운 할미새 조롱 곁에 겹겹의 꽃잎 흰한데
계절에 감응하여 비를 머금으니 새벽 노을 같구나.
무슨 까닭으로 성기고 찬 모습 버리지 않아서
절로 붉고 고움을 자랑하여 조정을 비웃는가."

(서거정의 《사가집》)

호학군주인 세종이 애써 눈을 감은 게 있다. 글쓰기다. 세종은 수많
은 책을 읽고, 수많은 책의 간행을 독려하고, 수많은 학자에게 공부
할 여건을 제공했다. 그런데 자신은 시를 짓거나 문장을 쓰는 일이
거의 없었다. 현실주의자인 임금의 책 읽기는 인격수양과 함께 정치
에 활용하기 위함이었다. 시를 짓고 서예를 하고, 문장을 쓰는 것은
여유로운 취미 생활로 여겼다.

서거정이 쓴 《필원잡기》에 독서에 관한 세종의 마음이 보인다. "책
읽기는 유익하다. 그러나 임금이 글씨를 쓰거나 글짓기를 하는 것은
생각할 바가 있다."

서거정은 왕을 가까운 거리에서 모신 핵심 참모다. 그가 임금의 음

성을 자신의 수필에 옮긴 것이다. 독서왕인 임금은 문학적 재능이 넘쳤다. 글을 좀체 쓰지 않았지만 피로연에서는 시를 가끔 지었다. 신하와 임금이 번갈아가며 읊는 창화다.

임금은 즉위 일주일 뒤인 1418년 8월 18일 아버지 태종을 위해 잔치를 열었다. 여흥이 무르익자 유정현이 연구聯句를 시작했다. 연구는 여러 사람이 한두 구절씩 돌아가면서 시를 짓는 것이다.

하늘이 아름다운 자리를 베풀어, 만세를 기약게 하고 (유정현)

백성은 주린 빛 없어 임금의 은혜를 고마워하네. (태종)

은혜의 물결이 온화한 말씀 속에 호탕하니 (하연)

나라 운수는 길이 즐거운 가운데 태평성대로다. (이연)

온 나라가 근심 모르는 오늘이여 (한상경)

임금과 신하가 도道에 맞추어 조정을 섬기네. (태종)

조정 신하가 산악을 불러 장수를 비나이다. (하연)

새 왕은 몸을 닦아 조상을 받드니 (태종)

나라의 안위는 신이 책임을 지겠나이다. (세종)

세종은 실제로는 글쓰기에 관심이 있었다. 중요한 책이 편찬되면 참여한 사람들을 위로하고 치하했다. 임금이 매번 초고를 검토하고 수정할 정도로 관심을 쏟은 《자치통감훈의》가 완성됐을 때도 그러했다. 이를 기념해 17년(1435년) 6월 8일 편찬에 참여한 47명 학자를 경회루로 불러 잔치를 베풀었다. 술이 오가는 가운데 학자들이

한 수, 두 수 아름다운 시어를 쏟아냈다.

임금이 고려의 문신인 이색, 정몽주 등의 아름다운 문학을 예로 들며 말했다. "지금은 어찌하여 문학을 바르게 하는 사람이 없는가. 유생들이 시학詩學을 좋아하지 않는 것은 오로지 내가 시학을 숭상하지 않기 때문이다. 시문과 문장은 별 볼 일 없는 재주이다. 따라서 후세에 '아무 시대에는 시학을 숭상하지 않았다'고 말하더라도 해가 될 것은 없다. 그러나 예전의 성현들은 시와 글쓰기에 공히 능했다. 나도 역시 시학에 뜻이 있다. 위에서 좋아하는 이가 있으면 누가 좋아하지 않겠는가."

임금은 시에 관심이 있지만 산적한 국사를 생각하면 한가롭게 글쓰기를 할 수 없음을 표현한 것이다. 좋은 생각이 나면 실천하기에 바쁜 임금에게 서예나 글쓰기는 눈에 들어오지 않았다. 그러나 신하와 왕자들의 시학은 배경지식을 확장하는 차원에서 긍정적으로 보았다. 세종이 권채와 이야기를 나눈 적이 있다. 그가 《중용》과 《대학》을 3년 동안 읽은 뒤 지난해 봄부터 《논어》와 《맹자》, 오경을 읽는다고 했다. 이 말을 들은 임금은 "두시杜詩와 같은 것은 풍월을 읊조리는 것이므로 유학자의 정식 학문이 아니다. 그러나 대강은 익히지 않을 수 없으니 그대들은 더욱 학문에 힘써서 두시, 한류문 등의 글을 모두 익혀 보는 것이 가하다"고 말했다.

아들에게는 시와 글쓰기, 그림 그리기 등의 문학 활동을 지원했다. 세종이 문학적 재능을 가장 높게 본 아들은 안평대군이었다. 그

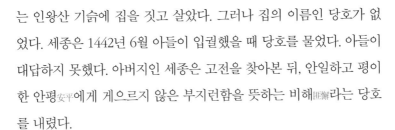

는 인왕산 기슭에 집을 짓고 살았다. 그러나 집의 이름인 당호가 없었다. 세종은 1442년 6월 아들이 입궐했을 때 당호를 물었다. 아들이 대답하지 못했다. 아버지인 세종은 고전을 찾아본 뒤, 안일하고 평이한 안평安平에게 게으르지 않은 부지런함을 뜻하는 비해匪懈라는 당호를 내렸다.

안평대군은 뛸 듯이 기뻐했다. 감사한 마음에 비해당에 맞는 글을 문사들에게 구했다. 시, 그림, 문장에 뛰어난 안평대군은 집현전 학자들과 막역한 사이였다. 수시로 학문을 토론하고 연회를 베푸는 그에게 학자들이 구름처럼 모였다. 훗날 사육신이 되는 성삼문, 박팽년, 하위지, 이개는 물론이고 신숙주, 서거정, 정인지 등과도 가까웠다. 그의 학문적 향기 때문이었다.

박팽년은 안평대군에 대해 "천성이 총명하고 학문이 날로 새로워져 육경의 업적들을 연구하지 않음이 없으며 시는 더욱 깊었다"고 평했다. 성현도 《용재총화》에서 "학문을 좋아했다. 특히 시문이 뛰어났다. 서법은 천하제일이었고 그림과 음악도 잘하였다"고 적었다. 안평대군은 시서화에서 몇 손가락 안에 꼽히는 대가였던 것이다.

세종의 왕자들은 대부분 문학적 재능이 뛰어났다. 문종과 세조, 안평대군은 한글 창제와 각종 책의 편찬에 핵심으로 참여했다. 광평대군과 영응대군도 학문적 세련미가 넘쳤다. 이는 세종의 천재성을 이어받은데다 종학에서 어릴 때부터 교육을 받은 덕분이다. 종학에서는 읽기, 쓰기, 말하기를 모두 했다.

안평대군은 아버지에게 감사의 마음을 담은 시를 올렸다. 26년 4월

22일 청주 초정 온천장이었다.

> 남으로 임하니 깃발이 하늘에 펄럭이는데
> 눈 가득 꽃들이 아래위로 걸려 있네.
> 조물주도 또한 성덕을 자랑할 줄 알아서
> 서원 땅에 이날 감로수를 솟게 했네.

　임금은 형인 효령대군의 정자에 희우정이라는 이름을 부여하고 어
필을 내렸다. 30년(1448년)에는 이곳을 찾아 형을 위로하고, 신하들
과 왕자들에게 잔치를 열게 했다. 취기가 올라오는 가운데 신하들과
왕자들이 시를 읊었다. 안평대군은 술기운을 벗 삼아 강가에서 달빛
에 취했다. 세자는 동생에게 쟁반에 귤을 담아 보냈다. 진상품인 귤
은 한 개, 두 개씩 금세 입안에서 녹았다. 쟁반의 귤이 다 사라지자
세자는 흥취를 시로 노래했다.

> 향나무는 코에만 향긋하고
> 기름진 음식은 입에만 맞는 법
> 가장 좋은 것은 동정의 귤이라
> 코에도 향긋하고 입에도 달다네.

　글을 좋아하는 세자는 집현전 학자들의 시회에 여러 차례 참여했
다. 또 자신의 시 발표회를 갖기도 했다. 세자가 학자들에게 '석류꽃'

이라는 시제를 준 적이 있다. 세자는 화답의 시를 지어 안평대군에게 선물했다. 안평대군은 금 글씨로 세자의 시를 첫머리에 쓰고, 다른 학자들의 시를 뒤에 실었다. 그때 읊은 세자의 시를 보자.

아름다운 할미새 조롱 곁에 겹겹의 꽃잎 훤한데
계절에 감응하여 비를 머금으니 새벽 노을 같구나.
무슨 까닭으로 성기고 찬 모습 버리지 않아서
절로 붉고 고움을 자랑하여 조정을 비웃는가.

세종은 시를 짓는 등의 작문을 현실에 활용했다. 중국과의 외교 때 시는 필수였다. 요즘 외교관들이 와인(포도주)을 대화와 소통의 수단으로 삼는 것과 같았다. 세종 3년(1450년)에 명나라 사신 예겸과 사마순이 조선의 학자들과 시 창작으로 크게 가까워졌다. 세종은 명나라의 사신을 집현전의 유명 문사들과 어울리게 했다. 이들은 술과 함께 시를 주거니 받거니 했다. 양국의 문학적 수준, 두 나라 학자들의 재능을 겨루는 자존심 대결 양상으로 승화됐다. 서로 시를 인용하여 노래했다. 분위기가 더욱 고조되면 산문도 화답하여 운율에 맞춰 글을 지었다. 신숙주가 예겸의 부賦를 차운했다. 차운은 특정 글을 보고 운율을 지켜 화답하는 글이다. 시는 차운을 하지만, 당시까지 산문인 부는 차운을 하지 않았다. 성현은 《용재총화》에서 신숙주가 차운한 것은 조선의 문학적 능력을 보여주기 위한 것으로 보았다. 글을 주고받으면서 가까워진 예겸은 신숙주, 성삼문과 의형제를 맺기도 했다.

당시 안평대군의 글은 명나라 사신들에게 최고 인기작품이었다. 사신들은 안평대군의 글을 받기를 원했다. 세종은 아들에게 사신의 뜻을 들어주라고 했고, 안평대군은 밤을 밝히며 수백 장의 글을 썼다. 글은 중국에서 큰 반향을 일으켰다. 다음에 온 사신은 아예 비단을 갖고 안평대군을 찾아왔다. 중국에서 안평대군의 글을 찾는 이들이 부탁했기 때문이다.

세종은 중국뿐 아니라 일본이나 유구국 사신과도 시를 통한 외교를 선택했다. 일본의 사신이 오면 변계량, 서거정, 이석형, 신장 등 당대의 문사들이 시를 짓고 노래했다. 세종에게 책 읽기가 앎의 확산, 배경지식의 공부라면 쓰기는 현실 정치의 실천이었다.

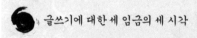 글쓰기에 대한 세 임금의 세 시각

세종은 글쓰기에 부정적이었다. 정조는 글쓰기를 넘는 책 쓰기를 주장했다. 연산군은 감성의 시인이었다.

세종은 수많은 책을 읽었지만 글은 많이 남기지 않았다. 개인적인 관심은 있었으나 군주로서 호사로운 여유를 가질 수 없다는 시각이었다.

이에 비해 조선 후기 르네상스를 연 정조는 글쓰기에 적극적이었다. 《홍재전서》의 《일득록》 문학 편에 다음과 같은 구절이 있다.

나는 젊어서부터 독서를 좋아했다. 바쁘고 소란스러워도 목표한 분량을 하루도 빠짐없이 읽었다. 경經·사史·자子·집集을 두루 아주 많이 읽었다. 이에 대한 독서기록을 작성하고 싶었다. 사부四部로 나눈 다음 각각의 책 밑에 편찬한 사람과 의례를 상세하게 기록하였다. 끝에는 어느 해에 읽었음과 나의 의견을 덧붙여서 한 권의 책을 엮었다. 나의 책에 대한 논평을 사람들이 두루 볼 수 있다. 또한 나도 틈이 나면 다시 볼 수 있다. 그러면 평생의 공부가 세세하게 눈에 익혀 반드시 많은 경계함과 반성함을 얻을 수 있다.

정조는 반성과 경계의 공부 차원에서 글쓰기를 생활화했다. 책을 읽으면 의견을 덧붙였다. 또 많은 시와 편지를 썼다. 방대한 저술을 남긴 임금으로 조선 국왕으로서는 처음으로 문집을 냈다. 184권 100책인 《홍재전서》가 그것이다. 문집은 정조 23년(1799년 3) 편집을 시작해 사후까지 계속됐다. 국왕의 글들은 사후에 대대로 이어져 오는 《열성어제列聖御製》에 덧붙이는 것이 관례였다. 그러나 정조는 학문으로 절대적인 권위를 세우기 위해 전례 없이 문집 간행을 추진했다. 학문으로서도 신하들을 통제하려는 정치행위였다.

사도세자의 아들인 정조는 정치기반이 극히 취약했다. 세손 때 대리청정이 거론되자 홍인한이 "동궁께서는 노론과 소론도, 이조판서와 병조판서도, 조정의 일도 알 필요 없다"고 주장하며 반대했을 정도였다.

그러나 정조는 체계적인 제왕수업을 받았다. 유교 경전, 역사서, 정치서 등을 꾸준히 공부해왔다. 또 할아버지 영조로부터 극성일 정도의 가르침을 받았다. 영조는 신하들 앞에서 네 살 된 손자의 실력을 테스트했다. 《효경》을 읽게 하고 글을 쓰게 했다. 손자는 '신체발부수지부모불감훼상효지시야身體髮膚受之父母不敢 毁傷孝之始也'를 읊은 뒤 "사람의 살과 뼈는 부모에게서 받은 것이니, 이 것을 손상시키지 않는 것이 효의 시작"이라고 풀이했다. 또 부모父母를 써 보였다. 영조는 감격에 겨운 듯 "하늘이 이 나라에 복을 주신다"며 눈물을 흘렸다.

왕세자는 열한 살 이후에 한 달에 두 번씩 회강會講을 치른다. 회강은 대신들 앞에서 배운 내용을 외우고 평가받는 것이다. 그런데 영조는 불과 네 살인 손자에게 일종의 회강을 실시했다. 할아버지는 여섯 살 손자에게 《동몽선습》과 《소학》을 외우게 했다. 손자가 열두 살이 되었을 때에는 10가지 훈계를 하는 어제 조훈御製祖訓을 지었다.

정적들로 인해 생명이 담보되지 않는 불확실한 상황에서 독서를 통한 강한 군주의 자질을 키운 정조는 유학의 이상적 군주관인 군사君師를 표방했다. 임금은 하늘을 대신하여 백성을 보호하고 가르치는 존재라는 것이다. 즉, 신하에게 배우는 임금이 아니라 가르치는 군주였다. 따라서 학문 면에서도 신하를 지도할 필요가 있었다. 이 같은 배경에서 정조는 수많은 글을 썼고, 책으로 엮었다.

정조와 함께 글을 많이 쓴 또 한 명의 군주가 연산군이다. 정조의 글이 다양한 장르인 데 비해 연산군의 글은 시에 치중됐다. 연산군은 감성의 시인이었다. 반정으로 폐위된 뒤의 처연함을 읊은 시가 전해진다.

종묘사직 영혼이 내 정성을 생각지 않네
어찌 이다지도 내 마음이 상하는지
해를 이어 네 아들이 꿈 같이 떠나가니

연산군이 폐위될 때는 아들이 넷 있었다. 열 살인 세자와 창녕대군, 양평군 그리고 군 칭호도 받지 않은 어린아이였다. 하지만 네 아들은 반정이 일어난 지 한 달도 안 돼 모두 죽임을 당한다. 아버지 연산군은 통곡한다. 그 아픔을 "네 아들이 꿈같이 떠나가니, 슬픈 눈물 줄줄 흘러 갓끈을 적시네" 라고 읊었다.

연산군은 우리나라 역사상 유일하게 시집을 낸 임금이다. 감수성 짙은 시인이었고, 시집을 낸 작가였다. 《중종실록》에는 연산군의 시집에 관한 기사가 실려 있다. 연산군이 시집을 냈고, 또 불태워졌다는 것이다. 연산군이 자작시 수백 편을 묶어 낸 시집은 중종반정 때 연기 속에 사라졌다. 그러나 《연산군일기》에는 125편의 시가 살아 있다.

시인은 감수성과 상상력이 풍부하다. 또 아는 게 많아야 한다. 임금은 좋든 싫든 많은 공부를 할 수밖에 없는 구조에서 살았다. 임금의 큰아들인 원자가 태어나면 곧바로 보양청이 설치돼 유아 교육이 시작된다. 3세가 지나면 유치원 격인 강학청에서 공부한다. 아버지인 임금이나 세자는 아들 교육을 매일같이 체크했다. 이 시기에는 《천자문》과 《동몽선습》을 배운다. 연산군은 15세에 세자로 책봉된 뒤 시강원에서 군주로서 갖춰야 할 자세에 대한 공부를 본격적으로 시작했다.

임금에 오른 뒤에도 공부는 멈추지 않는다. 매일 아침 신하들과 사서오경과 역사서 및 성리학책을 읽어야 했다. 주로 아침에 한 번 했지만 때로는 아침, 낮, 밤 등 하루에 세 차례 공부시간을 가졌다. 연산군은 호학군주인 성종의 아들로 정상적인 왕세자 교육을 받았다. 많은 책을 읽었고, 많은 글을 지었다. 선천적으로 감수성도 예민했다. 임금이 된 연산군은 신하들과 시를 주거니 받거니 했다.

즉위 6년째에 고생하는 신하들을 위로하려고 지은 시가 있다. "승정원이 좋은 곳이지만 명절을 즐기지 못하는 안타까움을 위로하고 격려하기 위해 분盆 하나를 주어 구경하게 한다"는 취지를 알린 뒤 사계화四季花와 어제시 한 수를 승정원에 하사했다.

이슬 젖은 아리따운 붉은 꽃 푸른 잎 속에 만발하여
향기 풍기는 누각은 남풍에 취하네
구경만 하라고 은대銀臺에 주는 것이 아니라
심심할 때 보며 천지의 조화를 생각하라는 것이네

연산군은 외모도 학자풍이었다. 이덕형의 수필집 《죽창한화》에는 연산군을 만난 노인의 회고가 기록돼 있다. 연산군은 흰 피부에 키가 크고, 수염이 적고, 눈은 총혈되었다고 했다. 또 연산군 시절에 임금 모독죄로 구속된 적이 있는 김수명은 옆집 사람에게 '임금의 허리와 몸이 가늘다'고 했다. 결국 연산군은 공부하는 샌님 같은 외모였을 것으로 추측된다.

연산군은 봄날의 정취도 읊었고, 신하를 격려하는 시도 지었다. 자연과 여인을 비유하는 시도 남겼고, 자식 향한 아버지의 슬픈 감정도 노래했다. 다만 글은 거의 개인적인 시각이었다. 세종이 정사에 바쁜 나머지 글쓰기를 하지 않고, 정조가 글쓰기를 통한 정치를 한 데 비해 연산군은 주로 감성 표현 수단으로 시를 썼다.

백성의 마음을 모으기 위해 악기도감을 설치하다

"우리나라 사람은 살아서는 향악을 듣고, 죽어서는 아악을 듣는 게 이치에 맞을까."

《세종실록》 12/09/11)

한국이 세계에 자랑하는 문화유산이 종묘다. 이곳은 조선의 왕과 왕후의 영혼을 모신 신령스러운 장소다. 종묘에서는 600년 이상 엄격한 격식에 따라 제례가 거행되고 있다. 세계적으로 유일하게 신전의 기능을 하는 곳이다. 그래서 세계문화유산이 되었다.

종묘대제 의식을 행할 때는 〈정대업〉과 〈보태평〉이 연주된다. 〈용비어천가〉에 나오는 해동 육룡인 목조, 익조, 도조, 환조, 태조, 태종의 업적을 칭송하는 곡이다. 세종은 자신의 조상들을 칭송하는 〈용비어천가〉에 붙여 두 개의 모음곡을 작곡했다. 〈정대업〉과 〈보태평〉이다. 〈정대업〉은 군사적 업적을 찬미하고, 〈보태평〉은 문화적 업적을 칭송한다. 두 곡은 세종의 아들인 세조가 재편곡하여 왕실 조상들의 제례에 포함시켰다. 그래서 600년 동안 종묘에서는 〈보태평〉과 〈정대업〉이 연주되고 있다. '조상들의 영혼이 중국의 것이 아닌 우리의 음악을 즐겨야 한다'는 세종의 뜻을 아들인 세조가 실천한 것이다.

왕조시대에는 사회 안정과 통치수단으로서의 예악이 매우 중요했다. 예절은 통치의 사상과 행동이고 음악은 집단행동의 군중심리적인 측면이 있다. 한곳에 마음을 모아 충성을 다하게 하는 효과를 기대할 수 있다. 신생국 조선은 새로운 문물을 정비해갔다. 세종이 즉위했을 때 개국 한 세대(30년)가 된 조선은 내실을 다질 필요가 있었다. 태조와 태종이 닦은 왕업을 세종이 수성해야 하는 상황이었다. 이런 때 새 역사를 창조하는 민심을 모으는 방편이 예와 악이다.《예기》에서는 악을 천지의 조로, 예를 천지의 질서로 표현했다. 음악을 통해 세상의 조화와 소통을 이루고, 예의를 통해 세상의 질서를 실천한다는 뜻이다.

일부 유학자는 음률의 알고 모름에 따라 군자와 소인으로 구분하고, 심지어 인간과 동물로 나누기도 했다. 음악이 백성을 교화하고 통치하는 수단이었기에 지배층은 당연히 이해하고 있어야 했다. 음악은 자기만족이나 유희가 아닌 집단적인 의식행위였기 때문이다. 그래서 나라를 정립해야 할 시기에 음악과 정재呈才 등이 많이 나타난다. 조선 초기의 세종과 후기의 효명세자가 그 주역이었다.

세종은 14년(1432년)부터 태조와 태종을 기릴 때 연주하는 곡을 지정했다. "고대로부터 제왕이 선위를 받아 천하를 얻으면 문무文舞를 먼저 연주하고, 정벌로 천하를 얻으면 무무武舞를 먼저 연주하였다. 따라서 태조에게는 무무를 연주하고, 태종에게는 문무를 연주하는 것이 옳겠다. 태조께서는 하늘에 순응하여 나라를 여시고, 태종께서는 그 뜻을 이어 예악과 문물이 찬란하게 크게 이루었다."

세종 때는 이처럼 새로운 유학국가의 지배 이데올로기를 예술로 승화시키는 창의적 작업이 이어졌다. 세종은 아악에 사용하는 편종, 칠현금, 봉소 등 수많은 악기를 제작했다. 이를 위해 악기도감을 설치했다. 궁중연회에 사용되는 아악이 중국의 주석서에 기초하여 체계적으로 정비되었다. 그 실무는 박연이 맡았다. 세종은 즉위 후 박연을 악학별좌로 임명하여 불완전한 악기를 조율하고 정리하며 악보를 편찬하도록 했다. 아악의 대가인 박연은 조정의 조회 때 사용하던 향악을 폐하고 아악으로 대체하게 했다. 궁중음악이 일대 개혁된 것이다.

서거정의 수필집 《필원잡기》에는 세종이 박연을 아꼈다는 사실이 다음과 같이 소개돼 있다.

세종이 처음으로 아악을 제정하였는데, 중추부사 박연이 도와 이루어진 것이다. 박연은 앉아서나 누워서나 항상 손을 가슴에 얹어 악기를 다루는 시늉을 하고, 입으로는 휘파람을 불어 음악이나 음성의 가락인 성조를 만들었다. 이렇게 하여 10여 년 만에 비로소 이룩하였는데, 세종이 매우 중히 여겼다.

그런데 아악은 중국의 음악이었다. 조선 임금 중 유일하게 과거에 급제한 태종은 궁중의식에서 아악을 도입할 필요성을 생각했다.

중국 음악도 유학처럼 받아들이는 게 순리라고 본 것이다. 세종도 초창기 10여 년간 아악의 보급에 힘을 다했다. 하지만 아악이 정비된 뒤에는 우리의 음악인 향악으로 눈을 돌렸다. 중국에서 발생한 유교를 바탕으로 한 각종 의식에는 아악이 연주되는 게 합치한다고 보았다. 하지만 그를 즐기는 사람은 중국인이 아닌 우리나라 사람임을 인식했다. 그 결과 우리 고유의 것을 찾게 된 것이다. 또 나라를 연 태조가 향악을 즐겼음도 고려됐을 것이다.

이 같은 생각은 12년 어전회의에서 아악 연주의 타당성을 논의하는 발언으로 이어진다. "아악은 우리나라의 성음이 아니고 중국의 음악이다. 중국 사람들은 익숙하기에 그들의 제사에 연주하는 게 마땅하다. 그런데 우리나라 사람은 살아서는 향악을 듣고, 죽어서는 아악을 듣는 게 이치에 맞을까."

임금은 조선에서는 향악을 연주하는 게 맞다는 주장과 함께 아악을 사용해서는 안 되는 이유를 보충 설명했다. 하나는 중국에서의 아악의 비통일성이다. 중국에서도 왕조와 지역마다 다른 소리를 적용했다는 것이다. 또 하나는 중국 내에서의 속악 연주다. 아악의 통일성을 갖추지 못했기에 왕조와 지역에 따라 특정 지역의 전통 음악을 연주했다는 것이다.

1년 뒤 세종은 전국에 흩어진 민요를 수집하도록 지시했다. 외국

문화를 우리 것으로 만듦과 함께 향악의 계승과 발전도 염두에 둔 것이다.

"내가 조금 음률을 안다." 세종이 한 말이다. 세종은 타고난 음악가였다. 어렸을 때부터 거문고와 비파 연주를 잘했다. 세자 시절에 형인 양녕대군에게 가르쳐주었을 정도로 음률에 조예가 깊었다. 아악과 향악에 두루 정통한 것은 타고난 음악적 소양으로 봐야 한다. 막대기로 음감을 잡으며 여러 곡을 작곡했다. 〈종묘제례악〉을 비롯하여 〈용비어천가〉, 〈여민락〉 등이다. 실록에는 "임금은 음률을 깊이 깨닫고 계셨다. 신악新樂의 절주節奏는 모두 임금이 제정하였다. 막대기를 짚고 땅을 치는 것으로 음절을 삼아 하루 저녁에 제정하였다" 라고 기록돼 있다.

임금의 절대음감을 알려주는 일화가 있다. 근정전에서 처음으로 아악을 연주할 때다. 박연이 새로 만든 편경을 백관 앞에서 시연했다. 시연 후 세종의 소감과 박연의 답변이 실록 15년(1433년) 1월 1일자에 실려 있다.

"중국의 편경은 과연 화하고 합하지 아니한다. 지금 만든 편경이 옳게 된 것 같다. 경석磬石을 얻는 것이 이미 하나의 다행인데, 지금 소리를 들으니 또한 매우 맑고 아름답다. 율律을 만들어 음音을 비교한 것은 뜻하지 아니한 데서 나왔으니, 내가 매우 기뻐하노라. 다만 이칙夷則 1매枚의 소리가 약간 높은 것은 무엇 때문인가." 박연이 즉시 살펴보고 아뢰었다. "가늠한 먹이 아직 남아 있어 다 갈리지[磨] 아니한 것입니다."

이칙은 동양음악에서 십이율十二律 가운데 아홉째 음이다. 황종黃鐘 과 증5도 사이에 있어 황종을 다C음으로 하면 서양음악에서 올림사 G#에 가까운 소리가 된다. 세종은 한 음의 10분의 1 정도의 미세한 차이도 구분하는 음감을 가졌던 것이다. 박연은 편경 제작 과정에서 먹줄이 남아 있음을 확인했다. 박연이 물러가서 이를 갈아 먹이 다 없어지자 소리가 곧 바르게 되었다.

조선의 하늘과 명의 하늘은 다르다

"전하께서는 거룩하신 생각으로 모든 (천문기구인) 의상儀象과 해시계와 물시계인 구루晷漏를 비롯하여 천문과 역법의 책을 연구하지 않은 것이 없다."

《세종실록》27/03/30)

국가 안보를 위해서는 핵을 개발해야 하는가, 아니면 핵우산 속에 있어야 하는가. 핵우산nuclear umbrella은 핵무기 보유국의 핵전력에 의하여 나라의 안전을 추구하는 것이다. 다시 말해 핵을 보유한 강대국의 우산 아래 들어가는 것이다. 가상 적국은 핵을 가진 우산 국가의 보복력을 의식하지 않을 수 없다. 이로써 핵우산은 핵 방패 역할을 한다. 많은 나라가 미국의 핵우산 밑에 들어가 있다. 한미상호방위조약을 맺고 있는 한국도 미국의 핵우산 밑에 들어가 있다. 그러나 동북아 국가들의 관계는 미묘하다. 핵에 무척 관심이 많은 북한은 물론이고 상당한 핵기술력을 보유한 일본과 대만 등도 국제 환경의 변화에 따라 핵무기를 의식하지 않을 수 없다. 이는 우리나라도 마찬가지다. 판단 실수는 자칫 국가의 운명을 바꿔놓을 수 있다. 이 같은 상황에서 세종대왕은 어떤 결정을 할까. 세종은 비밀리에

핵개발을 했을 가능성이 있다.

세종은 하늘길의 독립을 추구했다. 봉건국가에서의 통치는 하늘의 이치를 알아야 가능했다. 천문天文을 아는 게 국왕의 제일 임무였다. 당시 조선은 천문을 중국에 의지하고 있었다. 세종은 천문연구를 국가사업으로 추진했다. 이는 중대한 결심이었다. 그때까지 천문연구는 중국이 독점한다는 의식이 있었기 때문이다. 봉건시대 군주는 하늘을 대신해 백성을 통치하는 존재다. 따라서 하늘의 뜻은 하늘의 아들인 천자만이 알아야 한다는 것이 봉건시대의 시각이었다. 조선은 중국의 제후국으로 편입됐는데, 제후국에서 천문을 독자적으로 연구하는 것은 자칫 외교마찰을 불러올 수 있었다.

하지만 세종은 천문 독자노선을 강력하게 시행했다. 천문 등의 사무를 맡는 관상감을 설치했는데, 이곳에서 천문학을 공부하는 학자는 두 부류다. 하나는 천문을 연구하고, 또 하나는 역법을 공부했다. 천문은 요즘의 점성술과 비슷했다. 역법은 수리천문학으로 하늘의 별자리 무늬를 읽어 메시지를 푸는 것이다. 해독은 음양오행을 기초로 했다.

천문은 원래 중국 황제의 정통성을 설명하기 위한 수단이었다. 한나라의 사마천이 기원전 100년 무렵에 최초의 천문지인《천관서》에서 별자리를 정리했다. 98좌 500여 개 별을 황제 중심인 나라의 관료체계와 연결시켰다. 수나라의 보천가에서는 238좌 1,464개의 별이 3원 28수로 더욱 체계화됐다. 천문 해석은 어려운 편이 아니다. 별의 변화와 상징이 매뉴얼북으로 되어 있기 때문이다. 가령, 황제의 침대를 상징하는 별자리 곁으로 좋지 않은 의미의 별이 스쳐 가면 신변 위험으로 해석한다. 매뉴얼에 없으면 옛 자료를 찾아 경험적으로 해석한다.

천문은 해독할 수 있는 능력보다 해독하는 권한이 중요했다. 하늘의 메시지는 하늘의 명을 받은 절대 권력자만이 읽을 수 있다. 천문은 철저하게 절대 권력자에 의해 독점됐다. 그래서 천문학은 제왕학이었다. 하늘의 운행을 보고 정확히 때를 알리는 역법도 제왕학이다. 절대 권력자의 명령을 받은 사람만이 군주를 대신해 천문을 읽고 달과 별의 움직임을 계산해 역서를 발행할 수 있다.

우리나라도 중국의 영향을 받아 천문학은 삼국시대 때부터 제왕학으로 받아들여졌다. 천문대를 만들고, 천문박사라는 관직을 따로 두고 늘 하늘의 움직임을 살폈다. 고려시대에는 천문 관측 기록이 전 시대에 비해 20배 정도 늘었다.

조선은 개국과 함께 천문도 제작을 추진했다. 새 왕조가 하늘의 뜻에 따라 세워졌음을 알리기 위해 태조 4년(1395년)에 돌에 새긴 석각 천문도, 천상열차분야지도를 완성했다. 그러나 조선 초기 천문관원의 지식수준은 그리 높지 않았다. 중인들로 구성되었고, 대우도 그다지 좋은 편이 아니었기 때문이다. 세종은 과학 수준을 끌어올리기 위해 유학자들에게 천문학 공부를 명했다. 정초, 이순지, 정인지, 김

독한 공부로 자신과 가정을 다스리다

담과 같은 사대부였다. 《칠정산》 내편 등 역법을 제대로 공부하려면 지식이 필요했는데 당시 기술관원들에게서는 한계가 있었다. 따라서 일반 학문을 깊게 연구한 우수한 두뇌들을 투입한 것이다.

정인지의 졸기에는 다음 같은 표현이 있다.

> 세종이 천문天文과 역산曆算에 뜻을 두었다. 대소간의, 규표와 흠경각, 보루각 제작에 있어 다른 신하들은 그 깊이를 이해하지 못하였다. 세종은 정인지만은 의논할 상대로 여기고, 이를 담당하게 명했다. 정인지가 직접 계산한 것은 매우 정확하고 세밀하여 천문관원도 따라갈 수 없었다.

유학자에게 천문연구 과제를 준 것은 파격이었다. 유학자들의 과학 연구는 정통 유학사상에 맞지 않았기 때문이다. 유교에서 선비는 생산 산업에 종사하지 않는다. 그들은 학문을 닦고 정치를 하는 게 업무였다. 산업은 중인 이하의 계층에서 담당했다. 그래서 천문 등 자연과학연구는 중인들의 몫이었다. 그런데 유학자들이 나서 고전을 연구하는 등 거국적인 사업을 한 결과 세종 때에 아라비아, 중국에 이어 세계 세 번째로 역법이 완성됐다.

역법은 천문학을 바탕으로 이뤄진다. 26년(1444년)에 빛을 본 《칠정산》 내외편이 그것이다. 한양을 기준으로 한 역서의 내편은 원의 수시력과 명의 대통력을 참고했다. 태양과 달의 위치 등 일월식 계산법이 주로 설명된 외편은 아라비아의 회회력을 참고했다. 《칠정산》 내외편은 당시 동서양 최고 수준의 과학을 종합하여 만든 모든 노력의 결정체였다. 정확도는 지금의 과학과도 견줄 만하다. 특히 외편은 1년을 365일 5시간 48분 45초로 계산했다. 현대의 기준인 365일 5시간 48분 46초와 단 1초 차이만 보일 정도로 정밀하다. 한양 중심의 하늘 관찰과 역서는 일기의 정확성을 크게 높였다. 또 기상학의 발달은 농업에 절대적인 강우량을 측정하는 도구인 수표나 측우기 등의 개발로 이어졌고, 수리 관리가 체계화됐다. 이 같은 천문학과 인접과학의 발달은 왕조의 권위를 세우는 데 크게 이바지했다.

세종은 27년(1445년)에 천문학 교과서인 《천문유초》를 편찬한 이순지에게 《제가역상집》을 엮게 했다. 이 책은 천문, 역법, 천문 관련 기구, 해시계와 물시계 등 중국의 많은 자료를 조사하여 모아놓은 것이다. 이순지가 쓴 책의 발문에서 세종의 과학정신과 업적을 알 수 있다.

제왕의 정치는 역법과 천문으로 때를 맞추는 것보다 더 큰 것이 없는데, 우리나라 일관日官들이 그 방법에 소홀하게 된 지가 오래이다. 전하께서는 거룩하신 생각으로 모든 (천문기구인) 의상儀象과 해시계와 물시계인 구루晷漏를 비롯하여 천문과 역법의 책을 연구하지 않은 것이 없다. 모두 극히 정묘하고 치밀하시었다. 의상은 대소간의, 일성정시의, 혼의, 혼상이다. 구루는 천평일구, 현주일구, 정남일구, 앙부일구, 대소규표, 흠경각루, 보루각루, 행루 등이다.

천문에는 별의 북극에 대한 몇 도度 몇 분分을 다 측정하게 하고, 또 모든 천문도의 같고 다름을 참고하여서 측정하여 바른 것을 취하게 했다.

그 28수宿의 도수度數, 분수分數와 12차서의 별의 도수를 일체로 수시력에 따라 수정해 고쳐서 석본石本으로 간행했다. 역법에는 대명력, 수시력, 회회력, 통궤, 통경 등 여러 책을 비교 교정하였다. 또《칠정산》내외편을 편찬하였다.

이순지는 발문을 "전하께서는 하늘을 공경하고 백성에게 힘쓰시는 정사가 극치에 이르지 않은 것이 없다"고 마무리했다. 조선의 천문과 명나라의 하늘은 다르다. 그래서 명의 역법을 쓰면 기상관측이 빗나간다. 정밀하게 관측해도 오차가 발생하는 건 당연했다. 세종은 우리나라와 명나라의 천문이 다름을 인식했다. 백성에게 바른 정보를 주고, 신생국 조선이 하늘의 뜻으로 세워졌음을 알리는 통치수단으로 천문을 국가사업으로 추진했다. 요즘 시각으로는 핵무기, 인공위성 등 하늘길에서 우위를 확보하는 것을 나라와 시민의 생존 조건으로 본 셈이다.

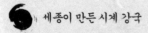 세종이 만든 시계 강국

당시는 세종의 치세 기간으로 일성정시의, 규표, 현주일구, 천평일구, 정남일구, 옥루 등 수많은 시계가 제작됐다. 주야 측후기인 일성정시의는 낮에는 해로 시간을 측정하고, 밤에는 별로 시간을 알아냈다. 규표는 태양의 고도와 출몰을 살펴 시간을 맞췄다.

현주일구는 휴대용 해시계이고, 천평일구는 행군 때 말을 타고 가면서도 볼 수 있게 개량된 휴대용 해시계다. 정남일구도 해시계의 일종이다. 시곗바늘 끝이 항상 남쪽으로 향하는 게 특징이다. 우리나라 최초의 공중시계인 앙부일구는 중국에서 거의 만들지 않았던 해시계로 훗날 일본에 영향을 미친다. 솥을 받쳐놓은 듯한 형상이어서 앙부일구라는 이름을 얻었다. 세계에서 유일하게 반구로 된 해시계다. 시간과 절기를 동시에 알려주는, 당시로써는 첨단기구였다.

장영실이 만든 자격루는 자동 물시계의 일종이다. 또한 물이 떨어지는 힘으로 인형이 북, 종, 징을 쳐서 시각과 경更을 알리는 옥루도 자동 물시계였다. 옥루는 당시 중국과 아라비아의 제품에 비해 성능이 월등했다. 금루도 물시계의 일종이고, 행루는 휴대용 물시계다.

다양한 시계를 만든 것은 백성의 삶의 질을 향상시키기 위함이다. 하늘을 대신해 백성을 다스리는 임금은 자연 변화를 알아야 했다. 이 지식을 바탕으로 달력을 만들고 시간을 알려 백성이 농사를 제대로 지을 수 있게 하는 게 큰 임무였다.

세종 때 우승지를 지낸 김돈은 과학기술연구기관인 흠경각의 완성에 맞춰 쓴 기문에서 임금의 임무를 말했다. "임금은 반드시 하늘의 움직임과 기후 변화의 차례를 밝혀 세상에 절후를 알려줘야 한다. 절후를 알려주는 요결은 천기를 보고 기후를 살피는 데에 있다. 그래서 지극히 정밀한 천체관측기구를 설치하게 되는 것이다."

김돈은 이와 함께 세종의 업적을 적었다. "담당자에게 명하여 각종 과학기구를 만들게 하셨다. 대소간의大小間儀, 혼의渾儀, 혼상渾象, 앙부일구仰釜日晷, 일성정시日星定時, 규표圭表, 금루禁漏 같은 기구가 모두 지극히 정교했다. 그러나 연구기관에 대한 제도가 정비되지 않아 모든 기구가 후원에 설치됐다. 임금께서는 시간마다 점검하기가 어려울까 염려하여 천추전 서쪽 뜰에다 한 간 집을 세우셨다."

다시 말해 수준 높은 기구들을 설치할 흠경각을 임금의 집무실 옆에 세웠다는 얘기다. 천추전은 경복궁 사정전 부속 전각으로 임금이 정무를 보던 곳이다. 이는 세종이 시계 등의 과학기구를 매일, 매시간 확인하겠다는 의지가 담겨 있다. 건물 이름인 흠경欽敬도 '공경함을 하늘과 같이 하여, 백성에게 절후를 알려준다'는 의미다. 세종은 백성의 편익, 백성과의 소통을 위해 시계 등의 과학기구를 제작했음을 보여준다.

흠경각에 설치된 천체연구기구인 혼천의, 대소간의, 혼상 등도 하늘의 절기와 별의 움직임 등을 관찰하기에 여러 시계와 직간접의 연관관계가 있었다. 그동안 시계를 비롯한 과학기구들은 중국에서 수입해 사용했다. 하지만 중국에서 보는 천체와 조선에서 관찰하는 하늘, 절기는 같을 수 없다. 임금은 조선의 산하에 맞는 기기를 갖춰야 한다는 생각을 했다.

세종 19년(1437년) 4월 15일 임금은 예문관 제학 정인지에게 말했다. "우리나라는 중국의 제도에 따랐다. 그러나 독자적으로 하늘을 관찰하는 그릇에 빠짐이 있다. 그대가 대제학 정초와 더불어 고전을 강구하고 의표를 참작해 만들어서 연구하고 실험하는 일을 갖추게 하라."

여러 관측기구를 만든 이유를 세종은 백성의 편안함이라 밝힌다. 같은 날 실록에서 임금의 생각이 표현돼 있다.

산 사면에는 빈풍豳風 사시四時의 경륜景을 진열하여 백성의 생활이 어려움을 생각하게 하였다. 기기를 놓고 누수의 남은 물을 받아서 천도의 영허盈虛하는 이치를 살피게 하였다. 간의는 비록 혼의보다 간략하나 옮겨서 쓰기가 어려워서 작은 간의 둘을 만들었으니, 대개 모양은 극히 간단하다. 사용하는 것은 간의와 같은 것이다. 하나는 천추전 서쪽에 놓고, 하나는 서운관에 주었다. 무지한 남녀들이 시각에 어두우므로 앙부일구 둘을 만들고 안에는 시신時神을 그렸으니, 대저 무지한 자로 하여금 보고 시각을 알게 하고자 함이다. 하나는 혜정교가에 놓고, 하나는 종묘 남쪽 거리에 놓았다.

빈풍은 주나라의 주공이 나이 어린 성왕에게 백성의 농사짓는 어려움을 인식시키기 위하여 지은 것이다. 임금의 의지대로 조선은 절기와 일기, 시간을 전 시대에 비해 정확하게 알게 됐다. 기존의 물시계나 모래시계 등의 부정확한 시계에 비해 진일보한 시계들 덕분이다. 이는 《농사직설》 등의 농서가 간행되어 백성의 삶이 한결 나아지는 결과로 이어졌다.

하지만 세종 때의 발달된 과학기술은 후대에 더 발전, 계승되지 못한다. 성리학적 가치관으로 과학기술에 대한 중요성을 제대로 인식하지 못한 사회와 임진왜란 등으로 기기들이 소실된 탓이다.

시계는 고대로부터 사용됐다. 처음에는 해가 뜨고 기울 때의 그림자를 이용한 해시계가 이용됐다. 고대 이집트, 고대 중국 등에서 시작됐다. 이후 해가 뜨지 않는 날이나 밤에도 측정할 수 있는 물시계가 세계로 퍼졌고, 모래시계도 사용됐다. 유럽에서는 초시계와 소모되는 기름의 양으로 판단하는 램프시계도 보급되었다. 우리나라는 삼국시대부터 해시계, 물시계가 사용된 것으로 추정된다. 그러나 궁에서나 제한적으로 사용된 것으로 보인다. 주로 민간에서는 대궐에서 알리는 종에 의해 시간을 가늠했다.

우리 의술과 약재로 병을 치료하다

"명나라 의사 장본립에게 두세 번 약에 대해 물었다. 물품으로 답례하고자 한다. 어느 정도로 인사를 해야 할까."

《세종실록》 13/09/18

"어느 대학 나왔어요?" 환자가 병원에서 원장의 출신학교를 묻는 말이다. 10여 년 전까지는 이런 질문이 왕왕 있었다. 그러나 요즘에는 의사의 출신학교를 묻는 일은 거의 없다. 어느 학교든 의과대학 입학이 극히 어려워졌기 때문이다. 성적으로 보면 최우수 그룹에서도 일부만 합격한다. 2013학년도 입시에서는 수학과 과학 국제올림피아드에서 메달을 딴 영재가 의과대학 입시에 실패하기도 했다. 공부 국가대표가 의과대학에 떨어진 것이다. 의과대학 열풍은 고성장에서 저성장 사회로 넘어가는 게 큰 원인이다. 직장인의 급여소득 증가세의 둔화나 감소, 경영의 어려움 같은 현실이 반영된 것이다. 자본주의 사회에서 상대적으로 높은 수입이 보장되는 직업군이 인기가 있는 건 당연하다. 이는 의사 지망생 중에서도 기초의학이나 응급의학 전공자는 부족한 반면 성형외과, 안과, 피부과 등이 인기폭

발이라는 점에서도 알 수 있다.

조선시대에 의사는 중인 계층이었다. 사회적으로 우대되는 계층이 아니었다. 하지만 세종은 의사에 대해 신경을 썼다. 의료 자주를 위해 수준 높은 의사 양성과 질 높은 의료시스템 정비를 서둘렀다. 세종의 관심은 인간의 생명이었고 기초의학이었다. 요즘으로 따지면 성형외과, 피부과, 안과와 같은 돈 버는 의료인 양성과는 거리가 멀었다. 의료 발전을 위한 흉부외과나 응급의학과, 외과, 내과 등과 함께 기초의학이 관심사항이었다.

"명나라 의사 장본립에게 두세 번 약에 대해 물었다. 물품으로 답례하고자 한다. 어느 정도로 인사를 해야 할까." 세종이 13년(1431년) 9월 18일 중국인 의원에게 물품을 하사할 뜻을 비쳤다. 명나라 사신 일행으로 온 그에게 조선의 의관이 약리에 대해 질문했었다. 사례로 안숭선은 삼베 5필을 건의했다. 그러나 임금은 너무 많다는 의견을 낸다. 예전에 사신을 따라온 태의를 불러 진맥한 후 베 6필을 내린 것을 감안할 때, 약만 질문한 이번에 베 5필을 줌은 과하다는 지적이었다. 논의 끝에 장본립에게는 모시와 삼베 각 2필씩을 주었다.

세종은 의료를 통한 백성의 삶의 질 향상을 도모했다. 의약으로 백성을 구제하고자 했다. 그러나 의료 상황은 열악했다. 권채는《향약집성방》서문에서 당시 현실을 이렇게 적었다.

예로부터 의학이 발달하지 못하여 약을 시기에 맞추어 채취하지 못했다. 사람이 병들면 반드시 중국의 얻기 어려운 약을 구하려고 했다. 이는 7년 병에 3년 묵은 쑥을 구하는 것과 같은 이치였다. 그나마 약은 구하지 못하고 병은 깊어져 어떻게 할 수 없는 상황이 된다.

임금은 이 같은 상황을 안타깝게 여겼다. 우리 땅의 약재로, 중국으로 나가지 않고 치료하는 방법을 찾았다. 권중화가 여러 책에서 발췌해《향약간이방》을 짓고, 조준 등과 더불어 목판으로 간행했다. 이로써 약을 구하는 상황과 치료 여건이 다소 나아졌다. 하지만 중국에서 나온 의료서적이 적고 약명도 중국과 다른 것이 많아 큰 발전으로 이어지지 않았다. 의관들도 의료 환경을 탄식할 정도로 여전히 열악했다.

임금은 해결책을 국내와 국외에서 찾았다. 먼저, 우리 산야에 자생하는 약초에 주목하고, 전국의 약초 실태 파악에 나섰다. 멀리 떨어지면 풍속과 음식이 달라지듯, 치료를 하는 데에도 지역의 약재가 좋다는 인식이었다. 산과 바다에는 무진장한 약재가 있었다. 6년(1424년) 11월에 팔도 관찰사에게 지역의 약초 분포를 세밀하게 조사하게 했다. 약초의 채집과 재배를 위한 사전지식을 얻으려는 것이었다.

이처럼 노력하는 과정에서 각 약초 채취에 알맞은 시기를 정하고, 약초 생산지를 표시했다. 희귀약재는 사용을 엄격히 하고, 남방계 약재는 제주도에서 재배를 시도했다.

또 명나라에 의관을 파견해 의서를 구입하고 국내 약초의 약리작용에 대해 알아오게 했다. 5년(1423)에는 김을현이 향약 62종의 성분을 분석해왔고, 12년(1430)에는 노중례가 향약 20종에 대해 자문을 받아왔다. 실록 12년(1430년) 4월 21일 자에는 명나라에 다녀온 노중례의 보고가 실려 있다. 그는 명나라의 예부에 요청했다. "'좋은 의원이 없는 우리나라에 다행히 몇 가지 약초가 나옵니다. 그런데 그 진가를 알지 못합니다. 조선에 난 약재를 갖고 왔으니 밝은 의원으로 하여금 진가를 가려 증험하여 주시기를 바랍니다'라고 청했다. 이에 명나라에서는 태의원 의사 주영중, 고문중 등이 나서 검증한 결과 열 가지는 약재로 효능을 인정받았고, 열 가지는 알 수 없는 약재로 분류됐다."

이와 함께 중국 의원의 조선 방문을 환영했다. 교류를 통한 학술회의라고 할 수 있다. 조선에 온 태의 장본립과 요동 의생 하양이 세종을 진맥하기도 했다.

향약의 효능 검증과 당약과의 비교, 향약의 산지 분포 조사, 약초의 채취 시기가 어느 정도 자리 잡히자 세종은 13년(1431년)에 《향약집성방》 편찬을 지시한다. 유효통, 노중례, 박윤덕 등은 2년의 노력 끝에 1만 706가지 처방이 수록된 총 85권의 책을 완성한다. 권채가 쓴 서문을 보자.

옛 자료에는 338가지인데, 이제는 959가지가 되고, 옛 자료의 처방에는 2천 803가지인데, 이제는 1만 706가지가 되었다. 또 침구법 1천 476조와 향약본초 및 포제법을 붙여서 합해 85권을 만들어 올리니, 이름을

《향약집성방》이라 하였다.

그는 서문에서 세종의 백성을 사랑하는 큰 은혜를 담았다.

이제 우리 주상 전하께서 거룩한 덕으로 지극히 훌륭한 정치를 일으키셨다. 정령을 내는 데 오로지 큰 이치에 따르시고, 의약으로 백성을 구제하는 일에까지 이와 같이 힘을 쓰신다. 어진 정치의 본말과 크고 작은 것을 남김없이 다한 것이라 하겠다. 또 옛 임금이 혹은 몸소 약을 조제하고, 혹은 수염을 잘라 약에 타서 은혜가 한 사람에게 미친 것도 후세에서 칭찬거리였다. 이것이 한 번 의학책을 편찬하여 널리 치료하는 방법을 보이고 억조창생에게 은혜를 주고 만세에 덕택을 베푸는 것과 어찌 같으리오. 그 규모와 시설은 실로 천태만상이다. 지금부터 이 장서로 인하여 약을 먹어 효력을 얻고, 앓는 사람이 일어나고, 일찍 죽는 것이 변하여 수명을 얻고 무궁토록 화기를 얻게 하는 것이 임금의 어진 마음과 어진 정치에서 나온 바를 알지 못하리오.

우리 의학과 약으로 백성을 치료하고 싶어한 세종은 의료기관을 확충했다. 중앙의료기관인 전의감, 왕실의료기관인 내의원, 일반 백성을 위한 혜민서, 무의탁 병자와 전염병 환자를 돌보는 동서활인원 등 네 기관을 설치했다. 또 의녀제도를 보완해 여자 환자들이 제때에 치료를 받을 수 있게 했다. 특히 의녀는 문자 해득을 선발 조건으로 했다. 제생원의 의녀는 먼저 글을 깨우치게 한 뒤 의술을 익히게 했고, 지방에서 선발하는 의녀도 고을 관원이 《천자문》, 《효경》, 《정속편》 등의 책을 먼저 가르친 뒤 서울로 올려보내도록 했다. 의관의 선발도 현실화했다. 3년(1421년) 4월에는 의원이 공부에 등한시하지 않도록 궁중에서 의서를 읽게 하였는데, 이는 처음으로 내려진 지시였다.

또 22년(1440년) 7월에는 실력 있는 의원을 양성할 방책을 밝혔다. 인명에 관계되는 의학이 직업인 사람은 반드시 서적과 약리에 통한 다음에 약을 써야 한다는 것이다. 그런데 전의감, 혜민국·제생원 의원은 취재에 합격만 하면 임용이 되고 연수가 차면 승진돼 경쟁력이 떨어진다는 지적을 했다.

이에 시험을 통해 1, 2등으로 합격한 자는 임용하고, 3등은 근무하지 말도록 했다. 이렇게 확보된 의관을 제주도와 함경도 등의 오지에도 보내 전국적으로 의료혜택을 받도록 했다. 특히 감옥에 갇힌 죄수들의 건강 상태에도 신경을 썼다. 침술기관인 제생원과 동서활인원의 의료진이 교대로 죄수들을 진료하게 했다. 또 이의 실효성을 위해 형조에 의료진의 진료에 협조하도록 조치를 내렸다.

이때는 법의학도 발달했다. 형사 사건의 공정을 기하는 방편으로 의관들의 협조를 얻게 했다. 세종은 살인 사건의 검시를 안내한 《신주무원록》을 인쇄하여 관리들에게 배포했다. 죽음의 원인을 제대로 밝히기 위해 6차례까지도 검시를 하게 했다.

세종에게 의학은 사람의 목숨을 살리고, 원한 없이 공정하게 일처리를 하는 것이었다. 박애주의와 인본주의였다.

그런데 요즘 의료계를 보면 기초의학보다는 성형외과 등의 미용의학에 의사들이 몰리고 있다. 세종이 이 현상을 본다면 손을 내저었을 것이다.

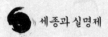 세종과 실명제

세종은 업무 능률과 책임을 분명히 하기 위해 실명제를 실시했다.

먼저, 약재 실명제다. 임금은 국산 약재 확보에 심혈을 기울였다. 먼저 수백 종의 약용식물을 연구하게 했다. 약의 성질과 효능, 약재의 채취에 가장 적합한 시기, 약재 말리는 법 등을 낱낱이 밝히게 했다. 세종은 《향약집성방》을 편찬할 때 지시했다. "모든 국산 약재는 반드시 때맞춰 채취하고, 말리기도 법대로 하며, 상납할 때는 아무 고을 아무개가 아무 달에 채취한 무슨 약임을 함께 기입하여 알리게 하라."

다음은 인쇄 실명제다. 서적 편찬에도 깊은 관심을 보인 임금은 인쇄·교정 분야에서도 이 생산 공정에 참여한 기술자들이 모두 서명하게 했다.

또 축성 실명제도 실시했다. 세종은 4년(1422년) 1월부터 3월까지 서울 성곽을 보수했다. 연인원 33만 명이 동원된 대단위 공사였다. 도성 인구(약 10만 명)의 세 배에 이르는 인원이 단기간에 몰려드는 바람에 서울에서는 쌀값이 폭등하기도 했다. 임금은 능률을 높이기 위해 동원된 백성이 자기의 책임량을 마치면 돌아가게 했다. 이 과정에서 도입된 게 공사한 곳에 자기네 고장 이름을 써넣도록 하는 공사 실명제였다.

배울 곳이 있으면 3만 리라도 찾아가라

"세자는 중국어를 몰라서는 안 된다. 사흘에 한 차례씩 공부하라."

《세종실록》20/03/19

"배울 곳이 있으면 3만 리라도 찾아가라." 세종의 배움에 대한 생각이다. 임금은 앞선 것을 도입하려는 의지가 강했다. 해외연수에도 긍정적이었다. 당시 선진국이던 명나라에 국비 유학생을 파견하길 주저하지 않았다. 배울 게 있으면 국경을 넘어 먼 길도 여러 차례 다녀오도록 했다. 조선 초기는 중국과의 외교관계가 국가 중대사였다. 외교를 잘 하려면 중국어는 물론이고 중국 역사 등 전반에 정통해야 한다.

임금이 먼저 중국어를 익혔다. 5년 12월 23일 임금은 원민생과 조숭덕으로부터 중국어를 배웠다. 그들이 중국어 번역서를 읽으면 임금이 다시 읽는 방법이었다. 한 번 들으면 잊지 않았던 임금은 외국어 공부의 의의를 주위에 설명했다. "내가 중국말을 배우는 것은 다른 데에 있지 않다. 명나라 사신을 상대할 때를 대비함이다. 그들의 말을 미리 알면 거기에 따른 대답을 빨리 생각할 수 있다."

임금이 명나라 사신을 맞을 때는 통역이 입시한다. 사신의 말을 통역이 임금께 아뢰고, 임금의 뜻을 다시 통역이 사신에게 전하는 순서다. 중대한 외교 사안에서 상대의 뜻을 먼저 알면 오랜 시간 생각해 주도면밀하게 대응할 수 있다. 임금은 이 점과 함께 통역에서 오는 미세하고 미묘한 표현의 차이도 염두에 두었다.

임금은 승문원 관리들과 통역들의 이문吏文 습득 방법을 논의한 적이 있다. 외교문서를 작성할 때 활용되는 이문은 중국의 속어를 함께 쓴 순 한문체의 글이다. 그런데 세종 초기의 통역관 수준은 임금의 마음을 충족시키지 못했다. 그래서 이문을 공부하는 승문원을 설치하고, 주자소에서 이문 교재를 발간하고, 학생들의 근태도 체크하는 방안이 논의됐다. 아예 중국에 사신으로 간 통역을 요동에 머물면서 공부하게 하는 방안도 연구했다.

이때 임금은 "말은 굽고 꺾여진 데를 잘 표현해야 한다. 여기에 맛도 있고 의미도 있다. 그런데 지금의 통역들은 대충 뜻만 전할 뿐이다. 표현 속에 담긴 미묘한 상황을 제대로 담지 못하니 한스럽다"고 안타까워했다. 스스로 중국어를 익힌 임금은 세자에게도 한어 공부를 시킨다.

20년 3월 19일 경연에서 세자의 학습에 대해 논의됐다. 임금은 사서, 오경, 《통감강목》을 읽은 세자에 대해 흡족한 마음을 "어찌 이 정도로써 독하게 여겨서 공부를 중단할 것인가"라고 에둘러 표현했다. 임금은 "세자는 중국어를 몰라서는 안 된다. 사흘에 한 차례씩 공부하라"고 지시했다. 교재는 설장수가 《소학》을 중국어로 해석한 《직해소학》과 역관시험 과목인 《충의직언》이었고, 선생은 《직해소학》을 질문하러 요동을 다녀오는 등 중국어에 능한 이조정랑 김하였다.

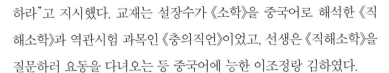

중국어 교육은 수양대군과 안평대군도 받았을 가능성이 있다. 실록 23년 1월 10일 기사에는 수양대군과 안평대군이 집현전 관원으로부터 교육받은 내용이 나온다. 실제로 수양대군은 임금을 대신해 명나라 사신을 만나는 일이 자주 있었다. 이로 볼 때 세종은 세자뿐만 아니라 둘째 아들인 수양대군과 셋째 아들인 안평대군에게도 외교를 풍부히 하기 위해 중국어를 학습시킨 것으로 생각할 수 있다.

임금은 15년(1433년)에 전문 외교관 양성을 추진했다. 고위 자제 20명을 선발해 중국에 유학시킬 계획을 세운다. 중국어와 이문을 제대로 배우는 방법으로 중국에 가는 정공법을 생각했다. 명나라의 북경에 있는 국자감이나 요동의 향학에 유학시키기 위해 중국 측의 의견을 묻는 서한을 보냈다. 유구국(오키나와)의 재상 아들이 명나라에서 공부하는 선례를 참조했다. 명나라 황제는 적극 수용했다. 1년을 공부하든, 그 이상 머물든 의미 있는 교육이 될 것으로 관심을 보였다. 다만 오랜 외국생활로 가족과 떨어지는 문제점을 지적했다. 조선에서 결정하는 대로 받아들이겠다는 화답이었다.

그러나 국비 유학생 파견은 실행되지 않았다. 서울에서 공부한 뒤 중국에 사신이 갈 때 종사관으로 따라가 현장 교육을 하는 것으로 대체됐다. 신석견, 남수문, 김예몽 등 후보생 20명은 3개월 뒤 사역원에 모여 중국어와 이두를 강습했다. 이듬해 1월에는 이들에 대한 교육효과 문제가 대두된다. 중국에 대한 전방위적인 공부가 아닌 말하기에만 치중하기에 통역과 다를 바 없다는 비판이 일었다. 오히려 예전처럼 문학 공부에 치중하게 하는 게 선비를 키우는 방법이라는 주장이었다. 그러나 임금은 순수한 중국어 학습도 국익에 도움이 된다며 받아들이지 않았다.

16년(1434년)에는 중국어에 대한 궁금증을 풀기 위해 요동으로 가는 첨지승문원사 이변과 이조정랑 김하 등에게 경비로 베 11필과 인삼 5근을 주었다. 실록에 이변의 사람됨이 나온다. 본래는 둔한 그가 서른 살이 넘어 문과에 급제, 승문원에서 한어를 배웠다. 그는 밤을 새워 공부했고 한어를 잘한다는 사람이 있으면 반드시 찾아 질문하곤 했다. 집안사람과 말할 때에도 언제나 한어를 썼고, 친구를 만나도 반드시 먼저 한어로 말을 접한 연후에야 우리말을 했다. 이 과정에서 한어에 능통하게 되었다. 세종은 이처럼 공부에 심취한 그를 적극 지원한 것이다.

인재를 아끼는 세종의 마음은 김하에 대한 배려에서도 읽을 수 있다.《용재총화》에 다음과 같은 구절이 있다.

김하는 중국어 번역을 잘하므로 세종에게 특별한 총애를 받았다. 그가 판사로 있을 때에 녹명아란 여인과 가깝게 지냈다. 종친 한 사람과 도승지도 그녀에게 관심을 보였다. 종친은 자신이 먼저 사귄 여성에게 김하가 접근했다고 불쾌해했다. 그러자 임금이 사람을 시켜 종친을 타일렀다. "그대 같은 사람은 나라로 보아 있으나 마나 하다. 김하는 다른 사람이 하지 못하는 일을 한다. 명나라와의 외교를 위해서는 이 사람이 꼭 필요하다. 또 김하는 아들이 없으니, 그 여인을 첩으로 삼게 하라. 만약 이 일로 다툰다면 죄를 물을 것이다." 세종은 대단하지 않은 재주라도 아끼고 장려하는 것이 이와 같았다.

외국어에 특히 관심을 보인 임금은 그해 6월에 중국어 학습서인 《노걸대》와 《박통사》를 승문원과 사역원에 보내 공부를 장려했다. 또 23년(1441년) 10월 22일 여진에서 탈출한 명나라 사람 이상을 조선에 머물게 했다. 요동 철령위의 군인이었던 이상은 여진에게 포로가 되었다가 탈출했다. 그가 중국어에 바르고, 글도 알고, 의술에도 밝아 중국어 교관으로 적격이었던 것이다.

세종의 배움에의 열기 사례는 19년(1437년) 7월 6일 기사에서도 엿보인다. 여진에서 탈출한 중국인 김새는 금은 세공기술자였다. 금과 은을 제련하여 진귀한 물건을 만드는 재주가 있었다. 임금은 그를 조선에 주저앉히기 위해 기생과 결혼을 시켰다. 그도 만족해했다. 한편 장영실로 하여금 그의 기술을 배우게 했다. 그러나 임금은 마음과는 달리 김새를 요동으로 돌려보내야 했다. 외교마찰이 발생할까 하는 우려 때문이었다. 조선은 여진의 포로가 되었거나 왜구에 납치됐다가 도망친 중국인들을 인도주의 차원에서 본국으로 돌려보냈다. 그 숫자가 세종 때는 1,000명이 넘고 있었다. 이는 조선과 명나라의 우호관계를 지속하는 신뢰의 상징이기도 했다.

신숙주와 성삼문이 요동을 13차례나 방문한 것도 세종의 의지에 의해서였다. 임금은 25년(1443년)에 역사적인 훈민정음을 만들었다. 새로운 글의 창제에 따른 한글과 중국 글에 대한 자운을 정리할 필요성이 있었다. 당시 중국 운서인《홍무정운》을 번역하는 데 자운字韻을 정확히 알아야 했다. 훈민정음으로 한자에 음을 다는 데는 중국어 전문가의 의견이 필요했다. 세종은 자전 편찬 작업에 자문을 얻기 위해 황찬의 의견을 듣고 싶었다. 그 무렵 명나라의 음운학자 황찬이 요동에 귀양 와 있었다. 세종의 명을 받은 신숙주와 성삼문이 그를 여러 차례 찾아갔다. 이들은 조선 한자음 및 중국 자음字音을 정리하기 위해 발음기호 등 궁금한 사항을 질문했으나 만족할 만한 답은 듣지 못했다.

실록 27년(1445년) 1월 7일 자에는 "신숙주, 성삼문, 손수산을 요동에 보내 운서韻書에 관해 질문하게 했다"고 기록돼 있다. 또 신숙주의 문집인《보한재집》의 부록에도 다음과 같이 실려 있다.

한림학사 황찬이 요동에 유배되었다. 세종 27년에 신숙주가 요동에 가서 황찬에게 물었다. 신숙주는 훈민정음을 중국말로 옮겨 질문했다. 말이 정확하고 조금도 틀림이 없기에 황찬은 크게 기이하게 여겼다.

임금은 중국어 등 외국어 교육의 내실을 기하기 위해《노걸대》,《박통사》등의 교재를 적극 보급함과 함께 취재시험에 적용했다. 16년 (1434년) 2월 25일 외국어 번역과 통역, 교육을 관장하는 사역원의 공부여건을 크게 개선시켰다.

첫째, 200여 명이 공부하는 청사가 비좁은데 생도 20명이 더 입학해야 한다. 청사를 더 지어라.

둘째, 사역원에서 종사하는 노비가 20명에 불과하다. 서울과 경기의 노비 200명이 지원 근무를 하게 하라.

셋째, 우수 강사를 승진시켜 동기부여를 하게 하라.

넷째, 한漢·몽蒙·왜倭 삼학의 생도들이 모두 지방에 주거하고 있어 식량을 휴대하기가 어렵다. 한학 70명과 몽학蒙學·왜학倭學 각 15명에게 매일 한 끼씩을 공급하라.

다섯째, 사역원 내에서는 중국어만 사용하라.

🌐 조선의 영어마을, 우어청

조선시대 통역 양성소가 우어청偶語廳이다. 외국어 교육기관인 사역원에 설치된 관청이다. 숙종 8년(1682년) 문안사問安使로 청나라에 다녀온 좌의정 민정중의 건의로 신설됐다. 청나라 등 이웃 나라와의 외교에서 실제 회화의 중요성을 인식한 까닭이다. 공부하는 외국어는 한어, 만주어, 왜어, 몽골어였다. 한어반에서는 한인漢人인 정선갑, 문가상을 훈장으로 삼아 생도들을 가르치게 했다. 이 학교에서는 우리말 사용이 허용되지 않는다. 훈장부터 학생까지 전원이 외국어로만 대화한다. 온종일 외국어로만 대화를 주고받도록 한 순수 회화 교실 성격이었다. 서울 사학四學에서 젊고 능력 있는 학생을 선발했다.

정원은 한어 87명, 만주어 68명, 왜어 50명, 몽골어 45명이었다. 이들은 교육 내용에 대해 정기적으로 구술시험을 보았다. 또 어학연수와 통역실무를 익히기 위하여 외국으로 가는 기회가 있었다. 정기사행이나 특별사행이 있을 때마다 한어 등 전공별로 돌아가면서 1인씩 사신단에 동행했다. 이 제도는 시행 초기에는 크게 성공했다. 그러나 시간이 지나면서 퇴색했다. 몇십 년이 지난 뒤 실패작으로 끝난 것이다.

그 상황이 우어청 신설 50년이 가까운 영조 6년(1730년) 11월 25일 실록에 나온다.

조문명이 임금에게 아뢰었다. "저들과 우리나라가 교제하는 데 있어서 전적으로 역관에게만 의지해왔는데, 근래에 한어는 거의 씨가 끊어져 없어지게 되었습니다. 지금의 한어를 잘하는 통역은 드뭅니다. 우어청은 이름만 있고 실효는 없습니다."

이조판서 송인명은 "나라에서 역관을 격려, 권장할 필요는 없습니다. 임진왜란 때 상신 이항복과 이정귀는 역관 없이 명나라 사신을 맞았으나 막힘이 없었다 합니다"고 건의했다.

임금은 "역관이 비록 한어를 잘한다 하더라도 문관文官이 강해講解하지 못하면 역관이 비록 흰 것을 검다 해도 어떻게 이를 알 것인가?"라고 답했다.

역사는 정치의 거울이다

"정치를 하려면 반드시 앞선 시대의 다스림과 아픔의 자취를 보아야 한다.
그 자취는 오직 역사서적에서 찾아야 한다."

《세종실록》23/06/28

　인문학은 사람을 공부하는 학문이다. 문학, 철학 등을 들 수 있다. 생산성을 강조하는 산업 사회에서는 실용학문인 경영학이나 공학 등에 비해 설 자리가 좁다. 그래서 이 전공자들은 실용학을 하는 사람에 비해 취업하기가 버겁다. 하지만 생각하는 동물인 사람에게 꼭 필요한 학문이다. 2006년에 일단의 교수들은 인문학 위기를 선언했다. 왜 사는가, 어떻게 살아야 하는가 등을 연구하는 학문 터전이 고갈되면 전체 사회 발전과 학문 연구에도 부정적 영향을 미침을 우려하는 목소리였다.

　그런데 어느 순간부터 인문학 열풍이 불고 있다. 인문학을 창의성의 매개체로 활용하고 있다. 대학교 평생교육원 등의 교육센터에서 인문학 강좌가 끊임없이 개설되고, 기업에서는 인문학자 초청강연, 인문학서적 읽기를 멈추지 않는다. 이에 대비되는 실용학은 삶을 윤택하게 하는 데 직접 연관돼 흔들림이 없다. 취업난을 의식한 젊은 이들이 실용학에 큰 관심을 두고 있기 때문이다.

조선의 학자들은 실용학보다는 인문학에 깊이 빠졌다. 유학자들이 추구한 책 읽기는 독서공부였다. 삶의 자세를 궁극적으로 탐구하고, 자신을 수양하는 계기로 삼았다. 유교 인문학은 철학적인 면에 치우쳤다. 세종은 나라를 경영하는 데는 실용학과 인문학이 융합되어야 함을 생각했다. 그래서 신료들에게 실용학인 역사학 공부를 권유했다. 세종이 말한 역사학은 역사철학이 아니라 역사의 흥망성쇠 등을 통해 다스림의 인간관계를 터득하는 길이었다. 임금의 독서에 대한 시각은 실용적이었다. 삶을 윤택하게 하는 책 읽기였다.

세종은 책을 많이 읽었지만 글쓰기에는 신경을 쓰지 않았다. 독서를 취미가 아닌 정치의 방법으로 여긴 것이다. 좋은 방책을 책에서 얻어 실천하려고 했기에 서예나 글쓰기 등을 할 마음의 여유가 없었다. 서거정이 쓴 《필원잡기》에서 세종의 독서에 대한 생각을 읽을 수 있다.

"책 읽기는 유익하다. 그러나 임금이 글씨를 쓰거나 글짓기를 하는 것은 생각할 바가 있다."

세종은 종류를 가리지 않고 책을 읽었다. 이 중 특히 관심을 둔 것은 《제왕학》과 《좌전》, 《초사》와 같은 역사서였다. 세종이 즉위년

(1418년) 10월 7일 첫 경연에서 강론한 책이 제왕학인 《대학연의》
였다. 임금은 제왕의 다스리는 순서를 담은 이 책을 강독하면서 역
사에서 현실을 읽으려고 노력했다. 환관 문제 등 현실 문제가 언급
된 《대학연의》를 6개월에 마친 임금은 다시 강독 의사를 밝히기도
했다. 세종의 공부 속도는 형인 양녕대군에 비해 10배나 빨랐다. 양
녕대군은 세자 시절에 《대학연의》를 6년 만에 마쳤다. 양녕대군이
공부에 뜻이 없었다는 점을 고려한다 해도 세종의 독서 속도가 빨랐
음은 짐작할 수 있다.

《태종실록》 13년(1413년) 10월 7일 기사에 양녕대군의 책 읽기에
대한 대신들의 기쁨과 탄식이 교차되고 있다.

> 세자가 서연관을 시켜 뵙기를 청했으나 임금은 들어주지 않았다. 세자
> 는 《대학연의》를 끝마치고 임금을 뵙고자 날마다 5장 혹은 7, 8장을 읽
> 고 부지런히 익혔다. 시학관과 조관이 모두 기뻐하고 탄식하였다. "세자
> 가 뛰어난 자질로서 옛날부터 이처럼 하였다면, 이 책을 어찌 6년이나
> 걸려서 끝마치겠는가!"

세종의 아버지인 태종은 《대학연의》를 1년 남짓에 뗐다. 태종은 세
제 시절인 정종 2년(1400년)에 책을 읽기 시작해 다음해 12월에 끝
마쳤다. 이때 경연관들이 하례를 준비했으나 태종은 손을 내저었다.
태종은 "이 글을 다 읽으니, 이제야 학문의 깊이를 알겠다"고 기뻐하
면서도 "내용을 실천하는 게 중요한 만큼, 다 읽었다고 하여 하례할

것은 못 된다"고 했다. 이에 대해 신하들은 세제 시절에 《대학연의》를 읽어 격물, 치지, 성의, 정심, 수신, 제가, 치국, 평천하의 학문에 대하여 강구했다고 높이 평가했다.

　세종은 강력한 왕권을 중심으로 국가를 운영하려는 목적에서 제왕학으로 저술된 《대학연의》를 현실 문제와 연결시켰다. 군아편君牙篇을 읽을 때는 중국의 백성이 생계유지를 위해 아내를 팔고 자식을 파는 처지에 주목했다. 임금은 "이런 아픔을 마땅히 마음 깊이 품어 잊지 않겠다. 내가 궁중에서 자라 백성의 어려움을 잘 알지 못한다"며 "우리나라 백성이 살아가는 데 어찌 곤궁한 사람이 없겠느냐"고 물었다.
　또 당나라의 시험 부정을 읽을 때는 조선시대 과거시험의 폐단으로 눈을 돌렸다. 권세 있는 사람의 부탁을 받아 부당하게 취한 사람이 옛날에도 있었기에 지금도 있을 개연성에 대해 말했다. 구체적으로 평안감사 김점이 그의 아들 때문에 탄핵당한 이유를 보고하도록 하기도 했다. 임금은 제왕의 현실 정치를 잘 보필하라는 의미에서 종친과 신하들에게 이 책을 선물했다.

　역사서에 심취한 임금은 공자가 쓴 역사책을 해석한 《춘추좌씨전》과 초나라 사람들의 글을 모은 《초사》를 100번 이상 읽었다. 그러나 유교의 나라를 세우려는 유학자들은 임금이 역사서를 중시하는 데 손을 내저었다. 그들은 유학서인 경서를 다 읽은 뒤 사서를 읽어야 한다는 시각이었다. 이에 비해 임금은 유학서는 이상적인 모델이고,

역사서는 현실적인 대안으로 보았다.

　임금은 집현전 학사들에게 여러 역사서를 직접 나누어줄 생각을 했다. 신료들은 반대했다. 예문제학 윤회는 "유학서가 먼저이고 역사서는 다음입니다. 오로지 사학만 닦게 해서는 안 됩니다"라고 반대했다. 세종도 물러서지 않았다. 오히려 그들의 무지를 질타했다. 경연에서 역사서에 나오는 내용을 질문했는데 신하들이 몰랐다는 것이다. 이는 유학에만 매달렸을 뿐 사물의 이치를 깊게 연구하고 마음을 바르게 한 선비가 없다는 의미라고 화를 냈다.

　7년(1425년) 11월 29일 실록에 그 상황이 설명돼 있다.

　　대제학 변계량에게 사학史學을 읽을 만한 사람을 선별하도록 명했다. 변계량이 직집현전 정인지, 응교 설순, 인동현감 김빈을 천거했다. 임금이 즉시 김빈에게 집현전 수찬을 제수하였다. 3인으로 하여금 《사기史記》를 나누어 읽게 하고, 임금의 물음에 대비하게 하였다.

　　이보다 먼저 임금이 윤회에게 "집현전 선비들에게 《사기》를 나누어주어 읽게 하고자 한다"고 했다.

　　그러나 윤회는 이렇게 말하며 반대했다. "옳지 않습니다. 대체로 경학經學이 우선이고, 사학史學은 그다음이 되는 것이니, 오로지 사학만을 닦아서는 안 됩니다."

　　임금은 답했다. "내가 경연에서 《좌전》, 《사기》, 《한서》, 《강목》, 《송감》에 기록된 옛일을 물으니, 다 모른다고 말하였다. 만약 한 사람에게 읽게 한다면 고루 볼 수 없을 것이 분명하다. 지금의 선비들은 입으로는

경학을 말한다. 그러나 이치를 궁극히 밝히고 마음을 바르게 한 인사가
있다는 것을 아직 듣지 못하였다."

세종이 보는 역사는 단순히 과거의 이야기가 아니다. 현재의 답을
얻을 수 있는 거울이다. 거울을 통해 잘못을 반성하고 좋은 점을 찾
아 역사를 제대로 이어지게 해야 한다. 이를 위해서는 역사의 주체
인 인간의 마음이 중심을 잡아야 한다. 이 점에서 경학과 역사학은
상호 보완적인 관계이다. 그러나 당시 학자들은 경학을 주장하면서
역사 공부는 외면했다.

세종은 그들이 참다운 인간관과 역사관을 갖지 못했다고 판단했다.
세종은 이를 해결하기 위해 역사서의 기본으로 볼 수 있는 《자치통
감》을 해설한 《자치통감훈의》를 펴냈다. 또 주자의 《통감강목》을 쉽
게 풀어쓴 《강목훈의》도 출간했다. 세종의 속내는 학자들이 모든 역
사를 보는 것이었다. 책의 분량이 많다는 점과 낮은 관심 탓에 현실과
거리가 있다면 역사서의 핵심 격인 《자치통감》만이라도 보기를 바라
는 마음에서 《자치통감훈의》를 펴냈다. 또 역사의 대강이라도 파악하
기를 바라는 마음에서 요점 정리서인 《강목훈의》도 편찬하였다.

세종이 관심을 기울인 역사책은 《자치통감》이다. 중국 16개국의 역
사가 담긴 294권을 임금과 신하의 공부책으로 선정할 생각이었다.
그러나 신하들은 책의 권수가 너무 많다는 이유로 반대했다. 경연에
서 유학서가 아닌 정치·역사책이 주류가 될 것을 염려한 것이다.
임금은 경연에서 《자치통감》을 채택하지 않았지만 집현전 학자들에

게 해설서를 편찬하도록 지시했다. 그리고 밤마다 주석본의 모든 구절을 손봤다.

세종의 역사서 탐독은 후세에 대한 경계로 이어졌다. 정인지 등에게 명하여 우리나라와 중국의 역대 사적에서 정치에 귀감이 될 만한 사실을 모아 책으로 엮도록 했다. 그것이 150권으로 구성된 《치평요람治平要覽》이다. 우리나라는 기자조선으로부터 고려의 역사가, 대륙은 주나라에서부터 원나라까지의 역사가 담겨 있다. 역사가 정치의 거울이라는 세종의 의지가 반영되었다.

세종은 23년(1441년) "정치를 하려면 반드시 앞선 시대의 다스림과 아픔의 자취를 보아야 한다. 그 자취는 오직 역사서적에서 찾아야 한다"며 책 편찬을 명하고 《치평요람》이라는 제목을 내렸다. 당시 유학자들의 시각은 중국 중심이었다. 이에 대해 세종은 "동방의 역사도 오래되었으니 흥폐존망을 알아야 한다"며 우리 역사도 같이 수록하게 했다. 나라의 통치방법을 역사를 통해 찾은 세종은 우리 역사가 우리나라 통치의 기본임을 인식한 것이다.

세종의 공부에 대한 시각은 마흔한 살 때인 20년(1438년) 3월 19일 경연에서 한 말로 잘 설명된다. 《좌전》을 강독한 뒤 말했다. "내가 유학서와 역사서는 보지 않은 것이 없다. 지금은 나이 탓에 모두 기억하지는 못하지만 지금도 오히려 글 읽는 것을 게을리하지 않는다. 글을 읽는 동안에 정치에 도움이 되는 여러 가지 생각을 얻을 수 있기 때문이다."

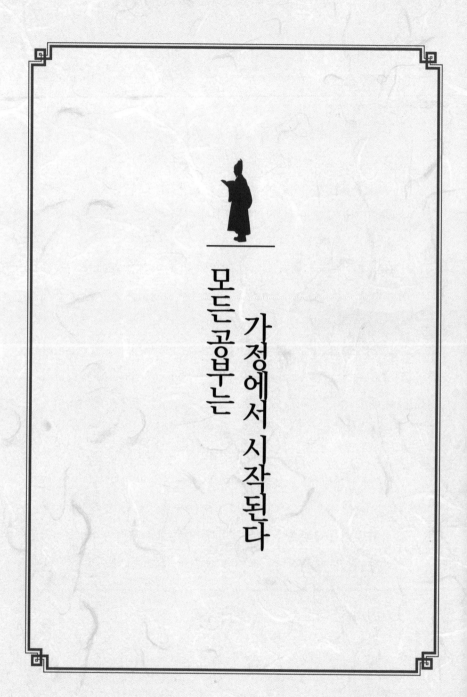

모든 공부는 가정에서 시작된다

세자빈을 두 번 폐위하다

"며느리를 훈계하고 경계하기 위해 글을 아는 여인에게 《열녀전烈女傳》을 가르치게 했다. 그러나 새 며느리인 봉씨는 공부한 지 며칠 만에 책을 뜰에 던졌다."

《세종실록》18/11/07

맹자가 어머니와 처음 살았던 곳은 공동묘지 근처였습니다. 맹자가 쉽게 보는 것은 장사 지내는 모습이었습니다. 맹자는 늘 보던 대로 곡을 하는 등 장사 지내는 놀이를 했습니다. 맹자의 어머니는 아들의 놀이가 마땅치 않았습니다. 안 되겠다 싶어 이사를 했습니다. 새로 집을 구한 곳은 시장 근처였습니다. 맹자는 늘 상인들의 흥정을 보았습니다. 맹자는 상거래 놀이를 했습니다. 맹자의 어머니는 다시 이사했습니다. 서당 옆이었습니다. 맹자는 학동들이 글을 읽고 예법을 익히는 것을 보았습니다. 맹자는 공부 놀이를 했습니다. 어머니는 그제야 안심했습니다. 맹자는 뛰어난 학자가 되었습니다. 맹자 어머니는 고금에 현모양처의 으뜸으로 꼽혔습니다.

왕실의 여인이 공부한 내용 중 일부다. 자녀 교육에서 환경의 영향이 절대적임을 알려주는 이야기로 《열녀전》에 나온다. 《열녀전》은 한나라의 유향이 여성 106명의 행적을 기록한 책이다. 맹자의 어머니를 비롯하여 주나라를 세운 문왕의 어머니가 태교한 내용 등도 나온다. 왕실 여성의 가장 큰 임무는 왕자의 생산이었다. 또 태교를 잘하고, 아이를 잘 양육해 '군자'로 자랄 바탕을 마련하는 것이었다. 그래서 왕실의 여인은 궁중의 법도와 함께 유명한 현모, 양처, 열녀 등의 글을 읽었다. 유학국가의 왕후로서, 세자빈으로서 모범이 될 행동거지와 법도를 익혔다.

그러나 세자와 달리 세자빈을 위한 교육은 특별한 게 없었다. 제도적으로 가르침을 주는 교육기관도 없었다. 세종의 며느리 교육도 체계적이지 못했다. 첫 며느리인 휘빈 김씨의 덕을 잃은 행동을 경계삼은 임금은 두 번째로 맞은 며느리 순빈 봉씨에게는 부덕을 강조하는 교육을 했다. 중국의 역대 여인 중에서 남편이나 자식에게 헌신한 열녀들의 이야기를 모은 《열녀전》을 읽게 했다. 거기에 맹자의 어머니 일화도 나온다. 그래서 순빈 봉씨도 이를 공부했을 가능성이 있다. 임금은 며느리의 더 깊은 공부에는 손을 내저었다. 학문이 깊으면 임금의 정치에도 관여할 가능성이 있기 때문이다. 다만 훈민정음은 세자빈은 물론 소헌왕후 등 왕실의 여인들에게도 가르쳤다. 삶의 필수적인 내용을 훈민정음으로 의사소통할 수 있게 한 셈이다. 훗날 왕후가 될 세자빈에게는 왕과 세자 등 남성 위주의 유교 사회에 적응하고 모범이 될 순치된 여성관을 주입하려고 했다.

그러나 세종은 곧바로 세자빈의 반발에 부딪힌다. 세자빈이 임금의 지시를 따르지 않은 것이다. 임금은 18년 11월 7일 대신들에게 순빈 봉씨를 폐출한 이유를 설명한다. "휘빈 김씨를 폐하고 봉씨를 세자빈으로 세울 때다. 새 며느리에게는 김씨처럼 불미스러운 일이 없기를 바랐다. 며느리를 훈계하고 경계하기 위해 글을 아는 여인에게 《열녀전》을 가르치게 했다. 그러나 새 며느리인 봉씨는 공부한 지 며칠 만에 책을 뜰에 던졌다. 그리고 '내가 어찌 이것을 배운 후에 생활하겠는가'라며 학업 받기를 불편해했다. 《열녀전》 공부는 나의 명령이다. 그런데 감히 이같이 무례한 짓을 하니, 어찌 며느리의 도리에 합당하겠는가. 또 여인이 글을 배워서 정사에 간여하는 길을 열면 안 될 것으로 생각했다. 그래서 다시는 며느리에게 학문을 가르치지 못하게 하였다."

임금은 세자빈을 거푸 두 번이나 폐출시킨 게 마음의 부담이었다. 백성과 신하의 눈이 부담스러웠다. 임금의 고민을 보자. "최근 폐위시킨 세자빈은 문제가 아주 많다. 그러나 낱낱이 공개하고 싶지 않다. 그래서 전의 교지에서는 몇 가지 이유만 설명했다. 왕후를 폐하고 아내를 내쫓는 것은 삼가야 할 바다. 부부의 연은 인륜의 근본이므로 경솔히 바꿀 수 없다. 하물며 세자는 휘빈 김씨에 이어 순빈 봉씨를 폐했다. 이는 나와 세자가 집안을 올바르게 거느리지 못한 소치이다. 아마 나라 사람들이 말하기를, '스스로의 반성 없이 상대의 허물만을 찾아 내쫓는다'고 손가락질할 것이다. 하지만 최선이 아니면 차선을 선택해야 한다. 어리석은 여인이 장차 국모가 되면 어려움이 많을 수 있다. 세자빈을 폐하고 새로 다시 세자빈을 세우지 않을 수가 없는 이유다. 어버이로서 부지런히 가르쳤지만 어리석어 폐출된 봉씨는 고치고 뉘우치는 뜻이 없었다."

세종과 소헌왕후는 세자빈에게 좋은 말로 수시로 훈계하면서 부덕을 쌓도록 했다. 또《열녀전》을 공부해 변화가 있기를 바랐다. 하지만 부덕과 거리가 먼 세자빈에 대해 교육을 포기하기에 이른다.

부덕이 없음은 세자의 말을 빌어 강화했다. 세자는 임금에게 무슨 말을 했을까. 세자는 '아내를 가까이하라'는 임금의 말에 이렇게 말했다. "소자가 아내를 가까이한다면 투기하고 사나워져서, 비록 칼날이라도 또한 가리지 않을 것입니다. 만약 그녀의 뜻대로 된다면 중국 최초의 악녀라는 여후보다 못할 것이 없을 것입니다."

임금은 세자빈의 실덕을 몇 가지로 정리했다. 먼저, 매일 밤마다 궁녀를 시켜 세자를 처소로 오라고 했다. 이는 부부의 떳떳한 정리이지만 부덕을 쌓아야 할 세자빈의 모습은 아니라고 했다. 둘째, 세자가 처소에 오지 않고 다른 곳에 가면 질투를 했다. 특히 투기 때문에 궁녀를 때려, 혹 어떤 때에는 거의 죽을 지경까지 이르게 했다. 셋째, 항상 방 속에 술을 준비하고 큰 그릇으로 연거푸 마셔 취해 볼썽사나운 모습도 보였다. 세자빈이 아버지의 상을 당해 1백 일을 지나지 않았는데도 평상시와 같이 술을 마시었다.

세종은 이 같은 세자빈을《열녀전》등의 교훈적인 내용을 교육해 바로잡으려고 했다. 그러나 세자빈의 거부로 실제 교육이 이루어지지 않았음을 알 수 있다. 왕실 여인의 교육은 훗날 소혜왕후에 의해 어느 정도 체계화된다. 인수대비로 알려진 소혜왕후는 세종의 손자며느리이자 성종의 어머니이다. 소혜왕후는 내훈內訓을 지어 왕실 여인을 유교에서 원하는 여성으로 교육했다. 이 무렵에 왕실 여인은 훈민정음과 함께 내훈,《효경》,《소학》을 익혔다. 그러나 높은 수준의 공부가 아니라 여성으로서, 왕실 여인으로서 가져야 할 기초 교양 교육 수준이었다. 세자빈이나 왕후의 가장 큰 임무는 왕자의 생산이었기 때문이다.

세종의 며느리 선발은 시행착오를 거친다. 세종은 처음엔 덕성, 집안, 용모를 모두 생각했고, 다음에는 잠깐의 심사로 인성을 파악하기 쉽지 않다는 현실을 직시했다. 바르고 예쁜 얼굴을 선택 기준으로 삼았다. 마지막에는 인성을 보았다. 용모를 중시했다는 점은 11년(1429년) 8월 4일 세자비 간택 방식에서 엿볼 수 있다. 지신사 정흠지 등에게 "동궁의 배필을 잘 뽑아야 한다. 집안의 전통과 처녀의 덕성은 당연하고 얼굴도 아름다워야 한다. 그런데 잠깐 보고 덕성을 알 수 없다. 그렇다면 용모容貌로서 뽑지 않을 수 없다"고 밝혔다.

그러나 세종은 두 차례에 걸친 세자비의 실패, 영응대군의 아내 송씨의 폐출 등 며느리 문제로 골머리를 앓으면서 인격을 가장 우선시했다. 얼굴을 보고 순간적으로 판단하는 것이 아니라 오랜 관찰로 인성을 알 수 있는 여인을 선택했다.

세종은 18년(1436년) 12월 28일 권양원을 세자빈으로 삼으며 속내를 밝혔다. 성숙된 인격의 여인을 세자빈으로 결정했다.

"세자빈을 두 번이나 폐하고 다시 세웠다. 그러나 어진 배필을 얻지 못하였다. 지금 다시 선발해도 어진 사람을 얻을 것을 보증하기 어렵다. 잘 알지 못하는 사람을 새로 얻는 것과 이미 궁중에서 삼가고 공손하게 아내의 도리를 하는 사람을 뽑는 것이 어찌 같을 수가 있겠는가. (인성이 검증된 사람을) 뽑으면 후회가 없을 것이다. 전에 세자빈을 세울 것을 의논할 때에 대신들 또한, 양원과 승휘 중에서 승진시켜 빈으로 삼아야 할 것이라고 했다. 첩을 아내로 만드는 일을 옛날 사람은 경계했고, 우리 조종의 가법에도 예가 없었다. 그래서 윤허하지 않았다. 지금 생각하니, 서울과 지방에 널리 처녀를 알아보았으나 적임자를 찾지 못했다. 이제 대신의 말을 따르겠다. 권양원과 홍승휘 중 누가 적임자인가. 두 사람은 모두 세자가 우대하고, 나와 소헌왕후가 사랑하는 사람이다. 세자는 홍씨를 낮게 여기는 듯하나, 내 뜻은 권씨가 적당하다. 옛날 사람이 말하기를 '나이가 같으면 덕으로 하고, 덕이 같으면 용모로 한다'고 했다. 두 사람의 덕과 용모는 모두 같지만 권씨가 나이 조금 많고 관직이 또 높다."

이에 대해 신하들은 "나이의 많고 적음과 지위의 높고 낮음은 논할 필요가 없습니다. 다만 그 현덕賢德이 한 나라의 국모로서 모범이 될 만한 것만 볼 뿐입니다. 성상의 결단에 있사오니 신 등이 감히 정할

바는 아닙니다"라고 했다. 임금은 즉시 양원 권씨를 세워 빈으로 삼
았다.

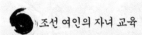

조선 여인의 자녀 교육

조선은 여성의 교육에 대해 등한시했다. 그러나 여인의 자녀 교육에 대한 기대
치는 높았다. 자녀 교육에서 아버지보다 어머니의 가르침을 더 중요하게 보았
다. 또 자녀 교육의 책임을 어머니에게서 찾았다. 이런 모순은 조선이 남외여내
男外女內 사회라는 특징 때문이다. 자녀 교육은 주로 딸 교육이었다. 남아의 글 교
육은 아버지의 친척이나 서당의 훈장 등이 지도했다. 집에서 어머니는 여아 교
육에 더 관심을 기울였다. 주로 품행과 역할 교육이었다. 훗날 아이를 가졌을 때
가르치는 법과 시댁에 가서의 생활예절을 익히는 것이 큰 부분이었다.

당시 사람들은 자식의 기골은 아버지를 닮고 성정은 어머니를 닮는 것으로 믿
었다. 그래서 자녀 교육은 어머니의 태교부터 중요시됐고, 아이를 낳으면 모범
적인 행동을 보여주려고 노력했다. 어머니의 성정을 닮기에 말, 행동, 듣기 등을
가려서 했다. 덕과 바른 도리를 알려주고, 겸손의 미덕과 검소한 생활, 자애로움,
엄격함 등 전천후 교육자의 삶이 요구됐다.

자녀 교육, 특히 여성 교육은 송시열의 말에서 잘 알 수 있다. "딸 교육을 잘못
시키면 남의 집도 망하게 한다."

유학자 송시열은 철저한 남성 위주의 사고를 했다. 그가 딸에게 준 교훈서인
《계녀서戒女書》에서 조선 사대부들이 요구했던 여성의 교육을 알 수 있다. 그

는 시집가는 큰딸에게 "딸의 교육은 어머니 몫이지만 행실이 높은 집에 출가하는 너에게 글을 주니 힘써 행하라"고 했다. 송시열은 20개 항목의 훈계서 말미에 "여러 가지를 세세하게 적어서 경계하여 이르니, 부디 뼈에 새기고 마음에 담아 명심하라. 이 문구를 한 달에 두세 번씩 꼭 보라"고 당부했다.

내용은 부모와 남편 모시기, 형제·친척과의 화목, 제사, 재산 등 당시인들의 생활에 관한 것이었다. 이 중에 여섯 번째 항목이 자식 교육이다. 특징은 아들도, 딸도 강하게 키우라는 것이다.

송시열의 말을 들어보자.

"딸은 어머니가 가르치고, 아들은 아버지가 가르친다. 그러나 아들도 글을 배우기 전까지는 어머니가 교육을 담당한다. 아이를 어릴 때부터 속이지 말라. 심하게 때리지 말라. 글을 가르칠 때는 순서 없이 권하지 말라. 하루 세 번씩 권하여 책을 읽게 하라. 난잡한 장난을 못 하게 하라. 사람 보는 곳에서 눕지 말게 하라. 세수를 일찍 하게 하라. 친구와의 약속을 잘 지키게 하라. 불량한 사람과 사귀지 못하게 하라. 제사에 참여하게 하라. 옛사람의 좋은 점을 배우게 하라. 15세가 지나면 아버지가 잘 가르칠 수 있게 하라. 모든 것을 한결같이 교육하면 자연히 바람직한 선비가 된다. 딸을 가르치는 방법도 마찬가지다. 부디 철저하고 다부지게 교육하라. 놀게 하고 편하게 하는 것은 자식을 속이는 교육이다. 부디 잘 가르쳐라."

하루 세 번 밥상머리에서 스토리텔링 교육을 하다

"나는 날마다 세자와 더불어 세 차례씩 같이 식사한다. 밥을 먹은 뒤에는 세자가 동생들에게 옛 교훈에 대해 말하게 한다. 나도 또한 수양대군에게 공부를 가르쳐준다."

《세종실록》 20/11/23)

조선인들은 박제상과 망부석의 설화를 알았을까? 박제상은 신라의 충신이다. 고구려와 왜(일본)에 볼모로 잡힌 왕자들을 탈출시켰으나 왜에게 잡혀 죽음을 당했다. 박제상은 왜왕의 신하가 되라는 회유에 "계림(신라)의 개나 돼지가 될지언정 왜국의 신하는 될 수 없고, 계림의 형벌을 받을지언정 왜국의 벼슬과 상은 받지 않겠다"고 말했다. 박제상의 아내는 돌아오지 않는 남편을 애타게 기다렸다. 아내는 세 딸을 데리고 치술령 고개에 올라 왜국을 바라보며 통곡했다. 남편을 기다리던 그녀는 그곳에서 그렇게 굳어 돌이 되었다.

《삼국유사》와 《삼국사기》에 실린 박제상과 그의 아내 이야기는 민간에서 망부석 설화로 이어졌다. 입에서 입으로 이야기로 전해져온 박제상의 충성과 망부석 설화를 조선인들은 알고 있었다. 어린아이들도 이야기로 읊었다. 어른과 아이가 모두 본 《삼강행실도》에 충신 박제상의 그림 이야기가 실린 덕분이다.

세종은 스토리텔링 교육을 했다. 즉위 16년(1434년)에 설순에게 지시했다. 우리나라와 중국에서 모범이 될 사람들을 뽑아 교육용 책을 만들게 했다. 사람들이 쉽게 익힐 수 있는 그림 이야기책으로 꾸미게 했다. 설순 등은 우리나라와 중국의 충신, 효자, 열녀의 행실을 모은 그림 이야기책을 완성했다. 권채는 서문에서 "옛날과 지금의 책을 모두 참고해 효자, 충신, 열녀를 각각 110명씩 뽑았다. 그들의 그림을 그리고 행적을 적은 뒤 찬양하는 시 한 수씩을 붙였다"고 밝혔다.

모든 사람이 알기 쉽도록 매 편에 그림을 넣어 내용을 한눈에 알아볼 수 있게 하였다. 이야기가 절로 입에서 나오도록 꾸민 것이다. 그 결과 아동들도 흥미로운 이야기를 통해 쉽게 효도와 충성심을 익히는 효과가 있었다. 아동이 읽기에도 부담이 없는 내용과 형식으로 구성된 덕분이다. 특히 그림책이라는 점이 아이들의 시선을 붙잡는 원동력이 되었다. 아동들은 가장 오래된 이 옛날이야기 그림책을 《소학》보다 먼저 읽었다.

이야기는 시청각을 고루 활용한다. 《삼강행실도》는 어른이나 아이에게 시청각을 모두 활용하게 하는 좋은 교재였다. 어린이는 특히 옛날이야기에 푹 빠져드는 경향이 있다. "옛날 옛적에 누가 살고 있었는데…"라는 이야기에는 절로 흠뻑 빠지게 된다. 이는 어린이뿐 아니라 남녀노소를 불문한다. 인간의 대화가 대부분 사건 이야기, 다른 사람 이야기인 것만 보아도 그것을 알 수 있다. 이를 활용한 것이 스토리텔링 교육이다. 이야기하기라는 뜻의 스토리텔링은 원래 문학에 쓰였다. 요즘에는 마케팅, 교육 등 전방위적으로 활용된다.

세종의 스토리텔링 교육은 '이야기나 들어보자' 하는 자세에서 시작됐다. 세종은 7년(1425년) 2월 18일에 동전인 조선통보의 사용을 실시했다. 당시는 쌀과 베로 통용되는 게 많은데다 지폐인 저화의 가치가 하락하는 문제점이 있었다. 이를 개선하기 위해 동전을 저화와 함께 유통시킨 것이다. 동전 유통을 원활하게 하기 위해 사용하지 않을 때의 강제조항도 마련했다. 하지만 강제법에 대한 백성의 불만이 높아졌다. 법을 두려워한 백성들이 아예 포화布貨로써 쌀을 바꾸지 않았다. 이에 백성들은 먹고살기가 어려워졌고, 동전 불사용죄에 걸린 농민이 목매어 죽는 일도 발생했다. 왕과 대신들은 대책회의를 몇 차례 했지만 '초창기 혼란이 가시면 자리 잡힐 것'으로 낙관했다. 하지만 생필품 유통이 제대로 안 되자 백성들은 집단 방화라는 저항까지 하기에 이르렀다.

이에 세종은 "비록 나라 운영에 좋다 해도, 백성이 크게 불편하면 추진할 수 없다"면서 뜻을 접었다. 좋고 나쁨을 떠나 백성의 이야기를 듣는 데 더욱 관심을 둔 임금은 이야기를 통한 백성 교육을 생각했다. 그 방편이 훈민정음 창제, 이야기책인 《삼강행실도》의 간행 등이었다.

스토리텔링 교육에 직접적인 계기가 된 것은 존속살해 사건이었다. 10년(1428년) 9월 27일, 세종은 길게 탄식을 한다. 아버지를 죽인 진주 사람 김화를 능지처참하게 한 뒤 "계집이 남편을 죽이고, 종이 주인을 죽이는 것은 혹 있었다. 그런데 이제 아비를 죽이는 자가 생겼다. 이는 필시 내가 덕이 없는 까닭"이라며 재발 방지책을 물었다.

판부사 허조가 형량 강화를 통한 범죄 억제를 건의했으나 임금은 '형법의 강화가 능사는 아니다'는 입장을 밝혔다. 다른 대신들도 범죄에 대한 처벌은 당연하다면서도 형법에 중형을 기재하는 것에 대해서는 반대 입장을 보였다.

임금은 일주일 뒤 경연에서 이 문제를 꺼냈다. 효 사상을 널리 알리고, 풍속을 순하게 할 방책을 토의했다. 변계량이 아이디어를 냈다. 《효행록》과 같은 귀감이 될 책을 많이 찍어서 백성들이 볼 수 있게 하자는 얘기였다. 이를 항상 읽고 외우면 효와 예의가 바로 선다는 생각이었다.

임금이 설순에게 지시했다. "세상 풍속이 어지러워져 자식 노릇을 하지 않는 불효자도 있다. 《효행록》을 간행하여 어리석은 백성들을 깨우쳐주려고 생각한다. 사람을 교화하는 데 가장 목적이 있다. 앞서 왕조와 삼국시대를 통틀어 효행이 뛰어난 사람 등 귀감이 될 사례를 수집하여 한 책으로 편찬하라."

책에 수록된 유석진의 효행을 보자. 전주에 속한 고산현의 아전인 유석진이 손가락을 잘라 아버지의 병구완을 한 내용이다.

유석진은 고산현의 아전이다. 아버지 유천을이 악한 병을 얻어 매일 한 번씩 발작하고, 발작하면 기절하여 사람들이 차마 볼 수 없었다. 유석진이 게을리하지 않고 밤낮으로 곁에서 모시면서 하늘을 부르며 울었다. 널리 의약을 구하는데, 사람들이 말하기를 '산 사람의 뼈를 피에 타서 마시면 나을 수 있다' 하였다. 유석진이 곧 왼손의 무명지를 잘라서 그 말대로 하여 바쳤더니 병이 곧 나았다.

상감행실 효자도에는 직접 정성을 다해 어른을 모시는 모습 외에도 효의 의미를 생각하게 하는 이야기도 있다. 어린 아들이 잘못하는 아버지를 깨닫게 하는 다음과 같은 글도 있다.

원각의 아버지 원오는 성품과 행실이 착하지 못했다. 원각의 할아버지가 늙고 병드니 원오가 싫어했다. 원각을 시켜 갈대 자리에 얹어 산속에 버리게 하였다. 원각이 말리지 못하고 산속에 갔다가 자리를 거두어 가지고 돌아왔다. 원오가 "흉한 기구를 네가 무엇에 쓰려느냐"고 묻자, 원각은 "두었다가 아버님을 져다 버릴 때 쓰겠습니다"라고 대답했다. 원오가 부끄럽게 여기고 드디어 할아버지를 도로 맞아 왔다.

스토리텔링 교육은 세자를 가르치는 데도 적용됐다. 이야기 듣기가 효과적인 교육이므로, 세자를 교양하는 방법으로 훌륭한 선생을 먼저 꼽은 뒤 아름다운 이야기를 들려주는 교육을 하고자 했다. 임금은 초나라에서 성장하면 초나라 말을 배우듯이, 교훈 내용을 들으면 이야기를 통해 소화한다고 보았다. 좋은 사람을 가까이하고 아름다운 이야기를 자주 들으면, 자연스럽게 좋은 성품을 갖고 훌륭한 행동을 한다는 뜻이다. 공자와 맹자, 당나라 태종의 이야기를 통한 교육을 즐겨 했다. 세종은 아들들에게 밥상머리에서 스토리텔링 교육을 했다.

20년(1438년) 11월 23일 경연 때다. 임금은 아버지와 아들도 눈에서 멀어지면 마음도 멀어짐을 태종과 양녕대군의 사례를 들어 설명했다. 또 이를 피하는 방법으로 식사 때의 교육을 말했다. "나는 날마다 세자와 더불어 세 차례씩 같이 식사한다. 밥을 먹은 뒤에는 세자가 동생들에게 옛 교훈에 대해 말하게 한다. 나도 또한 수양대군에게 공부를 가르쳐준다."

세종은 이와 함께 세자가 말을 잘할 수 있는 분위기를 조성했다. 세자는 최만리나 박중림 등 원로 대신들이 서연관으로 나서면 질문을 잘 했다. 오랜 시간 같이 생활해 낯설음이 없었기 때문이다. 그러나 수시로 얼굴이 바뀌는 다른 관원들 앞에서는 얼굴이 붉어지고 말하기를 망설였다. 이에 임금은 전임관을 임명하여 세자의 말문이 트이게 했다.

마음을 따뜻하게 하는 인사가 "밥 한번 같이 먹자!"이다. 모처럼 만난 반가운 사람에게 건네는 친근한 인사말이다. 세종과 왕자들은 아버지와 아들 사이다. 하지만 군주와 신하라는 긴장관계이기도 하다.

세자를 제외한 왕자들은 자라면 궐 밖에서 생활한다. 그래서 아버지인 임금과 식사할 기회가 많지 않다. 그런데 세종은 큰아들 세자는 물론이고 여러 아들과 밥을 같이 먹고, 시간을 함께하는 장을 마련했다. 이는 요즘 부모의 밥상머리 교육과 다를 바 없다. 세종은 옛사람의 교훈을 말했다. 왕자들은 아버지와 함께 밥상이 즐거웠을 수도 있고, 지겨운 잔소리를 듣는 시간이라 생각했을 수도 있다.

식구食口는 식탁에 둘러앉아 밥을 함께 먹는 공동체다. 가족이 함께 식사를 함으로써 부부 관계, 부모와 자녀 관계가 더 친밀해지고 인간관계도 풍성해진다. 예의와 공경에 대해서도 느낄 수 있다. 정서적으로 안정된 아이는 학습에도 더 신경을 쓸 수 있다. 세종은 이 같은 교육효과를 알고 있었다. 그래서 큰아들인 세자와 하루 세끼 식사를 같이했다. 또 세자와 동생들의 형제애를 더욱 포근하게 하는 한편 교육에도 박차를 가하기 위해 식사 후 대화의 시간을 가졌던 것이다.

기미세자, 문종

세자인 문종은 효성이 지극했다. 실록에 실린 문종 기사에는 여느 왕보다 유난히 효에 관한 내용이 높은 비율을 차지한다. 몸이 건강하지 못한 부왕을 위해 친히 복어鰒魚를 베어서 올렸다. 세종은 맛을 본 뒤 기쁨의 눈물을 흘렸다. 또 세자는 후원에 앵두나무를 심어 그 열매를 당뇨로 고생하는 임금에게 올렸다. 세종은 "궁 밖에서 올린 것을 어찌 세자가 손수 심은 나무의 앵두와 비교할 수 있겠는가"라며 기뻐했다. 세자는 아버지가 승하하자 사흘 동안 식음을 전폐했다. 슬픔이 지나쳐 바싹 여윈 몸으로 삼년상을 마쳤다.

세자의 지극한 정성은 무엇보다 임금의 수라를 보살피는 데서 엿볼 수 있다. 세자는 기미상궁氣味尙宮 역할을 마다치 않았다. 임금은 항상 암살 위험에 시달린다. 가장 손쉽고 현실적인 방법은 음식에 독을 타는 것이다. 이를 막기 위해 임금이 수라를 들기 전에 독의 유무를 검사하는 절차가 있다. 임금의 앞에서 경험 많은 큰방상궁이 곁상에 놓인 빈 공기나 빈 접시에 은 수저로 음식을 조금씩 덜어 맛을 본다. 은이 독에 잘 반응하는 성질이 있기 때문이다. 음식의 안전함이 확인된 후 임금에게 수라를 들도록 청한다. 이 역할을 하는 궁녀가 기미상궁이다. 맛과 냄새를 확인하는 궁녀라는 의미이다. 물론 왕세자도 아침저녁으로 임금의 수라상을 살피는 시선視膳과 투병 중일 때 약을 먼저 맛보는 시탕侍湯을 해야 했다. 그런데 세자는 단순히 시선과 시탕만이 아니라 수라의 맛을 봐 이상 유무를 확인하는 절차까지 직접 했다. 《문종실록》을 보자.

왕은 성품이 지극히 효성이 있어 약을 맛보고 수라상水剌床을 보살피는 일을 반드시 몸소 친히 하시었다. 옆에 뫼시고 계시면서 밤중이 되도록 물러가라고 명령하시지 않으면 감히 물러 나가지 못하셨다.

효성이 남다른 세자(문종)가 아버지 세종에게 올리는 약과 수라상의 맛, 독의 유무를 미리 확인했다는 것이다. 이 같은 생활을 하루 이틀이 아닌 30년 동안이나 했다.

문종의 묘지문 구절을 보자. "세자의 자리에 있는 30년 동안 부왕을 지성으로

섭기셨다. 각지에서 음식 재료가 올라올 때마다 반드시 친히 수라간에 서서어

매양 음식을 맛보신 뒤 임금께 올렸다. 날마다 이를 반복하셨다."

세종의 수라에 이상이 없는지를 세자가 30년 동안이나 확인한 것이다. 효행이

뛰어난 문종은 조선의 기미세자氣味尚宮였다.

가르치는 바를 좇을 뿐 뒤돌아보지 않는다

"왕세자가 훈사訓辭 읽기를 마쳤다. 임금이 기뻐하여 서연관과 시종 환관 2인을 각각 승급시키고, 동부승지 이극감에게 안장 갖춘 말 1필을, 호조참의 이승소와 판내시부사 전균에게 각각 말 1필을 내려주었다."

《세조실록》04/11/27

"나는 소년 시절에 기운이 웅장하고 마음이 씩씩하였다. 가야금을 타고, 활을 쏘고, 투호 같은 놀이를 하며 살 생각을 했다. 그러나 지금은 그렇지 않다. 만약 유흥에 빠져 절제하지 않았으면 정치를 하고 오랑캐를 굴복시키지 못했을 것이다."

세조가 옛 신하들과 술을 기울이며 밝힌 소회이다. 세조는 신하들과 가끔 활쏘기를 한 뒤 술을 마셨다. 세조의 화살은 백발백중 과녁을 관통하였다. 신하들이 감탄하며 찬미의 시詩를 올리기도 했다. 세조는 왕자이던 소년 시절에는 삶을 그저 즐기려는 생각도 했지만 마음을 바꿔 정치를 하고 북방의 여진족을 다스려 나라를 안정시켰다고 술회했다.

세조는 조선을 안정시킨 군주다. 조카인 단종을 쫓아내고 왕이 된 탓에 도덕적인 약점을 지녔지만 정치 풍토를 혁신하고 경제와 사회의 안정을 가져온 군주다. 문종과 단종을 거치면서 비대해진 신권을 억누르고 국왕 중심의 나라를 세웠다. 실록은 세조를 다음처럼 평가했다.

왕은 빼어나게 총명하시고 학문을 좋아하여 게을리하지 아니하였다. 세종과 소헌왕후로부터 특별히 사랑을 받으셨다. 왕은 아침부터 밤까지 근심하고 부지런하였다. 항상 농사를 권하고, 학교를 일으키며, 어진 이를 구하고, 군사를 기르는 것을 먼저 생각했다.

수양대군은 문과 무를 겸비한 인재였다. 다섯 살 때 이미《효경》을 읽을 정도의 영재였으며 활쏘기와 말타기 등 무예에도 크게 뛰어났다. 그의 담력과 세종의 반응이《동각잡기》에 실려 있다.

세종이 규표圭表를 바로잡을 때다. 세조와 안평대군 및 다른 유신에게 명하여 삼각산 보현봉에 올라 해 지는 곳을 관측하게 하였다. 돌길이 위험하고 또 예측할 수 없는 벼랑이 내려다보였다. 안평대군 이하 모든 사람이 눈이 아찔하고 다리가 떨려서 전진하지 못하였다. 그러나 세조만은 나는 듯이 걸어가서 순식간에 올라가고 내려갔다. 보는 사람들 모두 탄복하여 따르지 않을 수 없었다. 늘 넓은 소매 옷을 입으므로, 궁중 사람들이 모두 웃었다. 세종이 이르기를, "너처럼 용력 있는 사람은 의복이 이처럼 넓고 커야만 될 것"이라고 하였다.

세종은 호연지기에 큰 능력을 갖춘 아들을 인정했다. "아들 중에 수양대군만이 효성스럽고 재능이 있다. 정대하고 질박하므로 참으로 비범하다. 만약 재주를 과신하고 제멋대로 한다면 누가 규제할 수 있겠는가. 재능이 있으면서도 허물을 짓지 않는 것은 어질기 때문이다."

세종은 아들의 비범한 능력만큼이나 형제의 우애가 깊기를 바랐다. 그만큼 둘째 아들의 능력이 탁월했기 때문이다. 세종은 임종에 이르러 큰아들인 문종과 둘째 아들인 수양대군(세조)을 불러 유언하기를 평생 좋은 관계를 유지하라 했다. "너희 둘에게 말한다. 신하들은 임금이 죽는 그날로 형제들의 허물을 공격하는 법이다. 내가 죽는 날, 너희 형제의 허물을 말하는 자가 반드시 많을 것이다. 너희는 내 말을 잊지 말고 항상 친애하라. 그러면 사람들이 너희를 이간하지 못할 것이다."

수양대군은 부모로부터 상대적으로 사랑을 적게 받았다. 세종과 소헌왕후는 적장자인 문종에게 큰 관심을 보였고, 셋째인 안평대군은 '복덩이'라며 특별히 사랑하였다. 안평대군은 세종이 세자로 책봉되고 임금으로 등극한 해에 태어났다. 국왕 부부에게 안평대군은 행운과 복을 불러오는 소중한 왕자였다. 이 상황에서 안평대군보다 한 살 많은 수양대군은 엄마의 사랑을 얻기 위해 칭얼대야 했다. 사랑을 갈구하는 수양대군을 세종의 후궁인 신빈 김씨가 업어 키웠다. 궁 밖과 대궐을 오가면서 자란 수양대군은 세상을 넓게 보고 자유롭게 생각할 수 있었다.

세종은 영특한 수양대군을 12년에 성균관에 입학시켜 체계적인 왕자 교육을 받게 했다. 집현전 학자들에게 교육을 담당하게 하고, 때로는 임금이 직접 교육을 했다. 집현전 학자들로부터의 교육은 호락호락하지 않았다. 날마다 읽은 것은 반드시 외워야 했고, 1년에 20차례 이상 직접 글을 읽어야 했다. 또 날마다 공부의 이해 여부가 기록돼 매달 임금에게 보고되었다. 5일마다 이전 5차례 수업한 내용에 대해 시험을 치렀다. 성적 또한 임금에게 월말에 보고되었다.

쉴 틈 없이 계속되는 공부에서 수양대군은 빼어난 능력을 보였다. 아버지는 흡족한 마음에 아들에게 친히《자치통감》책을 내려주며 격려했다. 아버지로부터 인정받은 수양대군은 고금의 책들과 성리학에 정통했음에도 "천하의 서적을 다 읽지 않고서는 다시 활을 잡지 않겠다"고 다짐했다. 공부의 재미에 푹 빠진 것이다.

또한 세종은 장성한 수양대군에게 주자소에서 편찬 사업과 함께 정치 감각을 키우도록 한다. 수시로 왕릉을 살피게 하는 한편 명나라 사신 접대를 맡긴다. 15년(1433년)에는 귀국하는 명나라 사신을 영의정 황희와 함께 벽제역에서 전송케 했다. 임금과 동궁의 몸이 불편하다는 게 이유였다. 2년 뒤에는 예전의 사신 환송을 잘했다는 이유로 역시 전별연을 맡기는 등 외교 업무를 익히게 했다. 또 세종은 심혈을 기울이는《치평요람》편찬 책임자로 그를 임명했다.《치평요람》은 조선과 중국 정치에서 본받고 경계해야 할 사례를 정리한 책이다.

세종은 이를 23년(1441년) 6월 28일 정인지에게 지시했다. "무릇 잘된 정치를 하려면 반드시 전대前代 치란治亂의 사적史籍을 보아야 한다. 그 사적을 보려면 오직 역사의 기록을 상고詳考하여야 한다. 그대가 사적을 상고하여 하나의 서적으로 편찬해 후세 자손의 영원한 거울이 되게 하라. 또 중국의 역사 못지않게 우리나라의 흥폐존망도 잘 알아야 한다. 아울러 편입시키되 번다하거나 간략한 데에 치우치게 하지 말라."

임금은 지시와 함께 책 이름을 《치평요람》으로 정하고 수양대군에게 편찬사업을 지휘하게 했다.

이 무렵부터 세종은 신하들에게 밀명을 내리는 등 긴밀한 정치 사안에도 간여시켰다. 임금이 요양차 궁궐을 비울 때는 그에게 도성 호위 책임을 맡겼고, 젊은 나이임에도 왕실을 관장하는 종부시 제조로 임명했다. 이는 왕실에서의 그의 위상을 말해준다. 임금은 27년(1445년) 1월 18일에 세자에게 양위할 것임을 발표한다. 이때 임금의 뜻을 신하들에게 전달한 사람이 수양대군이다. 정치 핵심에 관여한 것이다.

세종은 무예에 출중하고 대범한 수양대군에게 학문, 외교, 군사, 정치 등 실제적인 제왕수업에 버금가는 교육을 시킨 셈이다. 또 문학과 정치적 감각이 뛰어난 안평대군도 비슷한 역량을 키울 수 있도록 배려했다. 이는 새로운 나라 조선의 앞날을 위해서는 왕실이 탄탄해야 한다는 계산으로 볼 수 있다. 태종과 세종 시절에 왕권이 강화되기는 했지만 개국 초창기 왕실은 흔들릴 가능성도 충분했다. 태종과 세종은 많은 왕자를 생산하는 것을 나라를 튼튼히 하는 기반으로 보았다. 그렇기에 뛰어난 왕자인 수양대군과 안평대군에게 학문뿐만 아니라 정치, 외교, 농업, 군사 등의 다양한 교육을 한 것이다. 수양대군의 등극은 아버지 세종이 전반적인 능력을 교육한 덕분으로 볼 수 있다. 세종은 큰아들인 세자를 후계자로 지명했지만 원하지 않은 경쟁구도를 만든 셈이다. 결과적으로 문종과 둘째인 수양대군, 셋째인 안평대군까지 모두 왕의 자질을 갖춘 왕자로 키운 것이기 때문이다.

수양대군은 아버지 뜻에 절대복종했다. 임금이 된 수양대군은 훗날 아들에게 삶의 지침으로 삼을 훈사를 주며 말했다. "나는 세종대왕과 소헌왕후의 마음을 따르고 명령에 어긋남 없이 행동했다. 가르치는 바와 경계하는 바를 좇아 다른 일은 모르고 밤낮으로 바빴다."

세조가 된 수양대군은 아들에게 아버지 세종과 같은 교육법을 적용했다. 어떤 상황이 발생하면 반드시 비유의 예를 들어 설명했다. 그리고 훈사訓辭를 지어 세자가 항상 외워 경계하도록 했다. 그 내용은 첫째, 늘 변함없이 한결같은 덕을 가질 것이다. 둘째, 신神을 공경하여 섬길 것이다, 셋째, 간언을 받아들일 것이다. 넷째, 참소를 막을 것이다. 다섯째, 사람을 제대로 쓰는 일이다. 여섯째, 사치하지 말 것이다. 일곱째, 환관을 부리는 일이다. 여덟째, 형벌을 삼가는 일이다. 아홉째, 문과 무를 조화시키는 일이다. 열 번째, 부모의 뜻을 잘 좇는 것이다.

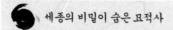 세종의 비밀이 숨은 묘적사

"신라 문무왕 때 원효대사가 창건한 천년고찰로 세종대왕 때 웅장한 불사를 이룩하였다. 국왕 직속의 비밀기구가 있던 곳이다. 왕실 산하 비밀요원을 훈련 시키기 위해 사찰을 짓고 선발된 인원을 승려로 출가시켰다. 승려 교육과 아울 러 고도의 군사 훈련을 받게 했다."

경기도 남양주시 와부읍에 묘적사가 있다. 이 절의 안내판에는 위와 같은 이야 기가 전해짐이 기록돼 있다. 세종의 후궁인 신빈 김씨와 그 아들인 밀성군에 의 해 중창된 묘적사는 임진왜란 때는 유정이 승군을 훈련하는 장소로 사용했다. 이후 승려들이 무과시험을 준비하는 훈련장으로 활용했다. 길 주위에서는 화살 촉이 발굴되어 이곳이 당시 군사 훈련장이었음을 추정하게 한다.

이 절은 세종과 깊은 관계가 있다. 사냥을 통한 군사 훈련인 강무를 할 때 이곳 은 길목이 된다. 도성을 떠난 왕은 첫 사냥을 양주 일대에서 시작해 강원도 횡성, 황해도 구월산 등으로 이동한다.

도성에서 대화재가 발생했던 8년(1426년) 2월 15일에도 임금은 묘적사 북쪽 산에서 사냥을 한 뒤 횡성으로 향하던 중이었다. 구전으로 내려오는 왕실소속 비밀요원들의 군사 훈련은 세종과 세조 두 임금과 관련 가능성이 높다. 두 왕은 불교에 우호적이었다. 궁궐에서 반나절 거리인 이곳에 특수요원을 양성했을 개 연성은 상당하다. 실제로 강무에 특히 신경을 쓴 세종은 묘적사를 수십 차례 거 쳐 갔을 것으로 추정된다.

세종과 세조의 신임을 받은 문장가 김수온이 쓴 묘적사 중창기는 이곳이 왕실과 특수한 관계임을 암시하고 있다.

정통 무진년 봄(1448년 세종 30년), 병조좌랑인 나는 강무에 참여했다. 임금을 모시고 묘적사의 북쪽 산꼭대기에서 사냥을 했다. 절이 한 채 있어 내려다보니 나무와 잡초가 무성해 여우나 토끼의 굴 같았다. 뒤에 들으니 신빈 김씨(세종의 후궁)가 세종대왕을 위하여 절을 넓게 증축하였다. 신빈 김씨는 돈과 곡식을 기부해 법당과 승당을 확장하고 공사가 마무리되어갈 무렵에 세상을 떠났다. 신빈 김씨의 아들인 밀성군은 어머니를 모시지 못한 안타까움을 마음에 품고 있었다. 뜻이 통하는 주지승의 권유도 있어, 밀성군은 절의 양식을 대주는 화주가 되었다. 때로는 성안에 연줄 있는 사람들에게 깨끗한 돈을 절에 기부하도록 권하였다. 육칠 년 후 밀성군으로부터 묘적사가 완공되었다는 편지를 받았다. 즉시 가보니 훌륭한 건물이 높게 솟아 산골짜기에 아름답게 빛나고 있었다. 주위 사람들이 말했다. "절이 지어졌는데, 기록한 비문이 없으니 후세의 사람들이 어찌 시주한 공덕을 알겠는가." 이에 내가 글을 부지런히 지었다.

"묘적산을 무술 훈련장으로 씀으로써 부득이 도끼로 베어내고 개간하여 점점 절을 넓혀갔음이라. 다행히 세조 조에서 옛터의 복구가 허가되어 도량이 큰 밀성군이 중창의 책임을 맡았다. 밀성군은 크고 넓은 집을 세우느라 수없이 근심했고, 사업은 지체되었다. 나는 친하게 지내는 밀성군이 굳세게 맡긴 임무를 잊고, 부득이하게 느슨하게 도왔다. 밀성군은 옛 절에도 변함없이 항상 넘치게 시주하였던 화주였으니 나는 그것을 알리지 않을 수 없다. (…)

화주(세조)가 역사를 다 끝내지 못하고 가버렸으므로 기다렸다 나중에 완성하였다. 담을 두루 둘러침은 호랑이나 표범을 막으려는 생각이다. (…)

비록 재산이 누거만인 자도 하지 못 하는 바가 있으나 능히 도왔다. 예전에 형공이 저기 걸어 다녔고 재주와 뜻이 통하여 저기와 같이 이루었다. 그러나 성인(세종)의 일가도 죽는 것은 천리이다. 아! 존재하지 아니하니 허무하도다. 지금까지 도운 것이 육십여 년(김수온이 불교 신자가 된 햇수)에 두발은 짧고, 의관이 느슨한 심부름꾼도 쓰인 바가 있어 즐거웠음이라! 나는 훌륭한 묘적을 이루어낸 공적을 사실대로 지어 끝마쳤다. 나이가 늙도록 돕고 있지만 쓸모없음을 안타깝게 여기며 기록을 마친다."

〈발굴번역 이강석〉

김수온은 병조좌랑으로 묘적사에서 강무를 한 세종을 모셨다. 그는 세종의 후궁인 신빈 김씨의 비문을 썼다. 신빈 김씨의 아들 밀성군의 요청에 의해서다. 김수온은 세종, 신빈 김씨, 밀성군 그리고 세조의 가족에 대해 깊이 알고 있는 측근이다. 중창기를 쓴 그는 묘적사가 세종과 신빈 김씨, 밀성군, 세조가 관여한 왕실 사찰임을 알고 있었다.

군사 훈련용 사냥터인 강무장에 속한 묘적사는 불이 나 방치돼 있었다. 불심이 깊은 신빈 김씨는 대왕의 흔적이 있는 절의 보수를 위해 돈과 곡식을 내려 건물을 짓게 했다. 신빈 김씨는 세종 붕어 후 머리를 깎고 자수궁에 들어갔다. 비구니가 된 그녀는 세종과 소헌왕후의 위패를 이곳에 모시고 극락왕생을 빌었다. 아들 밀성군은 어머니를 모시지 못해 안타까워했다. 신빈 김씨는 문종과 단종의 환속령에도 속세로 나오지 않았다. 세조가 큰 집을 지어주고 아들과 살라고 했으나 그녀는 역시 거절했다.

밀성군은 어머니 사후에 세조에게 묘적사를 크게 중창해 세종과 소헌왕후, 신빈 김씨의 위패를 모시고 싶다고 청했다. 세조 때에 대궐의 불사를 도맡았던 밀성군은 거액을 희사하여 묘적사를 중창하기 시작했다. 공사는 세조의 승하, 예종의 붕어로 중단되었다가 성종 3년(1472년) 여름에 완공되었다.

세종과 후궁인 신빈 김씨, 왕자인 밀성군이 자주 간 묘적사는 무술훈련장이기도 했다. 또 세조는 이곳에 특별히 관심을 기울였다. 최근 김수온이 쓴 중창기를 발굴하고 번역한 이강석 선생은 다 끝내지 못하고 가버린 화주를 세조로 해석했다. 세조가 붕어해 공사가 중단됐다는 것이다. 밀성군 뒤에 있는 실질적인 후원자는 세조라는 의미다. 왕실의 관여와 군사시설, 그리고 도성에서 반나절 거리인 묘적사! 역사에 묻힌 세종의 비밀은 무엇일까.

155

이론과 실습을 중요시하다

"세종께서 노년에 정사에 피로하셔서 왕세자로 하여금 나랏일을 하도록
하셨습니다. 문무를 두루 갖추시고 (왕세자가) 대왕의 업무를 참여해 도왔
습니다. 밤이 깊도록 피로함을 잊으시고 일하셨습니다. 신심이 편안하면 해
독이 됨을 경계하셨습니다."

《문종실록》02/09/01

"18년 동안 호랑이를 탄 것으로 족하다. 양녕이 비록 마음이 선하
여 정변을 일으킬 의심은 없다. 그러나 어제까지 세자의 지위에 있
다가 폐출돼 외방에 나갔다. 어찌 틈을 엿보는 사람이 없겠는가?"
　태종이 보위에서 물러나며 한 말이다. 태종은 18년(1418년) 6월에
세자를 폐하고, 충녕대군을 세자로 삼았다. 그리고 2개월 후에 전격
적으로 양위를 했다. 태종이 충녕과 신하들의 결사반대에 귀를 닫고
옥새를 내놓은 것은 후계구도를 굳건히 하려는 의도였다. 신임 국왕
인 세종의 왕위를 탄탄하게 해주려는 조치였다. 양녕대군의 마음이
넓어 반란을 일으키지 않을 것을 알지만 권력 보장이 안 되는 주변
사람들의 동요를 원천차단하려고 서둘러 왕위를 물려주었다. 상왕

으로 물러난 태종이 군사권을 쥔 이유다. 세종을 임금으로 올린 뒤 실무를 익히게 해 연착륙시키는 정치였다. 태종의 계획대로 세종은 단계적으로 정권을 이양받아 태평성세를 이루었다.

세종은 아버지 태종의 방법을 잊지 않았다. 세자 향에게 대리청정을 시켰다. 주로 몸이 불편할 때 세자에게 때로는 부분적으로, 때로는 거의 전권을 양도한 채 업무를 처리하게 했다. 임금은 가급적 많은 업무를 세자에게 위임하려고 했다. 신하들의 반대에 부딪히기도 하지만 큰 줄기는 변하지 않았다. 제왕수업은 이론으로만, 눈으로만 이뤄지는 게 아님을 생각했다. 가장 좋은 수업은 직접 책임을 맡아 보는 실무 교육이다. 세종은 세자에게 책임과 권한을 준 실무 교육을 택했다. 임금은 19년(1437년)에 세자의 섭정을 처음 밝혔다.

세종은 마흔 살이고, 세자는 스물세 살이었다. 임금은 도승지 신인손을 통해 의정부에 뜻을 밝혔다.

"내가 젊어서는 무릇 나라를 위한 일에 힘써 큰 과오는 없었다. 그러나 최근에 흉년이 들고, 야인이 침범한다. 이는 과인의 부덕이다. 내가 나이도 들고, 풍질도 있어 어려운 점이 있다. 세자로 하여금 정무를 보게 하겠다. 다만 벼슬 제수와 군사 업무, 사형수 판결은 예외로 한다. 이는 과인이 정사에 게을러서가 아니다. 옛날에도 태자가 섭정한 사례가 있고, 또 국왕의 자리는 세자에게로 반드시 돌아간다. 세자는 모든 정무를 판결하는 번거로움을 일찍 아는 것이 마땅하다. 세자가 지금 비록 정사를 보는 데 참예하고 있으나, 어찌 뜻을 오로지하여 처단하는 것과 같으리오. 전일에 여러 승지 및 대신들의 반대로 세자에게 섭정을 시키지 않았다. 이제는 세자로 하여금 섭정하게 하겠으니 경들은 내 뜻을 알아두라."

세종은 몇 가지 섭정의 변과 옛 사례를 말해 대신들이 더는 반대하지 못하도록 했다. 이때는 임금이 승하하기 13년 전이다. 건강을 이유로 들었지만 업무를 보지 못할 정도는 아니었다. 임금은 섭정의 목적을 밝혔다. 대권은 훗날 세자에게 돌아가므로 미리 실제 정무에 참여해 결정하는 게 좋다는 것이다. 임금을 도와 부분 참여를 하는 것보다는 완전 책임을 지고 판단하는 실습을 해보라고 했다. 정무를 직접 책임지고 하는 데서 제왕수업이 이루어지는 것으로 보았다.

세종은 이후에도 종종 세자에게 섭정을 맡겼다. 25년(1443년) 4월 18일에는 세자의 섭정을 반대하는 신하들의 상소가 빗발쳤다. 임금이 병환이 있으면 의정부와 육조에서 직무를 관장하면 된다는 주장이었다. 하늘에 태양이 두 개 있을 수 없다는 논리였다. 하지만 임금은 "병이 더욱 심해지니 이것도 또한 하늘의 뜻"이라며 세자의 섭정을 강행했다. 또 신하들이 세자를 대할 때 자신들을 신으로 칭하도록 했다. 왕조시대에 신이라는 호칭은 임금에 대해서만 한다. 세자가 조회를 할 때 남쪽을 향해 앉도록 했다. 남쪽을 향해 앉는 것은 국왕의 자리에 오른다는 상징성이 있다. 신하들은 제왕은 북극성이고, 주위를 다른 별들이 둘러싸는 게 이치라며 반대했다. 하지만 세종은 끝내 물러서지 않았다. 세자의 대리청정은 이때부터 임금이 7년 후

승하할 때까지 계속되었다.

부드러운 리더인 세자는 조선에서 처음으로 대리청정을 했다. 그래서 세종의 치적 중 말년은 세자와의 공동작품이라고 할 수도 있다. 세종은 건강을 핑계로 세자에게 섭정을 시켜 정치를 익히게 했다. 정치는 이론이나 견학으로는 부족하고 직접 체험하고 판단해야 하는 복잡한 사안이다. 이를 아는 세종은 참여로써 책임정치를 하게 한 것이다.

임금은 세자에게 천재 교육을 실시했다. 세심한 왕자 교육을 했다. 세자가 8세가 되자 성균관에 입학시켰다. 조선의 왕세자 중 처음으로 성균관에 입학한 사례였다. 임금은 세자의 공부 상황을 수시로 확인했다. 또 공부 방법도 자세히 설명했다. 매일 낮 공부 때 정인지, 최만리로부터 고금의 유익한 말과 바른 정치 이야기를 듣도록 했다. 또 백성의 일을 듣고, 행동거지도 편안하게 하도록 했다. 세자를 가르치는 학자들에게는 매달 1일, 11일, 21일 등 세 차례와 유학서를 처음 읽는 날에는 회강을 실시하게 했다. 회강은 세자가 여러 학자 앞에서 배운 것을 설명하는 것이다. 회강은 인조 때는 2일과 16일 두 차례로 축소됐지만 처음 회강제도를 만든 세종은 한 달에 세 차례를 기본으로 했다.

체계적인 교육을 받은 세자는 학문이 매우 높았다. 고금에 통달하고, 글을 잘 지었다. 특히 초서와 예서에 능했다. 역시 세종처럼 집현전을 자주 찾아 학문 토론을 했다. 아버지 세종의 닮은꼴이었다. 책에 몰두했고, 학자를 가까이했고, 온화한 인품으로 듣기를 좋아했다. 판단이 신중하여 신하를 함부로 비난하지 않았고, 비난받을 행동을 하지 않았다. 동생들을 잘 챙기는 자상한 맏형이기도 했다. 측우기 발명에 관여할 정도로 과학적 지식도 높았다. 천문, 역산, 언어, 시, 서, 예 등 모든 방면에 빼어난 인재였다.

세자의 공부 모습은 마치 세종을 보는 것과 같다. 김안로는《용천담적기》에서 세자의 높은 학구열을 이렇게 설명했다.

오랜 기간 동궁에 있던 세자는 춘추가 점점 높아졌어도 학문에 침잠하셨다. 밤낮으로 공부를 게을리하지 아니하셨다. 달이 밝고 인적이 고요하면 더러 손에 한 권의 책을 드셨다. 집현전 당직실에 걸어가서 어려운 문제를 물어보곤 하였으므로 성삼문 등은 궁궐에서 숙직하면서 밤에도 감히 관대를 풀지 못하고 있었다. 성삼문은 어느 날 밤이 깊어도 세자의 행차가 없자 옷을 벗고 누우려고 했다. 그런데 갑자기 문밖에서 신발 소리가 나며 근보(성삼문의 자)를 부르며 들어오셨다. 성삼문은 놀라고 두려워 허둥대면서 절하였다. 세자의 부지런함과 학문에 대한 열정이 진실로 천고에 드물게 듣는 바로다.

훗날 문종이 되는 세자의 애책문에도 학문적 능력이 엿보인다.

"성상께서는 여러 가지 뛰어난 재주를 겸비했습니다.《서경》의 요전,

순전, 대우모와 같은 문장이요, 법도에 맞는 신필이었습니다. 밤늦도록 피로함을 잊으시고 심신이 편안하면 독이 된다고 경계했습니다."

학문에 정통한 세자는 대화와 예술에도 능했고 과학 분야에도 일가견이 있었다. 군사 부분에도 탁월했다. 화차를 설계했고, 진번을 직접 저술했다. 매일같이 활쏘기장을 찾아 격려하고 무예에 대한 관심을 불러일으켰다.

준비된 왕은 2년 3개월의 짧은 재위로 끝난다. 그러나 세종의 후반전과 자신의 임기 2년 남짓 동안 큰 업적을 이루었다. 이는 섭정을 통해 실무 책임정치를 익히게 한 세종의 교육 덕분이었다.

조선의 대리청정은 모두 여섯 차례가 있었다. 세종이 문종에게, 숙종이 경종에게, 경종이 영조에게, 영조가 사도세자와 정조에게, 순조가 효명세자에게 국정 운영을 맡긴 바 있다. 이 중 세종과 영조(정조에게) 순조의 행위는 세자(세손)에게 정국 운영의 경험을 쌓게 하려는 의도였다. 그러나 숙종과 영조(사도세자에게)는 정치적 음모 성격이 짙었다.

세종과 숙종의 대리청정이 어떤 차이가 있는지를 보자. 세종은 47세 때 30세인 세자에게 대리청정을 시켰다. 그 기간은 6년 10개월이었다. 숙종은 57세 때에 30세인 세자(경종)에게 대리청정을 지시했다. 기간은 2년 9개월이었다.

세종은 24년(1442년) 7월 28일 동궁에게 첨사원을 설치해 업무를 처리하라고 명했다. 조선 첫 대리청정이다. 그러나 신하들은 첨사원 설치를 반대했다. 당나라의 첨사원은 국정 재결에 참여하지 않았고, 왕명의 출납은 승정원이 담당한다는 게 이유였다. 나라의 명령이 두 군데에서 나올 수 없다는 신하들의 반대는 극렬했다. 그러나 세종은 주장을 굽히지 않았고, 업무 보고 때는 첨사원과 승정원이 함께 결재를 받는 타협안이 통과됐다. 세자의 직속인 첨사원은 임금의 명을 따르는 승정원과 동격이 되었다. 세종은 세자가 실질적으로 권력을 쥘 수 있게 노력을 한 것이다. 세종은 나라의 큰 사안인 관리의 임명, 형벌, 군사에 관해서만 관여하고 다른 모든 정무는 세자가 결재하도록 했다.

그러나 후대의 숙종은 달랐다. 숙종은 대리청정을 정국 장악을 위한 카드로 활용했다. 숙종은 강력한 왕권 유지를 위해 신료의 세력을 계속 억제해왔다. 절정으로 치닫던 붕당을 정치적으로 활용했다. 즉위 초 집권세력인 남인을 1680년 허견의 역모와 관련해 실각시키고 서인에게 정권을 넘겼다. 그러나 1689년에는 희빈 장씨의 세자 책봉 문제를 빌미삼아 왕성해진 서인 세력을 몰아냈다. 5년 뒤에는 폐출됐던 인현왕후의 복비와 함께 재집권 중인 남인을 퇴출시켰다. 다시 정권을 잡은 서인은 노론과 소론으로 붕당이 됐다. 거듭된 정계개편으로 신하들의 절대적 충성을 요구해온 숙종은 43년(1717년) 7월 19일 또 한 번 정치적 핵탄두를 쏘았다. 노론의 영수인 좌의정 이이명과 독대를 한 것이다.

당시 소론과 노론은 힘의 균형을 이루고 있었다. 노론은 연잉군의 후원세력이고, 소론은 세자(훗날 경종)와 정치적 운명을 같이하고 있었다. 숙종은 자신의 사후를 걱정했다. 세자가 등극하면 소론 쏠림 현상이 심해져 세자의 이복동생인 연잉군과 연령군이 죽을 것으로 보았다. 세자는 정신적으로 문제가 있어 방패가 되지 못할 것으로 생각했다. 숙종은 이이명에게 세자 교체를 말했고, 이이명은 결사반대를 했다. 이이명의 입장에서는 세자 교체가 정치적으로 살 길이었다. 그러나 신하로서는 바른길이 아니기에 반대한 것이다. 숙종은 이이명이 교체를 반대하자 세자의 대리청정 카드를 꺼내 들었다. 대리청정은 세자가 국정에서 실수하기를 바라는 숙종의 함정일 가능성이 많았다. 실수를 하면 세자 교체의 명분이 생기기 때문이다. 실제로 소론에서는 세자 교체의 수순으로 보고, 강력히 반발했다. 소론 영수인 영중추부사 윤지완은 82세의 고령에도 관을 들고 상경해 독대를 격렬하게 비난했다. 풍전등화의 세자는 대리청정에서 결정적 실수를 하지는 않았다. 그리하여 보위에 올랐으나 병약한 그는 세제(연잉군)에게 대리청정을 명하고, 노론과 소론의 살육전을 지켜봐야 하는 비운의 왕이 되었다.

머리가 아닌 가슴으로 살피다

"임금과 신하의 예의로는 대왕이 일어서서 술잔을 받으실 수 없소. 그러나 전하께서는 형제의 천륜을 중히 여기셨기에 일어서신 것이오."

《세종실록》05/04/07

세종의 꿈 중 하나는 예의국가 완성이었다. 윗사람을 공경하고 아랫사람을 보살펴 사람답게 사는 사회를 건설하는 것이다. 즉위교서에서도 예절이 완성된 태종시대를 계승할 뜻을 밝혔다. 왕조시대에 백성은 교화의 대상이었다. 어리석음을 깨우쳐 바른 사람으로 인도하는 게 왕과 선비들의 몫이었다. 이를 위해서는 위에서부터 모범을 보여야 했다. 세종은 예절을 실천했다. 지배자의 예의가 아닌 인륜에 입각한 예절이었다. 자기도야에 이은 만백성의 바른 통치에 나섰다. 군주는 하늘의 아들이다. 따라서 모든 사람은 임금에게 머리를 조아리려야 한다. 하지만 세종은 아버지에게 무릎을 꿇었고, 노인에게는 일어서 답례를 했다. 제왕의 모습이 아닌 아들과 연소자의 예절을 택했다.

2년(1420년) 4월 14일 낙천정에서 임금이 상왕에게 문안을 했다.

마침 명나라 사신이 도착해 연회를 베풀었다. 아름다운 경치를 배경으로 두 왕과 사신은 술을 함께 했다. 상왕이 술을 돌렸다. 상왕은 선 상태로 세종에게 술을 권했다. 세종은 잔을 엎드려 받았다. 또 세종은 상왕에게 무릎을 꿇은 채 공손하게 술을 올렸고, 상왕은 앉아서 받았다.

이를 본 사신 조양이 감탄하였다. 사신으로 여러 나라를 다녔는데 신왕(세종) 전하와 같은 충효를 지닌 어진 군주를 처음 보았다는 것이다. 그는 또 상왕에게 말했다. "돈이 있어도 자손의 어짊은 사기 어려운 것입니다." 효자 아들에 대한 최고의 찬사를 들은 상왕 태종은 기쁨에 겨워 눈물을 흘렸다. 철혈군주 태종이 아들의 효성에 감복해 눈물을 보이자 많은 신하도 감동하여 눈가에 이슬을 흘렸다.

세종은 형인 효령대군에게도 마찬가지였다. 군주의 권위가 아닌 동생의 예의를 갖췄다. 5년(1423년) 4월 7일 명나라 사신의 예방을 받은 뒤 베푼 피로연에서의 일이다. 임금이 종친들에게 차례로 술을 돌리게 하였다. 효령대군이 술을 돌릴 때 임금은 일어나서 잔을 받았다. 사신은 임금과 효령대군의 예의에 대해 궁금해했다. 황희가 설명했다. "임금과 신하의 예로는 대왕이 일어서서 술잔을 받으실 수 없소. 그러나 전하께서는 형제의 천륜을 중히 여기셨기에 일어서신 것이오." 세종은 부모와 형제 앞에서는 아들과 동생의 예절을 다한 것이다.

군주가 아닌 아들로서 효도하는 모습은 2년(1420년) 5월 16일 상왕의 탄신행사에서도 알 수 있다. 여러 왕족과 신하들이 내전에서 하례를 했다. 연회에 입시한 여러 신하가 차례로 헌수하고 춤추었다. 임금도 일어나 헌수하고 춤추어 아버지를 기쁘게 하였다. 아들과 함께 춤을 춘 상왕은 변계량에게 "자식이 왕이 되어 지극한 정성으로 봉양한다. 나처럼 복 받은 아버지는 고금에 드물 것"이라며 행복해했다.

군신의 예의가 아니라 인륜을 행한 세종의 예의는 노인 공경으로 이어진다. 즉위 후부터 노인을 대궐에 초청해 음식을 대접해온 임금은 22년(1440년)에 아예 양로연법의 영구 시행을 명했다. 조회에서 백관들에게 이렇게 말했다. "법은 세우기도 어렵고, 시행도 어렵다. 법을 세웠으면 힘들더라도 폐지할 수는 없다. 노인 위로잔치인 양로연의 법은 참으로 아름다운 법이다. 영구히 시행하게 하라."

나라에서는 80세 이상의 노인을 초대했다. 임금이 주관할 때는 한번에 100명 안팎의 할아버지가 모였고, 왕후가 마련할 때는 인원이 크게 늘어 할머니 300명 전후가 참여했다. 예나 지금이나 노년층에 여성 비율이 높기 때문이다. 많은 인원을 위한 잔치를 벌이려면 경비가 문제였다. 이에 따라 흉년이나 극심한 가뭄이 들 때는 행사를 미루기도 했다.

임금은 노인들이 피로연장에 입장할 때 어좌에서 내려가 맞을 것을 생각했다. 14년(1432년) 8월 1일 주위에 물었다. "여러 노인이 출입하는데 내가 자리에서 내려가 기다리고자 한다. 어떻게 생각하는가." 맹사성과 허조가 반대했다. 대신 자리에서 일어나 기다려 경로의 의미를 표현하도록 건의했다.

임금은 100여 노인이 뜰에 들어서 섬돌에 오를 때 계속 일어서 경로의 예를 표했다. 90세 때에 연회에 참가한 이귀령은 이 같은 임금의 공경에 "신은 본디 재주와 덕이 없는 사람입니다. 나이 90에 이르러 성대한 예식을 보게 되니 즐거움이 다함이 없습니다. 다른 것은 보답할 것이 없으며, 다만 신의 목숨을 바치기를 원할 뿐입니다"라고 감격해했다. 그는 또 "옛날에는 왜구가 한강에까지 쳐들어왔는데 지금은 사방의 국경이 편안하다. 늙은 신하는 비록 죽더라도 진실로 마음이 포근하다"며 태평성대를 노래했다.

노인잔치에 참가하는 데는 신분을 따지지 않았다. 임금은 14년(1432년) 8월 14일 경로잔치 참여 대상자 문제를 제기한다. 그때까지는 사대부의 노인만 참여했다. 세종은 양반가의 여성과 서민의 참여 방법을 연구하라고 했다. 황희는 "연로한 부녀는 거동이 불편해 대궐 출입이 쉽지 않으니 술과 고기를 내려 우대하소서"라고 안을 냈다.

임금은 말했다. "옛날에는 대궐에 말을 타고 온 사람도 있었으니 가마를 타고 바로 자리에 들어오게 하라. 여종으로 하여금 부축하여 모시게 하라. 왕후가 친히 나아가서 연회를 베푸는 게 좋겠다. 사대부의 여인과 서민 남녀에게 연회를 베푸는 방법을 의논하여 아뢰라."

사흘 뒤 승정원에서 천한 노인의 참여는 불가하다는 의견을 냈다. 이에 대해 임금은 "양로하는 까닭은 노인을 귀하게 여기는 것이다. 신분의 높고 낮음을 헤아리는 것이 아니다. 비록 지극히 천한 신분의 사람이라도 모두 들어와서 참예하게 하라"고 명했다.

이와 함께 세종은 경로사상 고취를 위해 서민과 천민에게도 노인직 벼슬을 내렸다. 천인의 경우 90세가 넘으면 쌀 2석을 내리고, 100세 이상이면 천인을 면해주었다. 동시에 남자에게는 7품을, 여자에게는 봉작을 주었다. 태조와 태종 때는 벼슬을 했던 관리에게만 급을 높여주었으나 평민과 천민에게도 확대한 것이다. 노인직은 녹봉도 없고 직책도 없는 명예직이다. 그러나 노인의 경험을 살리고 경로사상을 높이는 데 이보다 더 좋은 것은 없었다. 조선시대는 벼슬이 외부로 나타난 최고의 현실적인 평가척도였기 때문이다.

세종의 따뜻한 눈길은 여진인에게도 이어졌다. 국경 안에 사는 여진인뿐만 아니라 두만강 밖에 사는 여진 노인들도 양로연에 참석하도록 배려했다. 신하들은 예산의 문제를 들어 국경 안의 여진인에게만 경로잔치를 베풀 것을 건의했다. 그러나 임금은 귀순 장려 등 정책에서 나라 안팎의 여진인을 구분하지 않았듯이 강 밖의 노인도 초청하도록 했다.

임금은 22년(1440년)에 함경도 관찰사에게 교지를 내렸다.

"새로 설치한 사진에는 야인도 자못 많다. 저들은 무예를 숭상하지만 어버이를 공경하지 않는 자도 있다. 훌륭한 잔치를 베풀어 나이 많은 사람을 높이는 큰 나라의 풍속을 저들에게 보이지 않을 수 없다. 근처에 살고 있는 80세 이상 된 야인이 다 잔치에 참여하도록 하는 것이 좋다. 잔치가 풍성하지 못하거나 위생적이지 않으면 노인을 공경하는 뜻이 아니다. 또한 야인에게도 부끄러운 일이다. 야인을 대우할 때 강의 안팎을 구별하지 않는다. 우리나라에로의 귀순도 강의 안쪽으로 한정하지 않았다. 양로연에 강의 안팎을 구별하여 초대하는 것은 좋지 않다. 불가할 듯하다. 경들은 위의 두 가지 말을 함께 의논하고 임시에 적당하게 가감하여 잘 처리하라. 만약 먼 곳에 살고 있는 야인이라도 소문을 듣고 오거든 거절하지 말고 또한 양로연의 식품은 법식대로 하여 풍성하고 정결하도록 힘쓰라."

요즘은 급격하게 변하는 정보통신 사회다. 노인의 지혜와 경험은 정보통신의 위력 앞에 약한 존재가 되었다. 가족제도도 핵가족을 넘어 1인 가족, 2인 가족이 많아지면서 어른 부양 문제도 심각해지고 있다. 가족 간의 효도, 사회의 경로도 위기 상황이다. 세종이 이 현실을 본다면 어떤 말을 할까. 아마, "아니 아니 아니 되오"라고 하지 않을까. 또는 이 말을 했을 듯싶다. "나에게는 사회의 가장 약자인 천민 노인도 공경의 대상이었다. 이주민이나 외국인도 마찬가지다."

손가락 자르면 효자?

세종은 인간다운 나라의 근본을 효행으로 보았다. 임금은 근본에 보답하는 데는 부모를 높이는 것보다 큰 것이 없고, 정치를 하는 데는 효도를 세우는 게 으뜸이라 여겼다. 그래서 아예 즉위교서에서 온 나라의 효자, 열부 찾기 지시를 내렸다. 전국에서 수많은 사람이 추천돼 벼슬을 받고 부역이 면제되는 혜택을 입었다.

임금의 적극적인 효행 장려책이 계속되는 가운데 2년 10월에는 전라도 고산현의 아전인 석진이 손가락을 잘라 아버지 병을 고쳐 표창을 받았다. 그런데 이후 손가락을 자르는 단지 현상이 부쩍 늘었다. 5년에는 황해도 옹진의 백정 양귀진이 아홉 살 때 단지하여 아버지를 살렸고, 다음해에는 평안도 수군인 은광우의 딸이 아버지 급질을 단지로 치료했다. 7년에는 평안도 수천 사람 양석삼, 11년에는 서흥에 사는 김효생, 12년에는 평안도 박천의 전이가, 16년에는 충청도 홍산의 탁희정, 18년에는 평안도 은산의 열세 살 소녀 김은태 등이 단지로 부모를 살려 표창을 받았다. 21년에는 진주의 진겸과 평안도 가산의 금원진과 김귀시, 전라도 만경의 김불수, 평안도 삼등현의 신백정과 한설, 황해도 재령의 영덕, 경상도 곤양의 진겸 등이 단지로 효행 대상이 되었다. 22년에는 평안도 정주의 손면시, 26년에는 종성의 관노 연이도 단지를 했다.

이 같은 단지 열풍에 대해 예조판서 신상이 우려하는 글을 올렸다. 등급을 정해 포상할 것을 건의했다. 14년(1432년) 11월 28일이다.

"고려의 백성은 부모의 상喪에 있어, 날로써 달로 바꾸어 3년을 행하지 않는 자가 많았사옵니다. 그래서 무덤에 여막을 짓고 3년을 지키는 자가 있으면, 세상에서 모두 아름답다 일컬어 정표하였습니다. 그러나 오늘날에는 모두 3년의 상을 행하옵고, 여묘하는 자도 많습니다. 혹은 손가락을 끊어서 병든 친지에게 약으로 드리기도 하며, 혹은 불사佛事를 행하지 아니하고 한결같이 주자가례에 따르옵니다. 성상께서 효자를 포상하고 장려하라는 명을 내리시니, 관계기관에서

경중을 논하지도 아니하고 모두 정문旌門을 세우고 관직을 제수하되, 등급도 분별하지 않사옵니다. 바라옵건대 1등은 서용敍用 정표하시고, 그다음은 녹용錄用하시며, 손가락을 끊은 일 따위는 비록 중용의 도에 지나친다 할지라도 지극한 정에서 나온 것이오니, 상등上等에 의하여 시행하여주시기를 바라옵니다."

임금은 말했다. "배운 자라도 아직 도리의 그릇됨과 올바름을 잘 알지 못한다. 어리석은 백성이야 학문을 모르니 더욱 그렇다. 그들이 어버이를 위하여 불사佛事에 미혹하고, 무당에게 미혹하게 된다. 손가락을 자르는 행위가 바른길은 아니지만 어버이를 위하는 절실한 마음은 알아줘야 한다."

임금과 대신들은 단지가 바람직하지 않다는 시각이었다. 그러나 개인의 절실한 마음과 나라의 효행 장려가 맞아떨어져 계속 표창을 하기로 했다. 그 결과 18년 이후에는 표창을 받는 사람 대부분이 손가락을 끊어 부모의 병을 고친 경우였다. 특히 21년과 22년에는 단지효자, 단지효녀가 즐비했다. 이는 관리들의 근무태만 때문이었다. 손가락을 자른 사람은 찾기가 쉽고 확실한 증표가 되기에 눈에 보이는 효자만 찾았던 것이다. 숨어 있는 효자를 발굴하지 못하면 임금의 효행 장려책은 실패할 수도 있다. 이를 우려한 의정부의 상소가 3년(1441년) 10월 22일에 올라왔다.

"손가락을 끊어 병을 고친 것과 같이 알기 쉬운 것은 즉시 확인하나, 확인하기 쉽지 않은 효행은 조사하지 않는 관리가 간혹 있습니다. 손가락을 끊는 일은 지나친 일이고, 이렇게 해야 효도하는 것은 아닙니다. 순수하고 지극한 마음으로 어버이 뜻을 순종하고 즐겁게 하여드리는 사람을 더욱 포상함이 마땅하옵니다. 이제부터는 모든 효행자를 표창 후보로 천거케 하여 풍속을 장려하게 하옵소서. 혹시 효를 실행한 사람을 천거하지 아니하거나, 혹 실적이 없는 자를 천거하는 경우는 벌을 주소서."

　임금은 의정부의 건의를 그래도 수용했다. 이후 효행자는 단지뿐 아니라 다양

하게 나타났다. 관리나 향리들이 제대로 일을 했기 때문이다.

최고의 스승은 아버지다

"다른 사람과 논변論辨하지 않지마는, 논난論難한 데 이르러서는 비록 노사
숙유老師宿儒일지라도 대답하지 못하였다."

《문종실록》 02/05/14

문종은 즉위 2년(1452) 5월 14일 강녕전에서 승하했다. 임금의 붕
어를 알리는 실록에 특이한 몇 구절이 눈에 띈다. 《역경》과 《예기》는
세종이 직접 세자(문종)에게 가르쳤다는 것이다. 또 논하고 변론하
는 것을 즐겨하지 않지만 토론에 이르면 석학들에게 밀리지 않는다
는 것이다. 문종은 시대의 천재였다.

30년 동안의 세자 생활을 한 뒤 정작 보위에는 2년밖에 머물지 못
해 능력을 제대로 발휘하지 못한 비운의 군주였다. 실록은 39세에
승하한 왕에 대해 다음처럼 평하고 있다.

동궁 시절부터 강론에 게으르지 않았다. 그 결과 문장에 통달해 모든
교명敎命을 붓을 들고 곧 그 자리에서 써서 조금도 막힘이 없었다. 활을

쏠 때도 지극히 신묘神妙하여 겨냥한 것은 반드시 바로 적중시켰다. 또 천문天文을 잘 보아서 천둥이 언제 어느 방향에서 일어날 것이라고 미리 말했는데, 뒤에 반드시 맞았다. 세종께서 매양 거둥할 적에는 반드시 천변天變을 물었는데, 말하면 반드시 맞았다. 문장과 초서, 예서, 수학, 음운, 여러 학자의 기예 등에도 신묘神妙한 경지에 도달하지 않은 것이 없었다.

세종은 뛰어난 잠재력을 지닌 아들의 능력을 극대화시켰다. 조선 최초로 체계적인 세자 교육을 시킨 덕분이다. 그런데 임금은 정상적인 교육 체계 외에 개인 지도를 했다. 임금도, 세자도 국정과 공부로 바빴지만 없는 시간을 쪼개 개인 교육을 한 것이다. 임금이 세자에게 직접 교육한 것은 《역경》과 《예기》다. 이 책들은 세종의 국정 운영 방향과 직결돼 있다. 임금이 갖춰야 할 덕목, 궁극적으로 조선이 지향해야 할 모습을 살필 수 있다. 그래서 세자에게 직접 교육한 것으로 보인다.

《역경》은 요즘에는 《주역周易》으로 더 알려져 있다. 《역경》은 유교의 경전으로서 일컫는 이름이다. 주공이 체계를 갖춘 《역경》은 공자가 후세 사람을 위해 십익을 더하여 찬술하였다. 역易은 변역變易의 뜻으로 운명을 예지하고 대처하는 방법이다. 본문은 64종류의 상징적 부호와 각각에 붙여진 짧은 점단占斷의 말로 이루어져 있다. 본래 점술서에서 출발한 《역경》은 음양철학이나 우주론을 갖추게 되었다. 동양의 세계관과 인생관, 나아가 자연학 분야에까지 큰 영향을 미쳤

다. 동양학의 근본인《대학》,《중용》,《논어》,《맹자》의 사서와 더불어
《시경》,《서경》과 함께 삼경으로 불린다.

수십 년의 공부가 필요한 것으로 알려진《주역》은 독서와 사색의
학문으로 크게는 우주의 흥망성쇠, 작게는 사람의 길흉을 추단한다.
율곡 이이도《주역》에 대해 길흉, 존망, 진퇴, 성쇠를 알 수 있는 학
문이라고 말했다. 공자는《역경》을 읽은 뒤 에세이인《계사전》을 지
었다. 주공과 공자의 사상에는 우주를 보는 큰 그림과 정치 리더십
의 시각이 숨어 있다. 그렇기에 세종은 세자에게 특별히 교육을 한
것이다. 나라 경영에 필요한 자세와 방법을 알려주려 함이다.《주역
계사전》에 나온 정치철학과 군주로서 갖춰야 할 자세 몇 가지를 살
펴본다.

먼저, 군자장기우신대시이동君子臟器于身 待時而動이다. 군자는 일을 치
를 실력을 갖추고, 기회를 기다릴 줄 알아야 성공한다는 뜻이다. 다
음, 비소곤이곤언非所困而困焉이다. 갇히지 않아도 될 곳에 갇혀 있거나
현재 곤란한 지경에 빠졌다면, 지혜가 모자라 스스로 화를 부른 것
임을 생각하게 하는 구절이다. 또 부승기임야不勝其任也다. 능력이 없는
자가 지위를 탐하면 스스로 몸을 망친다는 교훈이다. 개우석 부종일
정길介于石 不終日 貞吉도 있다. 지속성을 강조하는 문구다. 세운 계획을
바위에 새겨 매일 멈추지 않으면 끝이 좋다는 뜻이다.

《예기》는 유가儒家의 경전이다. 주례周禮, 의례儀禮와 함께 삼례三禮 중
하나인데 예禮에 관한 경전을 보완하고 주석한 것이다. 그러나《예

기》에는 의례의 해설뿐 아니라 음악, 정치, 학문 등 일상생활의 사소한 영역까지 예의 근본정신에 대하여 다방면으로 서술되어 있다. 따라서 예절서이자 생활지침서이고, 정치서적이라고 할 수 있다. 특히 세종은 유교적 예절 정립에 신경을 썼다. 고려의 음란하고 자유분방한 문화를 인간적이고 예의가 정립된 사회로 바꾸고 싶어했다. 그렇기에 《효행록》,《삼강행실도》와 같은 생활에서 실천할 수 있는 예절책을 적극 발간했다. 세자에게 《예기》를 직접 가르친 것도 조선이 지향하는 사회의 모습이었기 때문이다.

효성이 지극하고 학문을 좋아하는 세자는 열심히 공부했다. 그 결과 다양한 분야에서 박식해졌다. 세자의 효성은 이미 널리 알려져 있었다. 처음부터 끝까지 30년 동안에 근신하기를 하루같이 하였다. 저녁때가 되도록 세종을 모시면서 곁을 떠나지 아니했다.

세종과 소헌왕후가 조금이라도 편안치 못하면 몸소 약 시중을 들었고, 잘 때도 띠를 풀지 않고 근심하는 빛이 얼굴에 나타났다. 소헌왕후가 병환이 났을 적에 사탕沙糖을 맛보고자 하였다. 후일에 어떤 사람이 이를 올리니, 세자가 눈물을 흘리면서 바치었다. 세종이 병환이 나자 근심하고 애를 써서 그것이 병이 되었다. 상사喪事를 당해서는 너무나 슬퍼하여 몸이 바싹 여위었다. 매양 삭망절제朔望節祭에는 술잔과 폐백을 드리고는 매우 슬퍼서 눈물이 줄줄 흐르니, 측근의 신하들은 능히 쳐다볼 수가 없었다. 3년을 마치도록 외전外殿에 거처했다.

또 세종이 노경老境에 피로하게 되자, 나라의 일은 모두 세자에 의해 결정되었다. 정무가 대단히 번거롭고 바쁜데도 시약(侍藥)하고 정사를 보살핌을 잠시도 폐하지 아니했다. 물러 나오면 경사(經史)를 강론하면서 하루 동안에 조금도 편안하고 한적한 때가 없었다. 이로 인해 측근도 게으름을 피울 수 없었다.

또한 아우들의 바른 인도에도 적극성을 보였다. "남녀 관계와 먹는 것은 사람의 기본 욕구다. 풍요로운 집의 자제들이 이것 때문에 몸을 망치는 경우가 많다. 내가 매번 여러 아우에게 지극히 경계하고 타일렀다. 그런데 내 말을 충심으로 따르는지는 알 수가 없다."

세자(문종)의 효성과 우애, 해박한 지식은 아버지가 교육에 참여한 덕분이다. 그것도 개인 지도였으니 효과가 더욱 뛰어났음을 알 수 있다. 요즘의 아버지 유형은 프렌디Frendy가 대세다. 프렌디는 친구 Friend 같은 아버지Daddy라는 뜻의 합성어이다. 아이와 함께 놀아주고, 대화를 나누고, 필요할 때 곁에 있어주는 아버지의 모습이다. 세종은 프렌디의 모습과 함께 철두철미 권위적인 아버지로서의 이미지도 있다. 프렌디형은 영웅대군, 임영대군 등에 대한 모습에서 볼 수 있다. 이들 왕자에게는 정이 넘치는 아버지의 모습을 보였다. 그러나 다음 세대를 이끌 세자에게는 프렌디가 아니었다. 강하고 능력 있는 아들로 키워갔다. 이 모습이 강무, 빠듯한 공부 일정, 사신 접대, 대리청정 등에서 나타난다. 이는 살가운 정의 나눔이 아닌 목표의식을 가진 혹독한 훈련이었다.

《안씨가훈》에 나타난 자식 교육법

최고의 스승은 아버지다. 타고르를 비롯하여 인류에 긍정적 영향을 미친 성인의 상당수는 아버지로부터 크고 작은 교육을 받았다. 예부터 '최고의 스승은 부모' 라는 말이 있다. 명문가에는 자녀 교육을 위한 가훈이 내려오고 있는데, 동양의 대표적 가훈이 《안씨가훈》이다. 중국 남북조시대 말기의 귀족 안지추(531~591년)가 자손을 위하여 저술한 교훈서다. 여기에 나타난 부모의 자녀 교육 지침을 알아본다.

1. 아버지는 자애롭되 위엄을 갖춰라

옛날 성왕聖王들은 태교법이 있었다. 임신한 지 3개월이 지나면 따로 별궁에 거처했다. 눈으로는 사악한 것을 보지 않고, 귀로는 망령된 것을 듣지 않고, 예절로써 음악과 음식을 삼갔다. 이와 같은 내용을 옥판에 기록하고, 금궤에 보관해 소중하게 간직했다. 아이가 세상에 나와 3개월이 지나 웃게 되면, 어린아이를 교육하는 일을 담당하는 관리인 사보師保는 효孝와 예禮와 의義를 밝히고, 이것들을 습관과 성격이 되도록 가르친다.

2. 사랑의 회초리를 들어라

보통 사람은 자식들을 가르치지 못한다. 이는 자식이 얼굴을 찌푸리거나 마음에 상처를 입을까 두려워하기 때문이다. 그러나 탕약은 쓰고 침과 뜸은 아프지만, 그래도 사용해야 병을 치료할 수 있다. 부모가 근면함을 생각하게 하고 배움을 격려하는 게, 어찌 자신의 피와 살로 이루어진 자식을 가혹하게 대하기 위해

서이겠는가. 참으로 어쩔 수 없기 때문일 뿐이다.

3. 질책과 격려를 같이 하라

회초리를 들지 않고 잘못을 꾸짖지 않으면 자녀의 잘못된 행실이 즉각 나타난다. 형벌이 제대로 집행되지 않으면 백성은 수족을 둘 곳이 없다. 집안을 다스리는 데 관대하고 엄격함은 나라를 경영하는 것과 마찬가지다.

4. 자식 편애는 재앙의 씨앗이다

부모의 편애는 지극한 자식 사랑의 한 모습이다. 그러나 이는 재앙을 부른다. 유명인사들의 죽음은 어머니의 편애와 관계가 있다. 한나라 때 조왕이 죽임을 당한 것은 아버지 고조가 다른 자식들보다 편애했기 때문이다.

5. 배움에 포기는 없다

사람은 관혼冠婚의 예를 갖출 나이가 되도록 배우지 못하면, 배움의 시기를 놓쳤다는 인습에 젖어 공부를 포기한다. 이는 어리석은 일이다. 어려서 배우는 것은 해가 떠오를 때의 찬란한 빛과 같고, 늙어서 배우는 것은 밤에 촛불을 잡고 길을 걷는 것과 같다. 그렇다고 해도 까막눈에 아무것도 볼 수 없는 것보다는 오히려 나을 것이다.

6. 자식 교육은 타인이 하게 하라

아버지와 아들은 허물없이 마구 대해서는 안 된다. 또 부모와 자식 간의 사랑은 소홀해서는 안 된다. 사랑이 소홀하면 부모의 자애와 자식의 효도는 끊어지게 된다. 허물없이 마구 대하면 부모는 나태해지고 자식은 교만해진다.

7. 큰 뜻을 품도록 가르쳐라

제나라의 한 사대부가 말했다. "제게 자식이 하나 있는데 나이가 이미 일곱 살입니다. 글과 문장에도 제법 밝고, 선비족의 말도 할 줄 알며, 비파 연주도 합니다. 이제 점차 능숙해져 그 재주로 공경公卿을 섬기도록 하고 싶습니다. 자식을 사랑하지 않는 사람이 있겠습니까만, 역시 이와 같은 일이 중요하겠지요." 이 사람의 자식 교육이 참으로 이상하게 느껴졌다. 그 같은 가르침을 받아 고관대작이 된다 하더라도, 나는 내 자손이 그렇게 되기를 원하지 않을 것이다.

8. 독서 습관을 익히게 하라

세상에서는 지혜로운 사람이거나 어리석은 사람을 가리지 않고, 많은 사람을 알고 견문을 넓히는 것이 중요하다고 떠든다. 그러면서도 오히려 독서를 즐겨하지 않는다. 이것은 배부르기를 바라면서 음식을 만드는 일에는 게으르고, 따뜻하게 지내고 싶어하면서 옷을 짓는 일에는 게으른 것과 마찬가지다.

9. 질문하게 하라

《서경書經》에는 "다른 사람에게 묻는 것을 좋아하면 부유해진다"라는 말이 있다. 《예기禮記》에서는 "혼자 공부해 친구가 없으면 고루해져 견문이 좁아진다"고 했다. 대체로 갈고닦아 서로 명확하게 깨달을 수 있도록 해야 한다. 내가 볼때, 문을 걸어 닫고 독서에 열중해 자신의 마음이 가는 곳이 곧 스승이라고 생각하다가, 여러 사람과 모여 앉아 토론하면 잘못과 착오를 드러내는 자가 많다.

10. 스스로 깨우치도록 가르쳐라

양나라의 원제가 다음과 같은 말을 했다. "나는 열두 살 때 배우는 일을 좋아했다. 때마침 옴이 올라 손은 주먹을 쥘 수 없고 무릎은 구부릴 수가 없게 되었다. 그래서 조용한 재실에 칡넝쿨로 만든 휘장을 치고 파리를 막은 후, 은 항아리에 산음山陰의 첨주甛酒를 담아놓고 홀로 앉아 홀짝홀짝 마시면서 통증을 이겨냈다. 그리고 마음이 가는 대로 스스로 사서史書를 읽었는데 하루 스무 권을 보았다. 그러나 스승의 가르침을 받지 못해 혹 한 글자를 모르거나 한 구절을 해석하지 못하면, 스스로 읽고 또 읽으면서도 싫증은커녕 권태로움도 느끼지 못했다."

원제는 황제의 아들이라는 고귀한 지위에 있고 놀기 좋아하는 어린아이 때인데도 오히려 이처럼 열심히 배웠다.

칭찬은 아들을 춤추게 한다

"내 아들인 밀성군과 의창군은 궁 밖에서 자라서 그 마음이 겸손하다. 그러나 수춘군, 익현군은 궁중에서 생장하여 편벽되게 나의 권애眷愛를 받았기 때문에 조금 교광驕狂한 버릇이 있다."

《세종실록》27/07/09)

세종에게 가장 칭찬받은 아들은 누구일까. 딱히 어느 왕자를 편애했다는 기록은 없다. 그러나 정비인 소헌왕후 소생을 우선 생각했다. 임금은 후궁인 신빈 김씨를 소의에서 귀인으로 승진시키려는 논의에서 "내가 정궁正宮에서 아들이 많으니 소의의 자식을 자랑할 것은 없지만"이라는 표현을 했다. 정비 소생의 아들이 우선임을 보인 것이다. 이는 당시 정국과 관계가 있다.

조선 건국 후 왕위를 계승하는 데에는 특별한 원칙이 없었다. 정비 소생뿐만 아니라 태조의 이복형제 후손도 등극할 가능성이 있었다. 이에 태종은 적자 체계를 확립하기 위해 태조의 형제인 이화 이원계를 왕실 족보인 선원록에서 배제했다. 이때 정종의 후손도 서얼이라고 해서 선원록에서 제외했다. 이를 통해 태종의 적자만이 왕실의 정통성을 가졌음을 대내외에 알렸다. 왕위계승권을 태종의 적자만으로 한정시키려는 정치적 의도였다. 세종 때부터는 왕실이 태종 계열로 안정되자 후궁 소생 등 왕실 가족을 전반적으로 기록했고, 3년마다 개간했다.

세종 역시 아버지의 영향을 받아 소헌왕후 소생의 아들을 우선 생각했다. 세자는 다음 보위를 이을 아들이다. 칭찬보다는 강하게 키웠다. 유별나게 칭찬한 기록이 보이지 않는다. 막내인 영응대군은 특별히 귀여워했다. 하지만 귀여워하는 것과 칭찬과는 구분된다. 안평대군에게는 시와 그림에 대해 칭찬했고, 광평대군에게도 기대를 많이했다. 호방한 성격의 임영대군에 대해서는 오히려 걱정을 많이 했다. 금성대군도 재능이 뛰어났지만 크게 칭찬받지는 못했다. 일찍 세상을 등진 평원대군에게서는 별다른 특징을 찾기 어렵다.

세종을 가장 흡족하게 한 아들은 수양대군이다. 수양대군은 전방위 천재였다. 무예와 학문에 뛰어났고 기상도 대단했다. 못하는 것이 없었다. 활쏘기, 말타기, 시, 문장, 불교, 천문학, 수학 등 접할 수 있는 모든 분야를 잘하는 특별한 능력을 지녔다. 그런데 무엇보다 세종의 마음을 잡은 것은 예술적 감각으로 생각할 수 있다. 음악에 조예가 깊은 세종은 31년(1449년) 12월 11일 박연이 편종을 처음 연주할 때 다른 음을 찾아내는 장면이 나온다. 임금이 새로운 곡을 막대기를 짚고 땅을 치는 것으로 음을 찾아 하루 만에 작곡했다는 내용이다. 이 기사에는 "수양대군 역시 성악聲樂에 통하였다. 그러므로 임금이 음악 일을 관장하도록 하니, 기생 수십 인을 데리고 가끔 금중禁中

에서 이를 익혔다. 그 춤은 칠덕무七德舞를 모방한 것으로, 궁시弓矢와 창검槍劍으로 치고 찌르는 형상이 다 갖추어져 있었다"는 기록이 보인다. 세종이 심혈을 기울이는 국가의 례악에 수양대군의 능력을 인정해 맡겼다는 것이다.

세종에게 예술작품의 세계를 아는 아들은 큰 의미가 있다. 새로 문을 연 조선은 지배 이데올로기를 예술로 승화시키는 작업이 절대적으로 필요했다. 《예기》에서는 "악은 천지의 조화이며, 예는 천지의 질서樂者, 天地之和也, 禮者, 天地之序也"라고 표현했다. 음악을 통해 세상의 조화로움을 꾀하고 예를 통해 세상의 질서를 구현한다는 설명이다. 조선은 건국 후 예악의 제도화를 꾸준히 이어갔다.

봉건시대 지배이념이 구현된 춤과 음악의 종합예술이 정재다. 조선은 유학의 이념하에 예악의 제도화를 위해 많은 기관을 설치하고 여러 작품을 창작했다. 이는 백성의 마음을 사로잡아 나라를 안정시키는 국가대사였다. 개국공신인 정도전, 하륜, 권근, 최항 등이 창작공연에 매달렸고, 세종도 예술을 통한 통치를 국가 현안으로 파악했다. 세종 때의 핵심관료인 정인지는 "음악은 성인의 성정性情을 기르며 신과 사람을 화和하게 하며, 하늘과 땅을 자연스럽게 하며, 음양을 조화시키는 방법이어야 한다"라고 했다. 음악으로 나라와 백성을 다스리라는 의미다.

임금은 이토록 중요한 음악을 아들들에게 배우도록 지시했다. 왕자들은 임금을 닮아서인지 예술적 감각이 뛰어났다. 그중에서도 수양대군이 월등한 능력을 보였다. 《세조실록》의 총서에 그 내용이 보인다.

세종이 수양대군, 안평대군, 임영대군에게 음악을 배우도록 하였다. 안평대군은 성품이 화려한 것을 좋아하였고, 임영대군은 본래 음률音律에 밝았기 때문에 모두 즐겨 배웠다. 그때 수양대군은 궁마弓馬에 뜻을 두고 날로 무인들과 더불어 힘을 겨루었는데 능히 따를 만한 자가 없었다. 세자가 수양대군의 영건英健됨을 칭찬하였다. 수양대군은 세종이 거문고를 탄다는 말을 듣고 크게 기뻐하며 곧 배우기 시작하였다. 임금이 어느 날 아들들에게 향금鄕琴을 타라고 명했다. 배우지 않은 수양대군의 솜씨를 안평대군이 따라가지 못하니 임금과 세자가 크게 웃었다.

수양대군이 타고난 예술적 감각으로 배운 동생들보다 연주를 잘해 임금과 형인 세자가 칭찬을 한 것이다. 세종은 이전에도 가야금을 타는 수양대군에게 감탄해 "너의 기상氣象이라면 무슨 일인들 이루지 못하겠는가"라며 "네가 비파를 탄다면, 능히 쇠약한 기운도 다시 일게 할 것"이라고 호평했다. 하루는 수양대군이 종친들이 참여한 연회에서 피리를 불었다. 모든 종친의 감탄이 이어지는 가운데 마침 뜰에 학鶴이 한 마리 날아들었다. 어린 금성대군이 홀연히 일어나 학과 마주 춤을 추어 분위기를 더욱 돋웠다.

수양대군의 예술적 능력에 대해 안평대군은 은근히 경계했다. 달밝은 어느 날 수양대군이 악공에게 피리로 계면조界面調를 불게 했다. 구슬픈 연주에 슬퍼하지 않는 자가 없었다. 안평대군이 말했다. "음악은 애련하면서도 마음을 상하게 하지 않는 것을 귀히 여기는데, 형兄은 어찌 계면조를 씁니까?" 형은 동생에게 반문했다. "옛날 진나라의 후주는 남녀의 정을 노래한 요염한 곡으로 망했지만 당 태종도 또한 이 곡을 들었다. 또 그대는 능히 두견새의 울음소리를 그치게 할 수 있겠는가?" 다양한 음악을 받아들이라는 권유였다.

또 수양대군은 한 신료의 물음에 음악관을 밝혔다. "고요하면서도 능히 당겨서 끌고, 약하면서도 능히 강한 것을 이기고, 낮아도 범하지 못하며, 태극太極을 보유하고 지도至道를 함축하며 조화造化를 운용運用하는 것이 곧 악樂의 공효이다."

임금은 세자에게 음악소양이 깊은 수양대군을 칭찬한 적이 있다. "우리나라에서 악樂을 아는 사람은 오로지 수양대군뿐이다. 앞에서도 없었고, 앞으로도 있지 아니할 것이다."

극찬을 받은 아들이 아버지 뜻을 실천한 것 중 하나가 〈종묘제례악〉이다. 조선은 춘하추동의 첫 달과 음력 섣달 중 좋은 날을 받아 한 해에 다섯 차례 종묘제례를 올렸다. 신이 된 왕과 왕후에게 제례를 올리는 동안 악기 연주와 노래, 춤이 함께 어우러진다. 비단을 올릴 때 연주되는 〈전폐희문〉, 조상의 문덕을 찬양하는 〈보태평〉, 조상의 무공을 칭송하는 〈정대업〉 등은 모두 세종이 창작했다. 임금은 우리 음악에 맞춰 새로운 악보인 〈정간보〉를 만들었다. 〈정간보〉는 동양 최초로 음높이와 리듬을 동시에 표기한 악보이다.

당시 궁중음악은 중국의 아악과 우리나라의 향악이 뒤섞여 있었다. 그러나 종묘제례에는 아악의 선율이 흐르고 있었다. 임금은 이 점이 마뜩잖았다. "살아서 향악을 들으신 조상께 제사 때 아악을 먼저 들려드리고 삼헌례에 이르러서야 향악을 연주하는 것은 모순"이라고 지적했다. 임금은 조선 건국의 정당성을 담은 새로운 음악을 국가의 례에 사용, 백성에까지 널리 알리고자 하였다. 그러나 대신들의 반대로 뜻을 이루지 못했다.

하지만 아버지와 음악정신을 공유한 수양대군은 등극 후 "세종이 제정한 〈보태평〉과 〈정대업〉은 그 음악의 성대함과 용장함에도 종묘에 쓰이지 않고 있으니 애석한 일"이라며 종묘에서의 연주를 명했다. 이를 위해 아들은 아버지가 만든 〈보태평〉과 〈정대업〉을 종묘 제례에 맞게 편곡했다. 세계무형유산인 〈종묘제례악〉은 세종이 작곡하고 세조가 편곡해 1464년 1월 국가제례로써 처음 연주되었다. 수양대군(세조)에게 〈종묘제례악〉은 음악예술통치에 대한 세종의 유업이었던 셈이다.

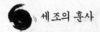 세조의 훈사

세조는 4년(1458년)에 세자에게 삶의 지표가 될 1훈사 10장을 내렸다.

세조는 서문에서 "부모가 너를 위하여 교육하고자 생각하는 바가 한 가지가 아니다. 네가 외로운 몸으로 장차 보위에 오르면 사람과 하늘이 애처롭고 가엾게 여길 것이다. 마땅히 아버지가 내린 훈사를 평생 몸에 지니고 뜻을 새기라"고 했다. 그 열 가지는 아래와 같다.

1. 항덕恒德 : 동정을 신중히 하고 조그마한 것이라도 반드시 상벌을 내리라.

2. 경신敬神 : 사람을 존대하고 신을 섬기는 데 정성을 다하라.

3. 납간納諫 : 참된 신하의 간언을 잘 들어라.

4. 두참杜讒 : 거짓이나 남을 헐뜯는 것을 막아라.

5. 용인用人 : 인재를 기용함에 그 마음 바탕을 제일 먼저 보라.

6. 물치勿侈 : 검소한 생활과 백성을 위한 정치를 하라.

7. 사환使宦 : 전명傳命과 수필手筆 등의 심부름은 환관으로 하게 하라.

8. 신형愼刑 : 형을 공정하게 집행하라.

9. 문무文武 : 문예를 부흥시키고 상무정신을 북돋고, 교화를 돈독히 하라.

10. 선술善述 : 선왕의 법을 준수하기 위해 물려받은 훈계를 잘 기술하라.

책만으로는 되지 않는 것도 있다

"세자를 교육하기 위해서는 반드시 바른 사람이 가까이에서 바른 일을 들려줘야 한다."

《세종실록》13/01/30

세종은 연착륙 교육을 했다. 한 번에 변화될 것으로 보지 않았다. 서서히 변화를 시도했다. 세자의 호연지기를 키우기 위한 방법으로 강무를 선택했다. 강무는 사냥을 겸한 군사 훈련이다. 임금은 세자가 살이 찌고 수줍음을 많이 타는 점을 고민했다. 신체활동이 줄면 진취적인 기상도 낮아질 수 있다. 그래서 호연지기와 배포를 키우기 위한 방법으로 강무를 선택한 것이다.

예부터 큰 배포는 천하의 산을 다니며 키웠다. 신라의 화랑이 그랬고, 고구려의 선인이 그랬다. 신라시대의 임신서기석에는 두 젊은이가 하느님에게 맹세한 내용이 나온다. 3년간 수련을 해 만일 나라가 편안하지 않고 세상이 어지러우면 '충도'를 행할 것을 다짐한 것이다. 이 같은 넘치는 기상은 책만으로는 되지 않음을 세종은 알고 있었다.

강무는 스무 살이 넘으면 했다. 그러나 임금은 열여덟 살인 아들의 강무를 강행했다. 신하들은 세자의 나이가 스무 살이 되지 않음을 들어 반대했다. 또 임금이 대궐을 비우면 세자가 궁성을 지켜야 한다는 주장도 했다. 이에 대해 임금은 단호하게 선을 그었다. 나이가 열여덟 살이면 임금을 수행하기에 부족함이 없다고 했다. 또 궁궐에만 살아 세상 물정을 몰라 연약해지는 점도 지적했다. 말을 타고 사냥을 하는 과정에서 호연지기를 키워주는 게 옳은 방법이라고 설명했다. 세자를 강무에 데리고 나간 임금은 신하들에게 특별대우 금지 명령도 내렸다. 강인한 정신력을 키우기 위해 세자를 모시는 사람을 네댓 명으로 제한토록 했다. 또 밤에 잠을 잘 침소를 따로 마련하지 말고, 군사들이 자는 야영장 안에 설치하도록 했다. 고생을 하면서 극한 상황을 이겨내는 힘을 키우게 한 것이다.

임금은 더 나아가 봄과 가을의 강무는 세자가 단독으로 수행하도록 했다.

세종의 강무 의도는 13년 1월 30일 실록에서 엿볼 수 있다.

세자를 교육하기 위해서는 반드시 바른 사람이 가까이에서 바른 일을 들려줘야 한다. 강무는 그저 말을 타고 달리는 것이 아니다. 군사들에게 무예를 강습시키려는 의도다. 실로 군국軍國의 중사重事이다. 내가 큰 해만 없으면 세자를 인솔해 가겠다.

다음 군사통수권자로서의 큰 배포를 알려주려는 의도임을 밝혔다.

'큰 해'라고 말한 이유는 강무가 그만큼 위험하기 때문이다. 강무는 열흘에서 보름 동안 행했다. 경기도, 강원도, 황해도 일대에서 수천 명에서 수만 명의 군사가 함께했다. 종합 군사 훈련인 탓에 혹독하고 예기치 않은 사고도 발생했다. 특히 추운 겨울에는 사상자가 다수 발생했다.

세자를 강하게 키우려고 한 것은 타고난 성격 탓이 크다. 세종의 왕자들은 외향적이었는데 유독 세자만은 내성적인 편이었다. 왕자 중세자는 소심 섬세, 수양은 대범 세심, 안평은 대범 호탕, 임영은 배포 진취, 금성은 대범 야망 등의 상대적 특징이 있었다.

나이 어린 광평, 평원, 영응도 자신감이 넘쳤다. 조용한 큰형 밑으로 호랑이 같은 동생들이 즐비했다. 세자는 우애가 특히 깊었다. 동복동생인 임영대군과 이복동생인 밀성군이 심한 병을 이겨내자 "다시 동생들을 볼 수 있게 됐다"고 감격의 눈물을 흘릴 정도로 자상한 형이었다. 잔정이 많은 세자는 성격이 유순했다. 뭇 사람으로부터 좋은 평가를 받았다. 행동이 침착하고 판단이 신중했다. 하지만 착함과 어짊만으로는 살 수 없는 게 세상이다. 신중하다는 것은 소심함의 다른 말이다. 세종은 성실하면서도 강한 큰아들을 원했다. 복잡한 정치 역학관계에서는 부드러움과 강함을 고루 갖춰야 생존할 수 있다. 힘의 정점에 있는 군주는 절대적으로 카리스마가 있어야 했다. 세자는 부드럽지만 강함이 부족했다. 아버지는 부족함을 교육으로 보완했다.

세종이 세자에게 교육한 호연지기 키우기는 세 단계였다.

첫째는 자연스러운 스피치 유도를 위한 분위기 형성이다. 사춘기의 세자가 수줍음을 많이 타자 스승들을 전임관으로 임명했다. 익숙하면 부담 없이 말할 수 있음을 고려했다. 세자가 편안한 상태에서 말을 할 수 있도록 주위에 친근한 사람을 배치했다. 자유로운 의사표현이 습관이 되면 자신감으로 이어짐을 염두에 둔 조치다.

둘째는 강한 체력을 통한 담금질이다. 강한 체력에서 강한 정신력이 나옴을 생각했다. 스무 살이 넘어 참가하는 강문에 열여덟 살인 세자를 데려간 이유다.

셋째는 점진적 적응이다. 처음에는 강무를 임금과 동행케 한 뒤 다음에는 단독으로 업무를 수행하게 했다. 단계적으로 자신감을 배양하게 한 것이다. 처음 맡은 업무는 자칫 부담이 될 수 있다. 그러나한 번 경험한 것에 대해서는 자신감을 가질 수 있다. 이에 임금은 견습을 시킨 뒤 단독 임무를 부여한 것이다. 세자에게 10년 가까이 대리청정을 시킨 것 역시 점진적으로 적응하여 자신감을 갖게 하려는의미도 있었다.

《세종실록》 13년(1431년) 10월 29일 기사다.

세자는 최만리와 박중림이 강의할 때는 어려운 것을 질문한다. 그러나 다른 사람이 설명하면 머뭇거리며 말하지 않는다. 낯이 설어 부끄러워하기 때문이다.

세자 향이 열여섯 살 때다. 아들을 유심히 관찰해온 임금은 한 특징을 찾았다. 아들이 공부방에서 특정 스승과는 말을 잘 나눴다. 그러나 어떤 선생들은 부담스러워했다. 구체적으로 말하자면 최만리와 박중림이 강의할 때는 질문을 자주 했지만, 다른 선생들에게는 입을 잘 떼지 않았다. 스승들은 한결같이 조선의 석학이다. 그런데 차이가 났다. 임금은 원인을 학자들의 교수법이 아닌 세자의 수줍음으로 파악했다. 최만리와 박중림은 세자를 오랜 기간 모셨다. 그러나 다른 학자들은 세자에게 낯선 얼굴이었다. 자주 보는 학자에게는 왕성하게 질문하지만, 가끔 보거나 처음 본 선생에게는 부끄러워 머뭇거리며 말을 하지 못한 것이다. 세자는 중국 사신과 만날 때 얼굴이 붉어지기도 했다.

세종은 아들의 활달한 스피치를 위해 스승들의 근무형태를 바꿨다. 세자를 학습시키는 서연관은 두 종류다. 하나는 전임직이고, 또 하나는 다른 업무도 같이하는 겸직이다. 세종은 선생들을 전임직으로 바꿨다. 소극적인 세자의 말문을 열어주려는 배려였다. 자주 보는 얼굴 앞에서는 부담이 덜해 말문이 터지기 때문이다.

실록 13년(1431년) 10월 29일 기사에 또 이런 내용이 있다.

서연관은 모두 겸관兼官으로 임명하게 되니 불편하다. 최만리와 박중림이 설명할 때에는 세자가 상당히 어려운 것을 질문했다. 이는 두 사람을 안 지가 오래되어 서로 친한 까닭이다. 그 나머지 관원은 교대하여 들어

와서 강의한다. 이 사람들은 낯이 설어 세자가 부끄러워 말을 하지 않는다. 이로써 본다면 서연관은 겸관을 없애고 전임관으로 하는 게 좋다. 오랫동안 임명하여 그 임무만을 전담하게 함이 옳을 것이다.

이처럼 발표 때 얼굴이 붉어지는 아이를 위한 해결책을 세종은 알고 있었다. 발표에 익숙한 환경을 만들어주는 것이다. 세종은 이미 500년도 전에 이 방법으로 세자를 교육했다.

왕족에게 엄격한 공부잣대를 들이대다

"종친은 날마다 해가 뜨면 학교에 도착하고, 해가 질 무렵에 집으로 돌아간다."

《세종실록》 12/03/07

여우가 호랑이 위세를 빌려 호기를 부린다. 이를 호가호위狐假虎威라고 한다. 권력자 주변 인물들이 잠재적 대상이다. 요즘으로 치면 대통령 친인척이고, 왕조시대에는 왕족으로 볼 수 있다. 권력자의 친인척이 비리를 저지르면 어떻게 해야 하나. 법치주의에서 이를 논하는 것은 어불성설이다. 조용히 법에 따라 조처하는 게 당연하다. 그런데 이런 말이 떠도는 것은 정치공세, 또는 법률이 아닌 다른 잣대를 들이대겠다는 초법적인 의미가 있을 수 있다. 어떤 의도이든 민주시대에 역행하는 씁쓸한 표현이다.

권력자의 친인척도 시민의 한 사람으로서 인격이 보호되고, 잘못했으면 법으로 심판되면 그만이다. 하지만 왕조시대 때는 달랐다. 특별대우를 받았다. 왕의 4대손까지는 군역의 의무가 없었고, 형사 문제에서도 우대되었다. 왕족에 대해서는 왕의 허락이 있어야 사간원이나 의금부에서 조사할 수 있었다. 수갑을 채울 수도 없었고, 고문도 할 수 없었다. 처벌도 원래 해당하는 벌에서 한 등급씩 감형됐다. 모반죄를 제외하고 왕족에겐 사형이라는 형벌이 없었다. 일반인이 왕족에게 위해를 가하면 가중처벌되었다.

하지만 꼭 혜택만 있는 것이 아니어서 무기력증에 빠져 가문의 쇠퇴로 이어지는 경우도 흔했다. 왕의 4대손까지는 과거에 응시할 수도 없고, 정치를 할 수도 없었다. 그래서 술에 의지해 살다가 생활무능력자가 돼 자연도태되기도 했다. 거주이전의 자유도 없었다.

유교 국가의 새 질서를 찾던 세종은 왕실에서부터 모범을 보이고 싶어했다. 세종은 비리를 저지른 친인척을 법에 의해 처벌하기보다는 교화하는 쪽을 선택했다. 교육을 통해 교양을 갖춘 왕족으로 변모시키려고 했다. 그 방법이 왕족 학교인 종학의 설치였다. 세종은 왕족들 때문에 골머리를 앓았다. 100명에 가까운 종친이 크고 작은 문제를 일으켰다. 주먹을 휘두르기도 하고, 여성과의 스캔들에 휘말리거나 궁궐의 기강을 무너뜨리는 일도 있었다. 권력과 경제적 여유가 있는 반면 벼슬을 할 수 없는 특수한 상황 탓이 컸다. 왕족은 왕의 자리를 넘볼 수 있는 위험한 존재였다. 고려 말과 조선 초는 힘에 의한 사회였다. 힘이 있는 왕자는 왕권을 위협하는 존재가 될 수밖에 없는 상황이었다. 나라를 안정시키는 방법은 왕족의 정치참여 배제였다. 태종은 신권을 인정하지 않았고, 왕족도 친족에 앞서 신하로 생각했다. 사병을 혁파해 친족들의 군사권을 박탈한 태종은 왕의 사촌 이내 친족도 금고 대상으로 하였다.

　세종은 아버지가 뼈대를 만든 친족관리의 원칙을 확정했다. 세종은 친족끼리는 서로 가깝게 지내야 한다는 친족논리에서 명분을 찾았다. 유교에서는 고조부를 공동조상으로 하는 8촌까지는 아주 가까운 사이로 보고 있다. 실제적인 한 가족으로 생각한다. 군주는 가족도 직무상 잘못이 있으면 처벌해야 한다. 세종은 이를 방지하기 위해 왕의 4대손, 즉 8촌 이내 혈족의 정치를 금지했다. 대신 이들에게는 종친부가 작위를 수여하면서 최고로 예우했다. 세종은 25년(1443년)에 처음으로 종친들에게 품계를 내렸다. 문신이나 무신과는 구별되는 종친계다. 실제 근무하는 실직이 아닌 명예직으로 정1품(현록대부, 흥록대부)에서 정6품(집순랑, 종순랑)까지의 벼슬을 내렸다. 명예직으로 한 것은 정치참여를 막기 위함이다. 종친은 친진親盡이라 하여 왕으로부터 4대가 지나면 인연이 다한다. 즉, 왕의 5대손부터는 종친이 아니기에 여느 양반처럼 과거에 응시할 수 있다.

　사람은 의식주가 해결되면 인정받고 싶은 욕구가 이어진다. 하지만 종친은 벼슬을 할 수 없다. 동기부여가 되지 않은 그들은 먹고 마시는 일에 집착했다. 당연히 잡음이 끊이지 않았다. 새로운 사회질서를 세우려는 세종에게는 부담이었다. 왕은 집현전에 대책을 마련하라고 지시했다. 집현전 학자들은 옛 서적을 뒤졌다. 전한시대 종실 자제 교육청의 설치, 후한시대 황태자와 친인척의 교육기관, 당나라와 송나라의 종친자제 교육기관 등의 기초 자료를 찾았다. 이를 바탕으로 예조는 세종 9년(1427년)에 종친 자제의 교양 교육기관 설치를 건의했다.

세종은 다음해에 종친 교육기관인 종학 설치를 결정했다. 이어 경복궁 밖에 학사를 새로 짓고, 학칙을 마련했다. 종학의 목적은 글을 배우는 것보다는 예의를 닦는 데 있었다. 중종 30년(1535년) 7월 29일 실록에 목적이 나타나 있다. 영의정 김근사와 좌의정 김안로 등은 당시 중단됐던 종학의 기능을 회복할 것을 아뢴다.

"종학을 설치하여 교양하려는 뜻은 매우 아름다운 일입니다. 그런데 근래에는 흉년 탓으로 오래도록 폐지한 채 실천하지 못하고 있습니다. 그리하여 종친들이 예법을 지키지 않고 완악하게 법을 어기는 사례가 잇따르고 있습니다. 조종祖宗이 법을 세운 참뜻에 위배됩니다. 종친들의 수가 15세부터 50세까지 무려 300여 명이나 됩니다. 한꺼번에 취학하게 하면 음식 수발도 어려울 뿐만 아니라, 하루 안에는 두루 가르칠 수도 없습니다. 그러니 15세부터 30세까지는 날마다 취학하게 하되 네 번으로 나누는 게 방법입니다. 31세부터 50세까지는 열흘에 한 번씩 매달 세 번 취학하게 하여 예절과 교양을 배우고 익히게 하소서. 만일 따르지 않는 사람이 있을 때는 따로 징벌을 가하면 멋대로 방자한 행동을 하는 일이 없을 것입니다."

학문적 성취가 아니라 사람으로서, 왕족으로서의 품위를 지키는 교양 교육이 목적이라는 것이다. 교양 교육, 인성 교육이 되면 멋대로 방자한 행동을 하지 않을 것이라는 주장이다. 실제로《국조보감》에는 "세종 11년에 종학을 세우고 문행文行과 학덕學德이 높은 사람을 박사로 삼아 종친을 가르쳤다. 이로써 예도가 서고 질서가 바로잡혔다"고 적혀 있다. 종학을 통해 왕족들의 인성 교육이 어느 정도 효과를 보았음을 알 수 있다.

교육은 교수진과 학생의 수준에 따라 달라진다. 종학에는 우수한 학자를 교수로 배치했다. 처음 종3품, 종4품, 종5품, 종6품 각 1인씩 4명이던 교수진은 학생의 증가와 함께 10명으로 늘었다. 박사로 불린 교수는 모두 성균관원이 겸임했다. 교과목은 성균관처럼 경술, 문예, 소학 등이었다. 입학의식도 경건했다. 왕족이 유교 국가로서 모범을 보일 수 있게 치러졌다.

세종 12년(1430년) 1월 6일 실록에 입학의식이 설명돼 있다.

종친은 학생복을 입고 종학 문밖에 이른다. 비단(또는 모시) 한 필, 술한 병, 육포를 한 상에 차린다. 안내자가 종친을 문 동쪽에 서향하여 서게 하고, 비단 광주리와 술병, 육포 상을 종친의 서남쪽에 진설한다. 공복公服을 입은 교수에게 종친이 '아무가 지금 선생님에게 수업하고자 하여 뵙기를 청하나이다'를 외친다. 전언자가 이 말을 전하면, 교수는 '아무는 덕이 없사오니 종친은 욕되게 하지 마시기를 청하나이다'라고 답한다. 사람이 이 말을 종친에게 고하면, 종친은 굳이 청한다. 교수는 '아무가 덕이 없으니, 종친께서 자리에 나아가려면 아무가 감히 뵙겠습니다'라고 말한다. 사람이 이 말을 전하면 종친은 '아무는 감히 빈객賓客을 대할 수 없사오니 마침내 뵈옵도록 허락하여 주십시오'라고 재청한다. 사람이 이 뜻을 고하면, 교관은 '아무가 사양하여도 듣지 아니하시니 감히 따르지 않을 수 있겠습니까'라고 응답한다. 사람이 이 말을 고한다. 종친이 꿇어앉아 재배한다. 교관도 답하여 재배한다. 종친이 사람을 시켜 폐백, 술병과 육포 등을 교수에게 바친다. 종친이 두 번 절하고 나간다. 교수들은 영접, 전송하며 절하고 읍揖한다. 예를 마치면 각각 재齋에 나아가 수업한다. 교수들과 종친은 모두 평등한 차림이다. 복장은 벼슬이 있으면 품계에 따른 것을 입고, 벼슬이 없으면 학생복을 입는다.

의식을 경건히 하고 교수진이 석학으로 구성됐지만 학생들의 열의는 미약했다. 학문을 좋아하지 않는 한 열심히 해야 할 필요성을 느끼지 못한 탓이다. 이에 종학의 규율을 강화하는 법이 세종 12년(1430년) 3월 7일 기사에 실려 있다.

- 종친은 날마다 해가 뜨면 학교에 도착하고, 해가 질 무렵에 집으로 돌아간다. 출석 여부는 10일마다 한 차례씩 위에 아뢰게 할 것.
- 공부하라고 치는 북소리가 울리면 각기 읽은 바의 글을 돌려가며 청강하게 할 것.
- 각 재齋의 종친은 행례行禮와 청강聽講과 문의問疑를 제외하고는 각기 본재本齋에서 차서대로 단정히 앉아서 학업을 익히고 떠들면서 드나들

지 말 것.

• 날마다 글을 배울 때에는 반드시 외게 되기까지 전에 수업한 것을 명백히 이해한 뒤에 다시 아랫글을 수업하게 할 것. 또 그 읽기를 마치고 나면 또한 이와 같이 할 것.

• 그 읽는 글에 따라서 날마다 치부置簿하되, 그 통하고 통하지 못한 것을 기록하여 10일마다 한 번씩 위에 아뢰게 할 것.

• 날마다 앞서 다섯 번 배운 것을 이어 통독하고, 제비를 뽑아서 읽는 것을 시험봐 그 능하고 능하지 못한 것을 기록하여 월말에 가서 위에 아뢸 것.

• 날마다 글 읽는 여가에 글씨 쓰는 것을 겸하여 익히게 할 것.

• 종친은 모름지기 교수와 종부시의 결의한 바를 듣고서야 재齋에서 나가는 것을 허가하되, 어떤 사고를 핑계하여 거짓으로 고하지 못하게 할 것.

• 종친 중에서 유사有司를 선정하여 엄하게 규찰하게 하여, 만일에 허물이 있으면 즉시 교수와 종부시에 고하게 할 것.

• 종친이 아무 이유 없이 배우지 않거나 혹은 예의에 어긋나는 일이 있으면, 그 과실을 기록하여 때때로 위에 아뢸 것.

• 입학 중에는 하인을 1인에 지나지 못하게 하되, 3품品 이하의 종친은 하인을 데리고 들어가지 못하게 할 것.

• 종친은 하인을 문밖에서 떠들거나 희롱질하지 못하게 하고, 이를 범한 자는 죄로 다스릴 것.

• 외인外人은 함부로 출입하지 못하게 하되, 만약 범하는 자가 있으면

관직이 있는 사람은 그의 노자奴子를 가두고, 관직이 없는 사람과 평민은
본인을 가두게 할 것.

이 같은 장치에도 종친들의 통제가 쉽지는 않았다. 태종의 큰아들
인 경녕군부터 종친들이 종학에 속속 입학했으나 적응하지 못하는
사례도 속출했다. 종학 개교 2년 만에 세종의 이복형제인 온녕군과
혜령군을 종부시에서 탄핵했다.

세종 12년(1430년) 6월 18일 종부시에서 아뢰었다.

"온녕군 이정과 혜령군 이지가 종학에 나와서 서로 희롱하였습니
다. 정이 먼저 시작을 거니, 지가 잇따라서 발로 정의 손을 차고, 또
옷깃을 잡아 흔들어 찢었사옵니다. 모두 예의를 잃었으며, 방자하여
기탄함이 없사오니, 주상께서 재결하시어 시행하소서."

이에 세종은 답했다.

"종친이 법을 범하였은즉 징계하지 않을 수 없으니 어떻게 처치
해야 할까. 이지는 어릴 때부터 광패하고 교만하며 방자하였다. 글
을 읽게 하였으나 책을 펴보기도 싫어했다. 활쏘기를 배우게 하였더
니 또 뜻을 두지 아니하고 오직 끊임없이 함부로 놀기만 좋아하였
다. 일찍이 경회루 연못에 떨어져 죽게 된 것을 세자가 마침 보고 구
원하여 살았다. 나는 이르기를, '어린 까닭이니 자라서 철이 나면 반
드시 여기까지는 이르지 않을 것이라' 하였다. 그러나 장성하였어도
아직도 행동을 고치지 아니하는구나. 일찍이 남의 기생첩을 빼앗아
광망함이 날로 심하므로, 그의 수행원들을 잡아 가두고 명하여 집에

있게 하여 출입을 못 하게 하였다. 또 만나보지도 아니하여 스스로
마음을 고쳐 새로워지기를 기다렸다. 학업을 폐할까 염려하여 종학
에서 공부하도록 하면서도 오히려 만나보지 아니하였다. 그런데 종
학에 나아가자마자 맨 먼저 금령을 범하였다. 그 광패함이 날로 늘
어가매 내가 심히 근심한다.”

결국 혜령군은 신분의 상징인 직첩, 하인, 농토를 모두 빼앗기는 벌
을 받았다. 왕족들을 규율하기 위한 일벌백계 차원이었다. 세종은 왕
족으로서의 품위를 잃은 왕자는 가차 없이 직첩을 회수했다. 그러나
직첩이 없어도 공부는 계속하도록 했다. 휴일은 매월 8일, 15일, 23
일로 규정돼 있다. 규율을 다섯 번 어기거나 강독에 세 번 응하지 않
으면 종친의 직첩과 서적을 몰수했다.

하지만 세종은 현실도 인정했다. 기본소양 책이라고 할 수 있는 사
서이경과 《소미통감》을 잘 공부하면 방학시켜 주었다. 또 일정 책을
읽은 뒤 교수가 권마다 다섯 곳을 읽게 하여 통과하면 방학을 허락
했다. 사서와 《소학》, 《자치통감》에 능해도 혜택을 주었다.

그럼에도 공부에 관심이 없거나 재주가 없는 종친은 큰 스트레스
에 시달렸다. 정종의 차남인 순평군이 대표적인 사례. 종학 창설
때 마흔이 넘은 순평군은 일자무식인 문맹이었다. 게다가 사리에도
밝지 못했다. 그는 태종의 국상 기간에 상복을 일찍 벗고 말을 타고
다녀 탄핵당한 적이 있다. 그러나 세종이 ‘종친과 무지’를 이유로 죄
를 묻지 않았을 정도다. 당연히 왕실에서 첫손을 꼽는 문명교화 대

상이었다.

성현의 《용재총화》에 그의 스트레스에 대한 이야기가 나온다.

세종신설종학취종족독서世宗新設宗學聚宗族讀書

순평군년과사십불식일자順平君年過四十不識一字

시독효경始讀孝經

이학관교개종명의장제일칠자군상불능독而學官敎開宗明義章第一七字君尙不能讀

내왈 복금로둔乃曰 僕今老鈍

지수개종이자족의只受開宗二字足矣

수어마상독지불철遂於馬上讀之不輟

우위복종왈又謂僕從曰

여역불망개종이비오군汝亦不忘開宗以備吾畜

림사취처자호결왈臨死聚妻子呼訣曰

사생지대기불관심死生至大豈不關心

단영리종학시대쾌야但永離宗學是大快也

순평군은 죽음에 앞서 평생 스트레스였던 종학과 이별하는 기쁨을 말했다. 순평군이 종학에서 처음 공부한 것은 《효경》이었다. 그러나 첫 장의 제목인 '개종명의장제일開宗名義章第一'부터 외우지 못했다. 이 일곱 자를 한 번에 내리 읽을 수 없었던 그는 교수에게 "내가 지금 늙고 둔하나 우선 앞의 '개종' 두 글자만 배우는 것이 좋겠다"고 말했다. 순평군은 '개종' 두 글자를 열심히 읽고 또 읽었다. 수업이 끝나고 집에 가는 길 말 위에서도 외웠다. 종에게도 이를 외우게 하여 자신이 물으면 답하도록 했다. 유사시 자신이 대답하지 못하면 몰래 이야기하라고 했다.

그러나 순평군에게 공부는 남의 일이었다. 그 스트레스가 오죽했으랴. 순평군은 죽음에 앞서 마지막 말을 남겼다. "이제 종학에 다니지 않아도 되니 속 시원하다."

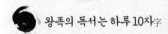

왕족의 독서는 하루 10자字

세종이 종학을 설치했지만 많은 왕족은 공부를 등한시했다. 임금은 종친들의 책 읽기가 하루 10자에 그친다고 한탄했다. 그저 놀면서 세월만 죽인다는 안타까움을 신료들에게 하소연했다. 《세종실록》 18년(1436년) 5월 7일 자에 임금의 고민이 드러나 있다.

왕자들이 종학이나 궁중에서 배우고 있다. 그러나 날마다 유희만 일삼고 학문에는 부지런하지 않다. 하루에 읽는 것이 10여 자字에 불과하여 세월만 허비한다. 공부의 실효가 없다. 따라서 지금부터 왕자들은 나이의 많고 적음을 가리지 말고 모두 종학에 나가게 하라. 또 교관 1, 2명을 기용, 아침저녁으로 경학과 사학을 공부하게 하라. 엄중하게 과정을 세워서 태만하고 소홀히 하지 않도록 할 그 방법이 어디에 있을까. 승정원이 회의해서 아뢰도록 하라.

2부 治國平天下

평생 공부로

나라와 백성을

다스리다

만든 사람공부

평생공부가 사람공부

금주가 어려우면 절주하라

"관리와 백성이 술 때문에 덕을 잃는 일이 가끔 있는데 이는 고려의 풍조가 다 없어지지 않은 탓이다. 이는 매우 민망한 일이다."

《세종실록》 15/10/28

한 잔盞 먹새 그려 또 한 잔 먹새 그려

곳 것거 산算 노코 무진무진無盡無盡 먹새 그려

이 몸 주근 후면 지게 우희 거적 더퍼 졸라매고 가나

아름답게 꾸민 상여를 사람들이 울며 뒤따르든

어욱새 속새 떡갈나무 백양白楊 숲 무덤에 가기만 하면

누른 해, 흰 달, 굴근 눈, 가는 비, 소슬바람 불 제, 뉘 한 잔 먹자할고

하믈며 무덤 우희 잔나비 휘파람 불제, 뉘우치면 무슨 소용이 있겠는가

선조 때의 정치가로 가사문학의 대가인 송강 정철의 시조 〈장진부사〉이다. 원칙과 소신을 중시하여 타협을 거부했던 그는 술을 특히 좋아했다. 음주의 즐거움을 시조로 노래했다. 정적들이 음주벽을 공격할 정도였다.

서애 유성룡은 "술에 취한 정철이 일을 제대로 하지 않는다"고 비난했고, 《선조수정실록》에는 "술에 취하면 탐학한 사람을 미워하며 높고 낮음을 가리지 않고 면전에서 꾸짖었다"고 기록돼 있다. 선조는 은잔과 옥잔을 하사하며 "하루에 은잔으로 석 잔 이상을 마시지 말라"며 절주를 명했다. 그러나 워낙 술을 좋아하는 그는 은잔을 두들겨 사발처럼 크게 해 마셨다. 정철은 수백 년이 지난 지금도 은잔으로 술을 마신다. 추석이 되면 그의 종손이 은잔에 술을 따라 정철을 모시고, 옥잔에 술을 따라 정철의 아내인 정경부인 문화 류씨를 모신다.

정철에 버금가는 조선의 주신酒神이 세종 때의 학자 윤회다. 열 살의 어린 나이에 《통감강목》을 외운 그는 총명함과 민첩함으로 태종과 세종의 극진한 사랑을 받았다. 일처리가 공명하고 진실했던 그에 대해 태종은 "학문이 고금을 통달했다. 세상에 보기 드문 재주를 지녔다"고 평가했다. 훗날 문신의 최고 영예인 대제학에 오른 그는 세자의 스승인 빈객도 했다. 그런데 그는 천성이 술을 즐겼다. 술로 인해 실수가 일어나기에 태종과 세종이 꾸짖고 경고했다. 하지만 천성이 바뀌지는 않았다.

세종 2년 종묘 추향대제 때 병조참의였던 그는 책보사 직책을 맡았다. 책보사는 국왕과 왕후의 시호가 적힌 책 등을 신실에 올리는 임무다. 그러나 술에 취한 그가 의례에 벗어난 행동을 했고, 사헌부의 탄핵을 받았다. 종묘대제는 태조와 임금으로 추존된 목조, 익조, 도조, 환조의 영혼을 모시는 경건한 의식이다. 신생국 조선의 정통성을 강조하고 만백성에게 효와 충을 설파하기 위한 최고의 국가대사였다. 세종은 난감한 상황에서 "윤회는 술에 약하다. 취중의 일로 벌하기는 어렵다. 그를 불러서 책하리라"고 시간을 벌었다.

다음 날 "그대는 총명하고 똑똑한 사람인데, 도에 넘치게 술 마시는 게 결점이다. 이제부터 과인과 상왕(태종)이 하사하는 술 이외에는 마시지 말라"며 금주령을 내렸다. 윤회는 한동안 술을 자제했다. 그가 술 마시는 날은 상왕과 세종이 마련한 피로연 등이었다. 세종은 3년(1421년) 여름에 상왕을 모시고 송계원에서 매사냥을 했다. 돌아오는 길에 중량포에서 술자리를 베풀었다. 저녁까지 계속된 회식에서 술 몇 잔을 한 윤회는 임금 앞에 나아가 즉석 시를 지었다. 절로 시가 나올 정도로 술이 반가웠던 것이다.

> 여름 밭두렁 산들바람에 보리 이삭은 길어지고
> 가을 들판에 빗물이 넘쳐, 벼꽃이 향기롭다
> 우리 임금 한 번 놀이로 삼농三農에 바라보니
> 시월 타작마당에 풍년 들리라

문학성과 재치가 돋보이는 윤회의 시에 상왕은 즐거운 얼굴이었다. 윤회는 술을 떼놓고는 흥이 나지 않았다. 대궐 연회에서는 술을 곧잘 입에 댔고, 구설이 있으면 임금이 훈계를 했다.

하루는 세종이 베푼 주연에서 그가 고주망태가 되었다. 다른 사람의 등에 업혀 나갔다. 임금은 다음 날 그를 불러 "석 잔 이상의 술은 절대 마시지 말라"고 당부했다. 아무리 주신이라 해도 어명은 어길 수 없다. 그는 묘안을 냈다. 잔이 아닌 사발로 마셨다. 취기가 더 오를 수밖에 없었다. 같은 절주 지시를 받은 남수문도 똑같은 방법을 택했다. 두 사람은 반드시 큰 사발을 사용했으니 실제로는 다른 사람에 비해 두 배나 마셨다.

세종은 이들을 보고 웃으며 말했다. "내가 술을 경계한 것이 마침 마시는 것을 권한 것이 되었다."

폭음은 큰 사고로 이어진다. 세자에게 공부를 가르쳐야 할 빈객인 윤회가 술에 취해 서연에 참석하지 못한 것이다. 이는 불경죄에 해당했다. 사헌부에서는 강한 처벌을 건의했다. 세자를 공경하고 마음을 삼감이 없다는 비판이었다. 세종은 다시 윤회를 타일렀다.

"경이 술을 마시어 도를 지나치는 일이 한 차례가 아니다. 내가 경에게 술을 많이 마시지 못하게 한 것도 한두 번이 아니었다. 임금의 명령에 대하여 신하는 물이나 불 속도 피하지 않아야 한다. 하물며 그 밖의 일은 오죽하겠는가. 경은 주량을 생각하여 한두 잔쯤 마시든지, 반 잔쯤만 마신다면 그렇게 정신이 없고 체면을 잃지는 않을 것이다. 이제부터는 부디 지나치게 마시지 말라. 따르지 않으면 벌을 받을 것이다."

임금은 좌의정 김종서에게 윤회의 음주벽을 한탄했다. 그의 재주를 아껴 과음을 주의시켰는데도 시간이 지나면 예전과 같아지는 현실을 안타까워했다. "술을 삼가는 게 그렇게 어려운가"라고도 물었다. 또 "도리를 알 만한 선비도 절주가 안 되니 배우지 못한 사람은 오죽하겠는가"라며 고개를 흔들었다.

그러나 술로 인한 인재의 손실은 계속됐다. 남수문과 신장이 술이 원인이 돼 죽었다. 그들은 임금이 절주를 권하던 재목들이었다. 15년(14338년)에 공조참판 신장이 돌연사했다. 신숙주의 아버지인데, 그는 45세에 갑자기 죽었다. 임금은 그의 성품과 능력을 높이 사 평소에 술을 자제하라고 명하곤 했다. 그의 죽음 소식에 허조는 "술이 어진 사람을 해쳤다"고 탄식했다.

술로 말미암아 사람이 격을 잃고, 목숨을 잃고, 사회 기강도 문란해졌다. 술을 그다지 즐기지 않는 임금은 이해하기 어려웠을 것이다. 임금은 술을 적당히 마시고 그치는 유형이었다. 태종은 충녕대군인 그를 세자로 낙점하면서 적당한 음주도 이유로 꼽았다. "술을 마시는 것은 무익하다. 그러나 중국 사신을 대할 때 주인으로서 손님을 접대할 정도는 마셔야 한다. 충녕은 비록 술을 잘 마시지 못하나 적당히 마시고 그친다."

세종은 건강관리 용도의 술도 사양했다. 세종 8년에 한재가 들었다. 임금은 근신하는 차원에서 술을 입에 대지 않았다. 이에 이직이 술은 풍랭風冷을 치료하고 기맥을 통하게 하는 것이니 옥체에 병이 생길까 두렵다며 물러서지 않았다. 임금은 "내가 본디 술을 즐기지 않는다. 마셔도 한두 잔에 지나지 않았다. 또 몸이 편안하니 비록 술을 마시지 않더라도 무슨 병이 있겠는가"라고 답했다. 그래도 신하들이 "약 복용 때 혈액순환을 좋게 하기 위해 한두 잔 드시는 것은 바람직하다"고 하자 임금은 "다른 사람에게는 금주를 명하고, 나만 홀로 마신다면 되겠는가"라며 더는 거론하지 못하게 했다.

술에 대해 절제력이 강했던 임금은 15년(1433년) 10월 28일 음주 대책 교지를 내린다. 주자소에서 인쇄하여 서울은 물론이고 지방에도 반포하여 만백성이 술의 폐해와 바르게 마시는 법을 알게 했다. 전 백성을 대상으로 음주 교육을 한 것이다. 교지에서는 음주의 목적과 현실 그리고 음주의 문제점을 지적했다. 또 음주로 인해 폐망한 나라나 인물을 소개하고, 절주를 한 사례도 적었다. 또한 조선의 정책과 현실을 말한 뒤 지켜야 할 당부의 내용을 알렸다.

먼저, 음주의 취지다. 세종은 술을 조상의 영혼을 받들고, 손님을 대접하고, 나이 많은 이를 부양하는 방편으로 설명했다.

다음, 음주의 해독이다. 임금은 다음처럼 여러 안타까운 점을 열거했다. 곡식을 썩히고 재물을 허비하는 한편 마음과 의지를 손상시키고 위엄을 잃게 한다고 했다. 혹은 부모의 봉양을 버리고, 남녀의 분별을 문란하게 하는 폐해도 지적했다. 해독이 크면 나라와 집을 망하게 하고, 그렇지 않더라도 개인을 파멸시킨다고 경고했다.

셋째, 음주 피해 사례다. 상나라의 주왕과 주나라의 여왕이 술로 나라를 망친 예를 들었고, 전한의 진준이 흉노에 사신으로 갔다가 술에 취하여 살해된 점도 서술했다. 후한의 정충은 여러 장수를 찾아

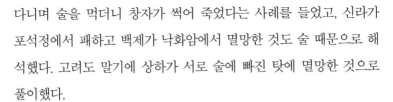

다니며 술을 먹더니 창자가 썩어 죽었다는 사례를 들었고, 신라가 포석정에서 패하고 백제가 낙화암에서 멸망한 것도 술 때문으로 해석했다. 고려도 말기에 상하가 서로 술에 빠진 탓에 멸망한 것으로 풀이했다.

넷째, 음주를 극복한 사례다. 진나라 원제는 술 때문에 정사를 폐하는 일이 많았으나 왕도의 간언을 듣고 아예 술을 끊었음을 알렸다. 원나라 태종의 사례도 들었다. 그는 날마다 대신들과 함께 취하도록 마셨으나 야율초재의 말을 듣고 하루에 석 잔으로 제한했다는 것이다.

다섯째, 조선의 술에 대한 정책이다. 태종이 여러 사람이 모여 음주하는 것을 금지한 제도를 설명했다. 임금도 역사의 실패를 거울삼고 태조와 태종이 이루어놓은 법을 준수하여, 예로써 보이고 법으로써 규찰하는 입장을 강조했다. 그러나 관리와 백성이 술 때문에 덕을 잃는 일이 가끔 있는데 이를 고려의 풍조가 다 없어지지 않은 탓으로 해석했다. 또 이는 매우 민망한 일이라는 생각을 밝혔다.

임금은 마지막으로 전 백성이 지켜야 할 내용을 다섯 가지로 정리해 널리 알렸다.

하나, 중앙과 지방의 대소 신민들은 나의 간절한 생각을 본받고 과거 사람들의 실패를 귀감 삼으라.

하나, 업무에 지장이 될 정도는 술을 마시지 말라.

하나, 과음으로 몸을 병들게 하지 말라.

하나, 술을 수시로 마시는 병폐에서 벗어나 바른 예절을 지키게 하라.

하나. 술을 절제하여 건전한 사회풍속을 마련하라.

세종의 술에 대한 시각은 금주였다. 술은 마시지 않는 게 좋은 것으로 보았다. 그러나 제사와 손님 접대 등을 감안해 현실적으로는 절주할 것을 생각했다.

세종의 음주정책

임금이 말했다. "내가 어젯밤에 경회루 가를 거닐었는데, 풍악소리와 노랫소리가 밤새도록 그치지 아니하였다. 요사이 밤에 술 마시기를 좋아하는 것을 알 수 있다. 사헌부에서는 어찌하여 금지하지 않느냐. 내가 깊은 궁중에 있으면서도 오히려 이 소리를 들었는데, 그대들은 알지 못하였다고 말하겠느냐. 연사가 흉년이므로 나는 자주 연회를 하지 않았다. 그러나 근일에 효령대군이 족친을 모아 연회를 열므로, 내가 술을 보내주었다. 공신들이 이원이 사행使行에서 돌아온 것을 위로하므로 나 또한 술을 보냈다. 비록 내가 이러한 일을 하더라도, 그대들은 직책이 규찰에 있으니 마땅히 나에게 그 까닭을 물어야 했을 것이다. 고려 말기에 밤에 술 마시기를 좋아하여 그 폐풍이 극도에 이르렀다. 사헌부에서는 유의하라."

이에 정연이 대답했다. "평민의 집은 쉽게 수색 체포할 수 있으나, 조관들은 집안이 깊숙하고 지키는 것이 강고하여 법을 집행하는 관리도 들어갈 수 없습니다. 또 낮이면 관리로 하여금 살피게 할 수 있으나, 밤은 순찰하는 관리의 직책이므로 사헌부에서 감찰할 수 없습니다."

임금이 말했다. "나도 본래부터 탁주를 마시는 자는 붙잡고, 청주를 마시는 자는 무사하다는 것을 알고 있다. 그러나 밤에 술 마시는 폐해는 적지 않으니 사헌부에서는 유의하라." 《세종실록》7년(1425년) 12월 14일)

과음을 하면 몸과 마음이 의지와 다를 수 있다. 술을 마시면 다른 인격이 나타나기도 한다. 그래서 심신미약은 감형의 요인이 된다. 세종은 아끼는 인재를 보호하기 위해 술에 의한 심신미약의 이유를 들었다. 처벌을 유예한 것이다.

이에 비해 영조는 가중처벌을 했다. 영조는 즉위 2년에 신하들에게 세 가지 준수사항을 알렸다. 하나는 붕당朋黨이고, 또 하나는 사치이고, 마지막은 술이었다.

영조 4년(1728년) 6월 18일 형조판서 서명균이 술로 인해 질서가 문란해졌음을 보고했다. "술을 팔아 생계를 잇는 사람이 늘고, 술빚이 많은 경우는 100곡斛이 넘기도 합니다. 이들은 서로 싸우고 죽이기도 합니다. 나라의 풍속을 잡고자 금지 공문을 내렸음에도 핑계 대고, 속이고 협박하는 지경에 이르렀습니다. 그런 사람을 체포했더니 헌부憲府에서 내쫓긴 하인과 포청捕廳에서 물러난 군졸이었습니다."

이에 대해 영조는 "현재 체포된 사람들을 각별히 두 차례 엄하게 심문하여 먼 지방으로 귀양 보내고 사유赦宥 때에도 용서하지 말라"고 지시했다. 술로 인한 범죄를 심하게 다루고, 임금의 대사면에서도 제외하라고 한 것이다.

인재를 얻으면 의심 없이 맡긴다

"인사는 담당자의 엄밀한 선정 후에 과인이 다시 살펴서 제수하는 것이 옳다."

《세종실록》 13/11/05

"스스로 국가의 일을 자기의 임무로 여겼다."

허조의 졸기 마지막 부분에 실린 글이다.

허조는 조선 초기의 예학을 완성한 학자다. 능력이 뛰어난데다 청렴하고 결백했다. 태종은 그를 특히 좋아해 "나의 기둥과 같다"고 표현했다. 그는 옳은 일에 대해서는 소신을 굽히지 않았다. 그래서 세종은 '고집불통'이라고 불쾌함도 드러냈지만 줄곧 중용했다. 그가 주인의식을 갖고 업무를 처리했기 때문이다. 졸기에는 그의 강직함이 설명돼 있다.

낮이나 밤이나 직무에 충실했다. 만일 말할 것이 있으면 지위 밖으로 나오는 것을 혐의하지 아니하고 다 진술하였다. 숨기는 바가 없었다.

태종이 세자이던 양녕대군에게 주위에서 존경하는 사람이 누구인 가를 물었다. 세자는 허조라고 답했다. 허조가 두 번째로 세자시강원 의 교육 담당으로 임명되었다. 세자는 이 소식을 듣고 "허 문학이 다 시 오는가"라며 부담스러워했다. 그의 엄격함을 꺼렸기 때문이다.

허조는 나랏일을 제 일로 생각하고 온 힘을 다했다. 이 같은 모습을 그의 묘지명에서도 볼 수 있다. 태종이 승하한 후 장례를 치른 신하 들은 상복을 벗고 연미색의 담복으로 갈아입으려고 했다. 그러나 그 는 "임금과 신하는 한몸이다. 효성이 두터운 성상께서는 상복으로 3 년을 나시려고 한다. 신하만이 장례를 치르고 나서 곧바로 길복으로 갈아입을 수는 없다"고 반대했다. 그의 주장에 따라 신하들은 집무 때에는 담복을 입고 배제 때에는 상복을 입었다. 마침 중국 사신이 상복을 입은 백관의 배제 모습을 보고 바른 예법에 탄복하였다.

예조참판 시절에는 봉상시 제조를 겸임했다. 이때 봉상시의 업무를 성심으로 기획하여 잘못된 것은 바로잡고 폐지된 것은 부활시켰다. 크고 작은 일들이 이루어져서 모두 의식에 잘 맞았다.

그는 과거시험 독권관 등 여러 차례 인사 전형을 맡았다. 심사가 공 명하여 한 명의 관원을 쓰더라도 반드시 보좌관들과 자세히 품평한 다음에 임명했다. 그래서 청탁이 자취를 감추었다. 또 효자 충현의 후손을 우선으로 기용했다. 어떤 이가 말하기를, "무슨 효자 순손이 이렇게 많다는 말인가?" 하자, 그는 "비록 가짜가 있더라도 풍속을 장려하기 위하여서는 어쩔 수 없지 않소"라고 답했다.

세종 때는 고을의 기생을 없애자는 공론이 일었다. 유학을 숭상하는 사대부들에게 기생제도는 폐지하는 게 옳았다. 명분을 좇아 많은 대신이 폐지 당위성을 주장했다. 그런데 여색에 빠지지 않던 허조는 반대했다. 자신의 이해관계가 아니라 사람의 본능을 보고 생각을 정리한 것이다. 기생제도를 없앨 때 도덕적으로 문란해질 사회의 성문화를 걱정했다. 나라의 일을 주인의 입장에서, 자기 일로 생각하고 처리한 것이다.

그 상황이《용재총화》에 나와 있다.

문경공 허조는 조심하고 청렴했다. 집을 다스리는 데도 법도가 엄하였다. 자제는《소학》의 예로써 가르쳐 털끝만 한 작은 행실이라도 근신하게 했다. 어떤 사람이 말했다 "허공은 평소 음양에 대한 일을 알지 못한다." 공이 웃으며 답했다. "만일 내가 음양의 일을 모르면, 후와 눌은 어디에서 생겼을까." 후와 눌은 그의 아들이다.

당시 고을의 창기娼妓를 없애자는 의논이 있었다. 대신들은 모두 없애는 것이 당연하다고 하였다. 사람들은 그가 맹렬히 폐지를 주장할 것으로 믿었다. 그런데 공은 "누가 이러한 계책을 냈습니까. 남녀 사이의 욕망은 금하지 못하는 것입니다. 고을의 기생은 공가公家의 것이므로 상관하여도 무방합니다. 만일 엄하게 이를 금하면, 젊은 사람이나 벼슬아치들이 불법으로 가정집 여자를 범하는 일이 생깁니다. 영웅호걸이 많이 죄에 빠지게 될 것입니다. 이 제도는 고치지 않는 것이 마땅합니다." 결국 허조의 의견에 따라 창기제도는 고치지 아니하였다.

세종은 인재를 기용했으면 의심하지 않고 맡겼다. 13년(1431년) 11월 5일 인사 회의가 있었다. 장령 이사임과 도승지 안승선이 관리 인선을 이조에 맡기지 말고 직접 할 것을 주청했다. 이사임은 태조도 몸소 관리를 골라 등용했다는 사례를 들었다. 이에 대해 세종은 관리를 몸소 골라서 쓰는 뜻은 좋지만 여건상 제대로 파악하는 게 쉽지 않음을 들어 손을 내저었다. 또 '모든 업무를 담당자에게 처리하게 하고 과인이 결재하는데, 인사 문제만 예외로 할 수 없음'도 들었다. 그리고 결론을 내렸다. "인사는 담당자의 엄밀한 선정 후에 과인이 다시 살펴서 제수하는 것이 옳다."

최윤덕도 마찬가지다. 무인으로 좌의정까지 오른 최윤덕은 세종의 파저강 정벌에 반대했다. 평안도 등 변방에서 오랜 기간 여진족을 상대해온 그는 지형의 문제로 완전토벌이 어려운 점을 들었다. 실제로 토벌지역이 험한 협곡이라 여진족들이 산속에 숨으면 조선군은 이길 수는 있으나 정벌의 효과를 거두지 못할 가능성이 높았다.

세종은 대신들과 오랜 회의 끝에 정벌을 결정했고, 총사령관으로 최윤덕을 임명했다. 그는 파병 반대를 하다가 몇 차례 토론 과정에서 입장을 바꾸었다. 정벌의 효과를 얻기 위해 시기를 조절할 것을 말했다. 땅이 언 겨울보다는 4월이나 5월 봄에 진격하는 것을 제안했다. 이에 대해 세종은 "경의 말을 어찌 듣지 않겠는가. 군사의 진퇴에 이르러서는 모두 경의 계획대로 따르겠다"고 답했다. 그는 봄에 기습공격을 하여 4군을 개척하는 데 결정적 기여를 했다. 최윤덕

은 반대의견이었으나 자신을 믿고 지원해준 국왕의 신뢰를 승리로
보답한 것이다.

명재상 황희도 온 힘을 기울였다. 황희는 박포 아내와의 간통 사건,
뇌물 사건으로 탄핵을 받았다. 그러나 세종은 감쌌다. '황희 말대로
하라'며 힘을 실어줬다. 그의 일목요연한 논리성을 높이 평하고 일을
맡겼다. 그는 20여 년에 걸쳐 재상으로 있으면서 세종이 치적을 이루
는 데 힘이 되었다. 이는 김종서, 박연, 장영실 등도 마찬가지다. 그렇
기에 세종 시절에 문물이 흥성하고 여러 제도가 정비될 수 있었다.
　세종의 신뢰가 신하들의 주인의식을 끌어낸 것이다. 세종은 인간
이 완벽할 수 없음을 알고 있었다. 다소 부족한 부분은 어루만지고,
장점을 크게 해주었다. 도덕적으로 비난받을 소지가 있었던 황희, 무
인으로 재상 승진을 망설였던 최윤덕, 작전 실패를 했던 김종서, 노
비 출신의 장영실 등에 대해 그들의 약점에 눈감는 대신 능력을 보
았다. 또 회의를 통해 반대의견도 수용하고 종합적으로 결론을 내려
저절로 움직이게 했다. 특히 적임자에게 전권을 위임하는 방식을 택
해 적극 참여를 유도했다.

'세상에 완전한 사람은 없다'는 것이 세종의 사람관이다. 세종은 강
희맹의 건의에 따라 인재의 결점 대신 장점을 보는 인사를 했다. 강
희맹은 《사숙재집》에서 능력이 있고, 충성심이 강한 사람은 등용하
라고 했다. 대신 여색을 밝히고 부정으로 축재하는 자는 멀리하라고

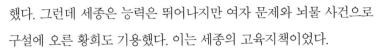

했다. 그런데 세종은 능력은 뛰어나지만 여자 문제와 뇌물 사건으로 구설에 오른 황희도 기용했다. 이는 세종의 고육지책이었다.

세종시대에는 조선 개국공신이 대부분 퇴장하던 무렵으로 수성공신이 필요했다. 그러나 고려를 향한 인재가 여전히 출사하지 않고, 기존의 인재는 태조와 태종시대의 몇 차례 정변으로 크게 위축된 상태였다. 이에 신진 학자를 육성하기 위해 집현전을 활성화했다. 하지만 당장 정계를 이끌 중진, 신뢰할 만한 큰 인물은 턱없이 부족했다.

인재풀이 넉넉지 못한 상황에서 임금은 젊은 날의 아름답지 못한 황희가 아니라 온화하고 능력 있는 현재의 대신을 생각했다. 황희는 상왕인 태종 때부터 경륜과 학문을 인정받은 능력가로 나랏일을 무난하게 풀어갈 인물이었다. 특히 대화와 토론을 중시하는 세종과는 코드가 잘 맞는 스타일이었다. 온화한 성품의 황희는 경청의 기술이 뛰어나고 아이디어가 빼어났다. 황희가 부패 공무원에서 청렴한 정승으로 칭송받기에 이른 것은 세종의 주인의식 덕분이다. 임금이 주인으로서 결점을 보듬고 장점을 취해 인간성과 능력을 고양시키는 결과를 만들어낸 것이다.

 세종의 공직자 인사검증

고위 공직자 추천과 인사검증은 오늘날뿐 아니라 조선시대에도 초미의 관심사였다. 조선을 연 태조는 개국 즉위교서에서 대신들의 추천으로 수령을 임명하되, 잘못된 추천에 대해서는 책임을 묻겠다고 했다. 수령 추천은 국정 최고책임 기관인 도평의사사를 비롯하여 감찰과 간쟁임무가 있는 대간, 행정 실무 부서인 육조에서 했다. 추천받은 사람은 30개월간 임무를 수행한 뒤 재평가된다. 능력이 뛰어나면 발탁 등용하고, 천거된 사람이 적임자가 아니면 추천한 사람을 벌하였다.

태종 때는 법 집행을 더욱 강화하여 2년에는 임금의 장인인 여흥부원군 민제, 총제 윤곤, 호군 이공효가 탄핵당했고, 3년에는 안협감무 김흥조 등 5인이 파면되었다. 세종도 해마다 각 부의 공과를 정밀히 조사해 죄를 범한 관리를 퇴출했다. 특히 죄를 범한 공무원에 대해서는 뽑은 사람과 추천한 사람에게도 죄를 물었다.

그러나 인사 문제는 제대로 잡히지 않았다. 임금은 말년인 29년(1447년) 세자를 통해 인사검증에 대한 생각을 밝혔다. 3품 이하의 관원도 추천하는 제도를 연구하라는 것이었다.

"예전에는 힘 있는 대신이 권력을 마음대로 하여 3품 이하의 관원은 보고도 하지 않고 임명하였다. 이는 인사제도가 소홀한 탓이다. 그 후에는 천거인 방법 등 여러 인사제도를 시행하고 있으나 여전히 사람을 쓰는 것은 정밀하지 못하다. 뇌물의 수수 여부는 알 수 없고, 또한 증거를 찾아 금지시킬 수도 없다. 3품 이하의 관원은 한 번에 3인을 후보자로 추천받는데, 임금이 인품을 알지 못하면서 낙점하면 임용의 뜻에 어긋남이 있다. 정부와 육조로 하여금 쓸 만한 사람을 비밀히 추천하게 하라. 그 추천의 많고 적은 것을 상고하여 발탁 임용하게 하는 것이 어떻겠는가. 이와 같이 한다면 후보가 누구의 추천을 받은 것인지 알 수 없게 된다. 만약 추천된 사람이 바르지 못하면 추천한 사람이 부끄럽지 않겠는가. 반드시 개인감정으로 사람을 추천하지는 않을 것이다."

아첨하는 사람을 경계 1호로 삼다

역생 공부로 나라와 백성을 다스리다

"나는 아첨하는 신하를 가장 미워한다. 경들은 이를 경계하라."

《세종실록》12/02/02

"임원을 오래 할 수 있는 비결은 회장님의 생각을 논리적으로 지지하는 것이다." 그룹의 한 임원에게서 들은 말이다. 그룹 오너의 뜻을 재빨리 파악해, 그가 원하는 것을 이론적으로 대답하라는 뜻이다. 회장의 판단이 옳거나 그른지는 문제가 되지 않는다. 다만 그가 좋아할 대답을 하는 것을 생존의 조건으로 지적한 말이다. 하지만 아부와 아첨은 사람도, 조직도 망가뜨린다. 사람은 달콤한 말에 쉽게 빠지며, 이를 이용하는 사람도 있다. 이를 경계한 리더는 성공했고, 아첨에 취한 리더는 실패했다.

백제의 멸망은 결과적으로 아첨 분위기를 부추긴 의자왕의 통치실패로도 볼 수 있다. 의자왕 20년(660년)에 개가 짖는 곳을 파보았다. 그곳에는 거북이가 있었다. 거북이 등에는 백제동월륜 신라여월신百濟 同月輪, 新羅 如月新이라 쓰여 있었다.

바른말을 하는 이는 '백제의 멸망과 신라의 융성'으로 해석하고, 대책 마련을 건의했다. 진노한 의자왕은 그들을 허튼소리를 하는 사람으로 몰아 처형했다. 이후 임금의 귀에는 '백제의 융성과 신라의 쇠퇴'라는 해석만 들려왔다. 주위 신료들이 임금이 듣기 좋아할 말만 한 탓이다. 결국 언로가 막혀 민심을 읽지 못한 의자왕은 나라를 잃기에 이른다.

이에 비해 세종은 아부성 발언에 대해 선을 분명히 그었다. 임금은 회의 때마다 "경들의 의견을 말하라"고 할 정도로 신료들의 발언을 사실상 의무화했다. 오로지 생산적인 지식 토론을 원했다. 현안을 해결하고 발전책을 모색하는 과정이었다. 의견과 아부는 분명히 구분했다. 아부에 대해서는 공개적으로 경고했다. 그 결과 진지한 분위기, 발전을 위한 토론과 아이디어 생산이 이어졌다.

19년(1437년) 5월 8일에 각 도에 특별한 지시를 했다. 국왕 찬양 금지 명령이다. 왕조시대에는 특별하고 상서로운 일은 국왕이 나라를 잘 다스린 덕분으로 보았다. 이때마다 신하들은 축하의 글이나 말씀을 올렸다.

그해 봄에 경기도에서 네 갈래 난 보리 이삭이 발견됐다. 보리는 한 줄기에 한 이삭이 맺는다. 그래서 네 갈래짜리 보리 이삭이 발견된 것은 특이하고 경사스러운 일이다. 경기관찰사 김맹성은 최고의 찬사로 축하 글을 올렸다.

"성인의 덕화가 돈독하사 능히 태평시대를 이루었습니다. 하늘이 상서로운 보리를 내어 아름다움을 밝게 보이셨습니다. 일은 간책에 빛나고 기쁨은 신하에게 넘치옵니다. 역사를 보면 (좋은 정치에는) 반드시 아름다운 상서로 응함이 있었나이다. 주서周書에는 한 줄기에 두 이삭을 같이한 상서로움이 실렸고, 한사漢史에는 한 이삭이 두 갈래 졌다는 노래가 있습니다. 이는 모든 천명을 돕는 증거이매, 족히 정치의 아름다움을 보는 것이옵니다. 삼가 생각하건대, 지극히 어진 마음으로 백성을 보듬으시고 크나큰 도량으로 만물을 용납하시매, 도가 천지와 합하여 예악과 문물이 능히 갖추었고, 은혜는 동물과 식물에도 적어서(미치어) 산천초목이 모두 편안하였나이다. 오직 이 한 줄기에 네 이삭의 신령스러운 일은 바로 이것이 나라가 잘 다스려진 까닭이옵고, 이같이 아름다운 상서가 이르는 일은 예로부터 드문 일이옵니다. 엎드려 생각하건대, 외람되게 용렬한 자질로써 다행히 밝은 시대를 만나 경기의 벼슬을 맡았습니다. 비록 백료百僚의 반열에 참예하지는 못할지라도 눈은 대궐에 멈추어 (임금의) 만년수를 비는 마음이 더욱 간절하옵니다."

세종이 덕으로 백성을 잘 다스린 것을 하늘이 감동하여 네 이삭의 신령스러운 답을 했다는 찬사다. 그러나 임금은 예상 밖의 대답을 한다. "이처럼 아름다움을 과장하는 일은 심히 부끄러운 일이다. 상서로운 보리에 대해 하례하지 말게 하라. 이를 각 도에 알려라."

세종은 아부를 경계하는 분위기를 즉위 초부터 조성했다. 1년(1419년) 1월 9일 경연에서 윤회가《대학연의》를 강의했다. 이날은 경연관 상당수가 다른 일로 인해 참여할 수 없었다. 경연관들이 휴강을 청하자 임금은 좌부대언 윤회를 불러 《대학연의》를 읽게 했다. 윤회가 책에서 왕길王吉이 창읍왕昌邑王을 간하는 상소 부분을 읽었다.

이때 임금이 말했다. "들짐승이 아무리 빠져 달아나도, 사냥꾼은 반드시 잡고 만다. 그 짐승이 험한 곳으로만 내달리며 넘어져 죽게 될 것은 생각지 않는다. 지극히 어리석도다."

이 말은 당시 정국과 관계가 있다. 정치조작 사건에 참여한 사람들에게 보내는 메시지로 해석할 수 있다.

상왕인 태종은 아들의 왕권에 위협이 될 세력을 모두 척결했다. 이 과정에서 세종의 장인인 심온 집안도 제거되었다. 상왕은 측근인 강상인의 옥사 사건을 일으킨 뒤 심온과 그의 동생인 심정을 죽이고 심온의 아내를 관의 노비로 삼았다. 상왕은 심온을 죽일 수밖에 없음을 세종에게 설명하면서 "그 딸을 왕비에서 폐할 이치가 없다"고 했다. 그러나 박은과 유정현은 심온이 죽자 "죄인의 딸을 왕비로 둘 수 없다"며 소헌왕후의 폐비를 요청했다. 상왕은 "어허, 그게 무슨 말인가. 공비(소헌왕후)를 요동시킬 이치는 도무지 없다"며 반대했다. 상왕이 기획한 사건에 박은 등이 참여했다. 세종은 정치조작에 참여한 사람들을 상왕에 대한 아부꾼으로 생각한 듯하다.

세종의 발언은 심온이 죽은 지 한 달도 안 된 시점이었고, 소헌왕후의 폐비 건의가 계속되던 때였다. 이 무렵 세종은 아버지나 사건 주동세력과 맞설 힘이 없었다. 장인과 장모 그리고 아내, 더욱이 아들들과 딸들의 운명도 달려 있는 문제였지만 이에 대해 말할 힘이 없었다. 오로지 아버지 상왕의 뜻에 따라가야만 했다. 이런 상황에서 세종은 진실과 다르게 아첨하고 아부하는 사람들에게 경고 메시지를 보낸 것이다. 아부와 모함의 끝은 절벽인데, 그것을 모르는 사람들이 어리석다는 것이다.

 세종은 12년(1430년) 신료들에게 '아첨하는 사람을 가장 미워한다'고 선언한다. 2월 2일 신료들에게 명나라 사신 진립의 이야기를 했다. 1년 전에 서울에 왔던 진립은 용인 출신의 조선인으로 어릴 때 명나라에 가 선종의 환관이 되었다. 성품이 순하고 정직하여 선종의 신임을 받았다. 그가 왔을 때 조정에서는 정3품 당상관으로 접반사를 삼고 국왕이 직접 면담하는 등 융숭하게 대접했다. 그가 명나라 권력의 핵심에 있었기 때문이다. 그는 조국에 대해서도 애정이 많아 양국 관계를 부드럽게 하는 데 기여했다.
 세종은 이렇게 말했다. "윗자리에 있는 사람은 누구나 질박하고 정직한 사람을 좋아한다. 진립은 사람이 순박하고 정직하다. 그래서 명나라 황제가 그를 신뢰하는 것이다. 나는 아첨하는 신하를 가장 미워한다. 경들은 이를 경계하라."

 다른 임금이 다스릴 때보다 세종시대에 아부와 모함이 상대적으로 적었던 것은 임금이 초창기부터 이에 대해 결연한 메시지를 보낸 결과이다. 임금이 받아들이지 않는 아부, 임금이 잊지 않는 모함을 주위에서 알고 있었기 때문이다.

혼내는 것과 화내는 것은 다르다

"내가 수령을 벌주려는 것은 창고를 풀고도 보고하지 아니하고, 미수한 것을 망령되게 이미 거두었다 하여 국가를 속인 점이다."

《세종실록》 06/06/15

'화'는 인간이 가진 자연스러운 감정이다. 맺혔으면 풀어야 하듯, 화도 내는 게 정신건강에 좋다. 화내는 것과 비슷한 게 혼내는 것이다. 혼내기는 호되게 꾸지람을 하거나 벌을 주는 상황이다. 화내기와 혼내기는 상한 마음을 발산한다는 점에서 같다. 그러나 화내기는 자신의 감정풀이에 머물고, 상대의 반발을 불러일으킬 가능성이 높다. 반면 정신 일깨우기인 혼내기에는 논리성이 깃들어 있어 상대의 행동변화를 불러올 가능성이 많다. 화가 난 이유를 설명하고 어떤 행동을 원함을 제시한다. 그래서 교육 차원에서는 화내는 게 아니라 혼내는 게 좋다. 세종은 화내는 것보다는 혼내는 것을 택했다. 화난 이유를 설명해 상대의 변화를 기다렸다.

세종의 대화 특징은 일단 수긍이다. 신하의 발언이 마음에 들지 않아도 먼저 듣고, 우선 긍정을 했다. 토론을 위한 토론이나 아는 것을 자랑하는 과시의 장이 되지 않도록 회의를 이끌었다. 계속 질문을 던지고 신하들의 발언을 유도했다. 그 결과 신하들은 많은 아이디어를 쏟아냈다. 그러나 최종 판단과 결정은 스스로 했다.

세종이 승하한 후 조선이 명나라에 보낸 국서에는 왕이 "인자하고 명철하여 과단성 있게 결단하였다. 신하를 예도로써 대우하였다"고 적혀 있다. 좀처럼 화를 내지 않는 성격임을 알 수 있다. 32년 재위기간 실록에는 화를 낸 내용이 모두 21차례 나온다. 분노나 짜증을 기록하지 않은 것도 있겠지만 온화한 이미지임을 유추할 수 있다. 재위 211개월의 태종과 비교하면 확연하다. 《태종실록》에는 98회의 분노 표현이 기록돼 있다. 이에 비해 379개월을 보위에 앉은 세종은 21회에 불과했다. 화를 낸 상황도 차이가 있다. 태종은 세자 양녕대군의 일탈행위와 언관의 불손한 말에 크게 불쾌해했다. 세종은 여진족의 변경 침략, 신하들의 정보왜곡 등에 대해 분노했다. 태종은 나라의 일과 개인의 일이 결합된 반면 세종은 주로 공적인 일로 화를 내거나 혼을 냈다.

실록에는 '화(또는 혼)를 냈다上怒'가 18회, '크게 화(또는 혼)를 냈다가上大怒'가 3회 나온다. 세종이 크게 화나 혼을 낸 경우는 명령불복종, 거짓 보고, 아들에 관한 문제였다.

먼저, 명령에 따르지 않은 경우다.

세종은 26년(1444년) 12월 11일 점술가 지화를 귀양 보냈다. 지화는 태종 때부터 궁의 신수점을 봐온 맹인이다. 태종 옹주들의 혼인 때 점을 쳐주기도 했던 그는 정세의 흐름에도 민감했다. 태종의 뜻을 읽은 박은이 세종의 장인인 심온을 제거할 때도 역할을 했다. 박은은 지화에게 "내가 좌의정을 사직하고 심온을 추천할 생각"이라고 흘렸다. 지화로부터 이 내용을 들은 심온은 "네가 박은 대감에게 일이 될 수 있도록 청하라"는 말을 했다. 박은은 태종에게 "외척으로서 마땅히 겸양하는 마음을 가져야 합니다. 그러나 심온은 오로지 권력만을 탐하고 있습니다"라고 보고했고, 결국 심온과 심온의 동생 심정은 역모죄로 처형된다.

세종은 즉위 후에 그를 배려했다. 신하들의 반대에도 벼슬을 내렸다. 신하들은 소경인 그가 직위를 맡으면 업무상 애로가 있음을 들어 벼슬자리가 아닌 포상으로 대체할 것을 건의했었다. 임금의 사랑을 받은 그는 겸손과는 거리가 있었다. 운명을 점치는 술사인 그는 유력 인사들과 교류했다.

하루는 임금이 그를 찾았다. 마침 그는 호군 김윤의 집에서 술을 마시고 있었다. 술에 취한 그는 횡설수설했다. 더욱이 임금의 사자에게 자못 교만한 어투로 "오늘은 술에 취하여 점칠 수가 없다"고 했다. 크게 노한 임금은 "지화는 음흉하고 간교하다. 다만 운명을 좀 안다는 것으로 태종 때부터 은혜를 입었다. 지금까지도 역시 벼슬을 받고 있는데 이와 같이 불경하니 무거운 법으로 처리하여야 한다"며 회령부로 귀양 보냈다. 지화는 어명을 어기고 불손한 태도를 보여 귀양을 간 것이다.

그렇다면 세종은 운명을 믿었을까? 믿지 않았다. 믿지 않았기에 지화를 처벌할 수 있었다. 세종은 5년 뒤인 31년(1449년) 4월 19일에 승정원에 운명 책인 《금연진경》을 구하도록 지시하면서 말했다. "운명은 맹인 지화, 김숙중이 점을 쳤는데 옛 문헌을 고찰하면 모두 믿을 것이 못 된다."

풍수지리도 그다지 신뢰하지 않았다. 소헌왕후가 28년(1446년) 4월 19일에 세상을 등지자 능을 아버지 태종이 묻힌 헌릉 곁으로 정했다. 이에 지관들이 풍수적으로 좋지 않은 자리라고 지적했다. 그러나 임금은 "아무리 좋은 땅이라도 부모 곁에 있는 것만 못하다"고 일축했다. 임금은 3개월 후에 이곳에 왕후를 모시면서 합장릉으로 만들었다. 죽기 전에 미리 만드는 무덤인 수릉壽陵을 같이 조성했다. 석실 가운데 칸막이에는 큰 구멍을 뚫어 왕과 왕비의 혼령이 서로 왕래하도록 배려했다.

다음, 거짓 보고에 대한 반응이다. 28년(1446년) 10월 9일 사헌부 집의 정창손이 불교 사업의 중지를 요청했다. 나라를 미혹하고 조정을 그릇되게 한 불교를 태종이 바로잡았는데 세종이 다시 불교에 심취했다는 비판이었다. 세종은 국가적으로는 숭유정책을 내세웠으나 왕실의 길흉화복에 관련된 불사佛事에는 너그러웠다. 특히 말년에는 개인적으로는 불교에 우호적인 입장이었다. 26년부터 3년 사이에 광평대군, 평원대군 두 아들과 왕비를 연거푸 잃었다. 마음이 공허하고 슬펐던 왕은 불교에서 위안을 얻고 있었다.

임금은 초기에는 유학자들의 불교 폐지론에 대해 현실적인 정비만 했다. 절의 노비를 나라에 귀속시켰고, 종파를 병합하고 사원전과 승려를 감축했다. 궁중의 연등행사 등도 폐지했다. 그러나 왕실이나 개인적인 입장에서는 여전히 불교에 우호적이었다. 14년에 효령대군이 한강에서 7일간 행한 수륙재水陸齋를 인정했고, 17년부터 24년까지는 흥천사의 사리각과 석탑의 중등을 신하들의 계속된 성토에도 강행하였다. 병상에 있는 소헌왕후의 쾌차를 빌기 위해 전국 사찰에서 기도를 하고, 왕비의 사후에는 불경의 소제목을 금으로 쓰고 법회를 강행하였다. 특히 30년에는 신하의 결사반대를 물리치고 내불당도 세웠다.

이 같은 임금의 불교 옹호에 대해 정창손은 격한 상소를 했다. 불교를 숭상하여 금으로 불경을 쓰고, 주옥과 비취로 장식하고, 곡식과 재물을 낭비하는 게 이루 말할 수 없다고 토로했다. 해마다 재난으로 백성은 지게미와 쌀겨로 연명하기도 어려운데 승려는 백성의 고혈을 착취하고, 왕실과 귀족은 앞다퉈 시주한다고 질타했다. 특히 '임금이 높은 학문을 이루었지만 불교에 미혹돼 행복함과 상서로움을 기대할 수 있겠는가'라고 질문했다. 게다가 천만세 후에는 불교를 좋아한 군주와 더불어 역사를 함께한 신하로 이름이 전해질까 두렵다고 했다.

임금은 상소를 본 뒤 크게 분노했다. 임금의 분노는 신하들의 말 바꾸기와 모의를 통한 속임수였다. 임금은 일을 논의할 때 '옳다'는 의견을 냈다가 상황이 변화되면 '옳지 않다'며 시류만 좇는 신하들의 행태를 염려했다. 또 정책에 대해 한 사람이 건의하면 뒤이어 다른 사람들이 앵무새처럼 주장하는 현실도 지적했다. 다른 사람의 상소 소식을 접한 사람들은 '뒤늦게 알게 돼 이제 들었다. 그 내용까지는 알지 못했다'는 변명과 함께 앞선 사람과 비슷한 주장을 한다. 세종은 이를 간사한 행위로 파악했다. 임금을 위하고, 국왕의 마음을 바로잡고자 한다면 도리로써 행해야 하는데, 개인적인 이익을 생각해 군주를 속인다는 것이다.

임금은 군주를 속이는 행위에 대해 일벌백계하겠다는 의지를 밝혔다. 임금은 이단(불교)에 관련된 문제에 대해 진언하는 관리를 처벌한다는 비난 가능성도 염두에 두었다. 그러나 정직하지 못한 사람을 오해의 소지 때문에 처벌하지 않는다면, 선을 좋아하고 악을 미워하는 정치라 할 수 없다는 신념을 밝힌다. 결국 임금은 정창손 등 11명을 의금부에 보낸 뒤 국문을 했다. 국문은 내란이나 외란 등에 버금가는 큰 죄를 지은 죄인을 왕의 명령으로 심문하는 것이다.

임금은 6년(1424년) 6월 15일 의정부와 육조에 거짓 보고를 한 수령들을 단죄하도록 지시했다. 일부 수령들이 곤궁에 빠진 백성을 구휼하기 위해 곡식을 풀었으나 보고하지 않았고, 또 거둬들이지 않았는데도 서류에는 기입했다는 것이 알려진 뒤였다. 세종은 치죄하는 이유를 분명히 밝혔다.

"내가 수령을 벌주려는 것은 백성이 굶주려서 창고를 풀었다는 것도 아니고, 다 수납하지 못하였다는 것도 아니다. 창고를 풀고도 보

고하지 아니하고, 미수한 것을 망령되게 이미 거두었다 하여 국가를
속인 점이다."

　마지막으로 아들에 관계된 일이다. 임금도 군주에 앞서 아버지였
다. 아들에게 잘해주고 싶은 게 인지상정이다. 그런데 신하들이 규
정을 들어 문제를 제기했다. 임금이 주위의 지적을 잠재우는 방법으
로 화를 낸 것이다. 신분제 사회인 조선은 건물규모도 달랐다. 조선
의 집 규모는 대군 60칸, 군과 옹주는 50칸, 종친과 2품 이상은 40칸,
3품 이하는 30칸, 서인은 10칸이었다. 그러나 이는 가이드라인에 불
과했다. 세력가들은 규정을 무시하고 집을 더욱 크게 지었다. 또 편
법으로 집의 규모를 크게 했다. 칸 수는 방이 아닌 주춧돌과 주춧돌
사이나 대들보와 대들보 사이를 의미했다. 이에 대들보와 대들보 사
이를 넓게 하는 편법으로 집 크기를 조절했다. 규정 위반은 왕이 선
도했다. 임금은 궁에서 나가는 왕자나 공주에게 큰 집을 선물하곤
했다.
　세종 28년(1446년)에 사헌부는 효령대군 주택 매입에 대해 조사했
다. 효령대군이 연지동 주택 주변의 민가 10여 호를 사들인 것이다.
집을 확장하려는 의도였다. 주인들은 대군의 위력에 집을 팔고 이
사할 수밖에 없었다. 임금은 그해 3월 7일 지평 유첨에게 지시했다.
"남의 집을 사서 집을 짓는 것은 사대부도 한다. 하물며 대군이 하는
게 무슨 문제인가?"라고 물었다. 유첨은 "대군이 민가를 강제로 사
서 백성이 굶주리고 추위에 떱니다. 종부시로 하여금 벌주게 하십시

오"라고 건의한다.

그러나 임금은 "집을 판 사람이 만약 원통한 바가 있으면 반드시 각기 억울함을 아뢸 것이다. 추핵은 옳지 않다"고 답했다.

하지만 세종 때에 왕자들의 집으로 인해 민원이 계속됐다. 평원대군의 집은 웅장함과 화려함으로 눈총을 받았다. 세종은 특히 귀여워한 막내 영응대군을 위해 안국동의 민가 60채를 헐었다. 실록에는 건축비용을 이루 기록할 수가 없다고 적혀 있다.

31년 5월 28일 군자판관 조휘가 상소를 올려 영응대군의 호화주택을 비판했다. "지금 또 영응대군의 제택을 크게 일으켰습니다. 건물의 몸채가 높고 넓으며 사랑과 행랑들이 연달아 뻗치어 궁궐에 여론이 비등합니다."

세종은 불쾌한 감정을 여과 없이 드러냈다. "영응의 집 규모가 여러 아들의 집과 다를 것이 없다. 그런데 집현전에서 법제에 넘친다고 한다. 내가 별궁용으로 지었다가 왕대비의 거처로 삼고, 다시 영응에게 주지 않을 것이다. 경들은 그리 알라."

세종은 영응대군의 집이 다른 왕자들의 주택에 비해 크지 않다는 점을 말했다. 그러나 이는 사실과 다르다. 또 별궁으로 짓는다는 것도 사실과 다르다. 하지만 불같이 화내며 말하는 임금의 권위에 신하들은 위축됐다.

대신들의 기를 누른 임금은 두 달 후에 좌참찬 정분을 불러 모든 사람이 법규에 어긋난다고 하는 영응대군의 집을 왕세손에게 줄 뜻을 비친다. 사전 여론조성으로 국면을 돌파하려는 의도였다. 정분은 "이 집은 여러 대군의 집과 다름이 없고 법제에 지나치지 않습니다. 청컨대 속히 수리하여 영응대군에게 주소서"라고 했다. 세종의 여론 형성 심리전에 정분이 끌려간 것이다. 세종은 막내아들에게 호화주 택을 마련해주기 위해 계획적인 화를 낸 것이다. 임금은 막내 영응 대군을 유모인 신빈 김씨와 함께 살게 했다. 또 임금은 병이 깊어지 자 신빈 김씨가 사는 영응대군 집으로 피접 나갔다.

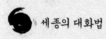 세종의 대화법

화를 내지 않는 왕은 논리와 감성을 잘 조화시켜 뜻을 관철했다. 세종의 대화 특징은 크게 경청, 긍정, 핵심공략 등 세 가지로 볼 수 있다.

첫째, 경청이다. 임금은 노비에서부터 재상까지 이야기를 우선 들었다. 좋은 말도, 나쁜 말도 듣고 판단했다. 노비 출신의 풍수가인 목효지의 7차례 상언을 모두 읽었다. 대신 고약해의 거침없고 마음에 들지 않는 발언도 평온한 얼굴로 우선 들었다. 고약해는 "사소한 절개에 거리끼지 않고 임금에 충간했다. 간혹 직위를 초월하여 감히 말하기도 하였다"고 졸기에 기록될 정도로 흥분형 인 물이었다. 고약해의 거침없는 말에도 임금은 다 들은 뒤 "경의 말이 맞다. 그러 나" 라는 화법을 구사했다.

둘째, 긍정이다. 임금은 유능한 토론 사회자였다. 회의 석상에서 많은 긍정적인 아이디어를 이끌어냈다. 신하의 말을 중간에 끊지 않고, 마음에 내키지 않을 때도 긍정적인 분위기를 유도했다. 논쟁을 위한 논쟁이 아니라 회의의 최종 목적에 도달하는 토론을 이끌어가는 능력이 있었다. 임금은 14년(1432년) 12월 22일 경연관들에게 공부 중에 미심쩍은 부분을 물었다. 그러나 10명이 넘는 경연관이 모두 대답하지 못했다. 임금은 신료들을 몰아붙이는 대신 생산적인 행동을 유도하는 발언을 했다. "이 내용은 의심할 만하나 강론을 하지 않는 게 좋다. 분명하지 않은 내용은 더욱 연구하면 얻는 게 있다. 배우는 사람은 모르는 게 있을 수 있다. 그런데 다 아는 것처럼 행동하면 어리석다. 그대들은 그 알지 못하는 것을 부끄러워할 필요는 없다." 스스로 노력해 깨닫게 하는 기회를 준 것이다.

셋째, 핵심 찌르기다. 세종은 결정적인 순간에는 상대의 약점을 정확하게 공략했다. 경청과 긍정이 감성 스피치라면 핵심 찌르기는 논리 스피치다. 이 같은 스피치는 많은 앎이 있기에 가능하다. 독서가 밑바탕이 된 스피치로 볼 수 있다. 임금이 왕자 시절인 열아홉 살 때였다. 세 살 위인 세자 양녕대군이 복장을 멋지게 차려입고, 주위에 물었다. "내 몸단장이 어떠한고?" 이에 충녕대군이 "먼저 마음을 바로잡은 뒤에 용모를 닦으시기 바랍니다"라고 직언했고, 주위 신하들은 "대군의 말씀이 옳습니다. 세자 저하께서는 이 말씀을 잊지 말기를 바랍니다"라고 건의했다.

죄는 미워하되 사람은 미워하지 말라

"절도는 궁한 백성이 범하는 것이니, 큰 죄악이 아니다. 그의 사정이 또한 딱한 것인데, 모두 이것을 사형으로 처리하는 것은 나로서는 차마 못 할 일이다."

《세종실록》 12/12/16

'괭이를 둘러맨 거지는 오지 않는다.' (일본 속담)

'큰 부자는 운명이고, 작은 부자는 근면이다.' (당나라 송약소의 《여논어女論語》)

'가난은 해결 방법이 없다.' (한국의 소장 경제학자 K)

사람은 경제적 동물이다. 먹고사는 문제가 해결돼야 주위도 돌아본다. 곳간에서 인심 난다. 일본 속담과 중국의 고전은 근면하면 가난에서 벗어남을 설명한다. 그러나 한국의 한 경제학자는 직설적인 표현을 했다. 한국에서 극빈층은 헤쳐나갈 방법이 막막하다는 이야기다. IMF 경제위기 이후 한국 사회는 세대 간 불균형 문제와 중산층 몰락의 큰 소용돌이에 휘말렸다. 전체 국부는 증가했을지 몰라도 서

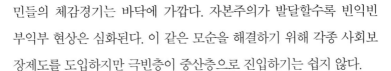

민들의 체감경기는 바닥에 가깝다. 자본주의가 발달할수록 빈익빈 부익부 현상은 심화된다. 이 같은 모순을 해결하기 위해 각종 사회보장제도를 도입하지만 극빈층이 중산층으로 진입하기는 쉽지 않다.

이런 상황에서 느는 게 생계형 범죄다. 경찰청 통계에 따르면 2012년 기준으로 생계형 절도는 지난 5년간 두 배가량 증가했다. 절도 용의자는 기초생활보장 수급자나 차상위 계층이 주를 이룬다. 주부도, 노인도 생활고를 견디다 못해 우유와 의류를 훔치기도 한다. 생계형 범죄는 소득 양극화가 초래한 산물이다. 곰곰이 생각하면 경제구조가 범죄를 양성하는 꼴이다. 극빈층을 해소하는 정책이 좋은 사회, 바람직한 정치의 척도이다. 봉건시대에는 먹을 게 절대저으로 부족했다. 잘사는 사람도, 못사는 사람도 넉넉할 수 없었다. 그러나 지금은 전체 먹을거리는 여유가 있다. 다만 분배의 문제가 극히 심화되었다. 이 점에서 과거의 가난은 나라가 해결할 수 없었지만 지금의 가난은 사회가 보듬을 수 있는 부분이 많다.

세종은 생계형 범죄에 대해 관대했다. 당시 재정상 생계형 범죄를 저지른 사람들을 경제적으로 보살필 여력은 없었다. 그렇지만 세종은 백성이 먹고사는 문제를 최우선으로 했다. 농사를 최우선으로 장려했다. 그다음에 예의와 사람다움을 생각했다.

세종은 즉위교서에서 마땅히 해야 할 10가지를 발표했다. 그중 첫째 항과 넷째 항은 생존권에 관한 내용이다. 첫째 항은 농업과 누에치기의 장려다. 농업은 먹는 것, 누에치기는 입는 것의 근본이기에 모든 것에 우선해야 함을 말했다. 지방 수령들이 각종 공사를 일으켜 농사를 짓는 데 방해되지 않도록 훈시했다. 넷째 항에서는 직업을 잃은 백성의 굶주림을 염려했다. 굶주리는 백성을 우선 구제할 것을 수령들에게 지시했다. 그리고 두 번째 항에서 교화의 근원인 학교 교육, 서원의 권장을 말했다. 세종에게는 백성의 교화보다 생존권 보장이 우선이었다.

이 같은 시각은 지방 관리들을 격려하는 자리에서도 드러난다. 임금은 대체로 지방의 하급 수령은 거의 만나지 않는다. 관찰사나 부윤급의 고급관리로부터 보고를 받는 게 전부였다. 그러나 백성을 직접 다스리는 사람은 현감이나 군수다. 이를 염두에 둔 세종은 5품 이하의 지방관리도 직접 만났다. 7년(1425년) 12월 10일 실록이다.

지함양군사 최덕지, 임강현감 박지생, 안음현감 김명양, 비안현감 권후 등을 인견하고 다음과 같이 일렀다. "이전에는 2품 이상인 수령만을 접견하였다. 그러나 자세히 생각하여보니, 시골의 먼 곳을 내가 친히 가서 다스리지 못한다. 어진 관리를 선택하여 나의 근심을 나누어주어 보내는 것이니, 그 임무가 가볍지 않다. 그런 까닭에 2품 이하의 수령도 또한 친히 보고 보내도록 하였다. 금년은 여름은 가물고 겨울은 더워서, 명년의 농사가 어떨지 알 수 없다. 이제 들으니, 각 도의 여러 지방에 식량이 떨어진 백성이 꽤 많다고 한다. 백성을 구제할 방법을 항상 가슴에 생각하라. 옛날에는 백성에게 예의와 염치를 가르쳤으나, 지금은 의식이 부족하니 어느 겨를에 예의를 다스리겠느냐. 의식이 넉넉하면 백성이 예의를 알게 되어, 형벌에서 멀어질 것이다. 그대들은 나의 지극한 마음을 본받아 백성을 편안하게 하는 데 힘쓰라."

하지만 먹을 게 부족한 백성은 훔쳤다. 당시 법률로는 절도죄 세 번이면 교수형이었다. 사형 집행은 왕의 허락을 받아야 한다. 형조판서는 교수형에 해당하는 죄인의 사형을 주장했다. 법률대로 처리한다는 시각이었다. 그러나 임금은 윤허하지 않았다. 생계형 범죄, 먹을 것이 없어 도둑이 된 사람을 법대로만 처벌할 수 없다는 시각이다. 생계형 범죄와 일반 범죄를 구분해 적용한 것이다.

12년(1430년) 12월 16일 형조판서가 아뢰었다. "절도죄를 세 번 범한 자에게는 유사有赦의 전후를 막론하고 모두 법대로 집행하여 장래의 범죄를 방지하게 하소서." 유사는 임금이 특권으로 감형하는 것이다. 요즘의 특별사면이다.

임금이 말했다. "한때의 나쁜 자를 미워하는 마음에서 유사有赦 이전의 죄까지 소급하여 추궁한다면 신의를 잃게 될 것이 매우 염려된다. 더구나, 유사라는 것은 과거의 잘못을 깨끗이 청산하고 새로운 길을 열어주기 위한 것이다. 만일 유사 이전에 지은 죄까지 통산하여 시행한다면, 백성을 용서해준다는 본의에 어긋난다. 또한 백성에게 신용을 보이는 일이 아니다. 또한 절도는 궁한 백성이 범하는 것이니, 큰 죄악이 아니다. 그의 사정이 또한 딱한 것인데, 모두 이것을 사형으로 처리하는 것은 나로서는 차마 못 할 일이다."

이는 세종의 천성과도 관련이 있다. 세종은 이런 말을 했다. "나는 늘 생각한다. 사형에 처할 죄를 지은 사람이라도 사정이 있으면 모두 용서하고 싶다. 이것이 나의 본심이다. 벌을 주고 상을 주는 것은 임금의 큰 권리이다. 그러나 임금의 덕은 살리기를 좋아하는 것뿐이다."

임금은 사람의 착한 본성을 믿었다. 죄를 지었어도 잘못을 뉘우칠 수 있는 양심을 가진 존재로 보았다. 가벼운 죄는 사면하는 입장이었다. 그러나 담당 관리는 달랐다. 드러난 죄목 외의 사안을 밝히기 위해 눈을 크게 떴다. 태종 때에 사헌부의 주장으로 사면 후에도 추가 조사해 처벌하는 법이 제정됐다. 부패한 관리나 잘못 판결한 수령은 임금의 사면령과 관계없이 추가 조사하는 법률이다. 그 이면에는 실적주의와도 관련이 있다. 조사관은 죄를 부풀릴수록 유능하다는 평가를 받는다. 이 결과 임금이 대사면령을 내려도 용서받지 못하는 백성이 생겼다. 조정과 임금에 대한 신뢰가 떨어지는 것은 당연지사다. 세종은 추가 조사의 불합리한 면을 지적했다. 4년(1422년) 2월과 7년(1425년) 11월에 각각 사면령으로 모든 것을 정리하고, 추가로 벌을 주지 말라는 교지를 내렸다.

임금은 교지에서 이렇게 밝혔다. "사면은 덕을 베풀어 잘못을 씻게 하는 것이다. 스스로 크게 뉘우쳐 바른 삶을 살도록 인도하는 방법이다. 요즈음 담당 관리가 각각 의견을 고집하여 사면의 죄목 외에 별도로 추가 조사하고 있다. 이는 백성에게 신의를 보이는 태도가 아니다. 앞으로는 사면한 죄 외의 조건이나 지시는 모두 삭제하고 추가로 벌하는 일을 허락지 않겠다."

이와 함께 임금은 굶주린 백성의 구제에 나섰다. 홀아비와 과부, 어리고 부모 없는 사회적 약자가 흉년 때 굶주리는 것을 염려했다. 그들의 수효를 파악하도록 지시했다. 서울에서는 호조가, 지방에서는 감사가 창고를 열어 백성들에게 식량을 공급하도록 했다. 또 죄를 지은 사회적 약자와 그 가족도 정성을 다해 배려했다.

통치자의 마음이 어떤 것인가를 보여주는 대목이 있다. 13년(1431년) 7월 28일 기사다.

> 죄를 범하여 옥에 있는 홀아비와 과부 및 형벌을 받은 사람의 어린 자식들을 만약 돌보아 기르지 아니하면 혹 굶주리고 추워서 죽음에 이를 것이다. 지금부터는 그 친족에게 주고, 젖먹이 아이는 젖 있는 사람에게 주며, 친족이 없으면 관가에서 거두어 보호하고 기르게 하라. 또한 그 지방에 있는 관리로 항상 보살펴 기르게 하며, 만일 잘 보살피지 아니하여 굶주리고 추위에 떨게 한다면, 서울 안에서는 헌사憲司, 지방에서는 감사가 규찰해 다스리게 하라.

세종은 백성의 생존권 보장을 위해 통치자로서 조치를 취한 것이다. 법 이전에 생존을 우선시했다. 일단 살아야 사람답게 사는 것을 생각할 수 있다. 배고픈 사람에게 법의 처벌만이 능사가 아님을 인정한 것이다.

《레미제라블》에서 장발장은 빵 한 조각을 훔쳐 19년간 옥살이를 했다. 그는 옥살이의 원통함을 곱씹었다. 사람 생각은 비슷하다. 먹고살 게 없어 저지른 범죄를 단죄하는 것이 교화일까. 일할 곳을 알선하는 게 교화다. 세종은 이를 알고 있었다. 그래서 일반 범죄와 생계형 범죄를 다르게 보았다. 우리 사회는 법에 죄의 형량이 규정돼 있다. 생계형 범죄도 정상이 참작될 수는 있지만 처벌의 수위가 크게 낮아질 수는 없다. 그러나 처벌이 사회를 안정시키고자 하는 차원이라면 생계형 범죄의 처벌은 세종의 마음을 따르는 게 보다 인본주의적이고 현실적이다.

좁은 계단을 넓히도록 하라

"맹인 지화와 신생이 업무에 전심하여 공이 있다. 그래서 벼슬을 내리고자
하는데 어떠한가?"

《세종실록》16/12/16

"이제 그만 됐어요. 한발 물러서서 지켜만 보세요." 장애인 단체에
서 근무하는 사회복지사가 한 말이다. 자원봉사를 하는 한 여고생이
공놀이를 하는 장애인들이 공을 놓치기만 하면 주워주곤 했다. 이를
본 사회복지사가 여고생에게 조언한 것이다. 그들이 도저히 공을 줍
지 못할 때만 도움을 주라고 했다.

어려운 사람을 돕는 것은 좋은 일이다. 그러나 처음부터 끝까지 도
움을 주는 것은 좋은 방법이 아니다. 진정한 배려는 버거운 사람이
스스로 설 수 있도록 여건을 조성하는 것이다. 편견은 차별을 낳고,
배려는 평등을 낳는다. 무조건 도와주는 것도 일종의 편견이다. 그보
다는 부족한 부분만 배려하는 게 바람직하다. 다름과 다름을 인정하
는 자세다. 이를 바탕으로 장애인의 사회참여를 유도하는 게 진정한
배려이다. 그렇게 해야 그들도 평등하게 느낄 것이다.

조선시대에는 현대보다 장애인이 많았다. 의학 수준이 떨어졌기에 제대로 된 치료를 받지 못한 탓이다. 그래서 장애인의 사회활동은 오히려 현대보다 차별이 적었던 것으로 보인다. 세종은 장애인에 대한 배려를 함께 참여하는 것으로 보았다. 물질적 도움보다는 일을 할 수 있도록 직장을 알선했다. 몸이 불편하지 않은 사람과 평등하게 대우했다.

종묘는 임금 조상의 영혼을 모신 곳이다. 조선은 종묘에 무척 신경을 썼다. 나라의 상징이고 임금의 정통성을 확보하는 게 종묘제향이었다. 임금은 나라의 큰일에 대해서는 종묘에 아뢰고 행했다. 태종은 세자 양녕대군이 각종 비행을 저지르자, 종묘에 반성문을 올리게 하였다. 종묘에 고한 만큼 거짓을 할 수 없게 심리적 강제를 한 것이다. 그만큼 왕에게 종묘는 소중한 곳이었다.

나라에서는 종묘제례를 1년에 다섯 차례 행했다. 세종은 7년(1425년) 1월 14일 종묘에서 춘향대제를 올렸다. 임금은 곤룡포와 면류관의 예복 차림으로 정성을 다했다. 임금이 신에게 비단과 모시를 바쳤다. 다음은 술잔을 올려야 한다. 이조판서 허조가 임금에게 술잔을 드렸다. 그런데 그가 물러 나오다가, 잘못하여 실족하면서 계단 아래로 떨어졌다. 재빨리 일어난 허조는 계단 위로 올라가서 빈 잔을 받았다. 한 치의 흐트러짐 없이 경건해야 할 제향이다. 허조는 고개를 숙여 벌을 청했다. 모든 대신이 바짝 긴장한 채 임금의 하명을 기다렸다. 그런데 세종의 물음은 뜻밖이었다. "이조판서가 상하지나 않았느냐. 좁은 계단을 넓히도록 하라."

이미 엎질러진 물. 세종은 나이 많고 몸이 불편한 신하의 탓이 아닌 환경 탓으로 돌렸다. 그 짧은 순간에 종묘 정전의 계단을 넓히라고 대응한 것이다. 백지장처럼 굳었던 문무백관들은 세종의 리더십에 탄복하며 안도의 한숨을 쉬었다. 세종의 나이는 29세였고, 허조는 57세였다. 세종의 배려심은 노 대신들의 마음을 사로잡기에 충분했다.

그런데 허조는 왜 계단 아래로 떨어졌을까. 다른 제관들은 실수를 하지 않았다. 이는 허조가 몸이 불편한 탓이다. 그는 구루병을 앓아 등이 굽어 있었다. 《필원잡기》에는 "어려서부터 체격이 깎은 듯이 여위고 파리하며, 어깨와 등이 굽어 있었다"고 묘사돼 있다. 그렇기에 좁은 공간에서 보행이 자유롭지 않았던 것이다. 예학의 일인자로 우의정까지 오른 허조는 장애인이었던 것이다. 세종은 장애인에 대해 각별한 관심을 보였다. 태조와 태종 때 마련된 각종 장애인 정책을 계승했다. 조세와 부역, 잡역을 면제하고, 연좌제에서 제외시켰다. 형벌을 받을 경우 베로 대신 낼 수 있게 했고, 나라를 위한 불경을 독경하고 점을 치게 했다. 즉, 일자리를 마련해준 것이다.

16년(1434년)에는 장애인을 고위 공직자로 채용한다. 12월 16일 맹인 지화와 신생에게 벼슬을 주는 문제를 거론했다. 좌의정 맹사성 등에게 "사람의 미래를 점치는 것은 믿을 바가 못 된다. 그러나 맹인 지화와 신생이 이 업무에 전심하여 가장 공과가 있다. 그래서 벼슬을 내리고자 하는데 어떠한가?"라고 물었다. 그러나 대신들은 이미 벼슬을 내리는 관례가 사라진데다, 실제 공적인 업무를 실행하는 데 어려움이 있음을 들어 반대했다. 신하들의 반대의견에 실제 벼슬 대신 쌀과 콩을 상으로 내린 임금은 2년 뒤에 실직 벼슬을 내린다.

18년(1436년) 10월 5일 기사에 임금의 배려심이 묻어 있다.

지난해에 지화 등이 상소를 통해 벼슬을 호소했다. 나는 내시겸직을 생각했다. 그러나 장님이 내시 업무를 하면 임금을 모시는 데 어려움이 있다고 해 실천하지 않았다. 그런데 지금 다시 지화 등이 글을 올렸는데 사연이 간절하고 지극하다.

임금의 뜻을 읽은 대신들은 정3품 이하의 벼슬로 의견을 모았다. 임금은 지화와 이신에게 정3품의 당상관 벼슬을 내렸다. 정3품은 요즘의 인재풀로 고위 공무원단(1~3급)에 해당하는 고급관료다.

맹인이 벼슬을 받자 일부 대신들이 철회할 것을 건의했다. 사간원 우정언인 이맹전은 "직책을 받은 맹인들이 업무를 제대로 수행할 수 없습니다. 또 다른 대신들과 조정에서 나란히 서는 것도 불편합니다. 원컨대 그 관직을 파면하고 다만 월급만 주어서 그 공을 상주게 하소서"라고 요청했다. 이에 대해 임금은 "그대의 말이 진실로 옳다"면서도 장애인에 대한 배려를 철회하지 않았다.

완벽한 사람은 없다

"완벽한 사람은 없습니다. 그러나 누구나 적합한 자리에 앉으면 능력을 발휘할 수 있습니다. 단점을 지적하는 대신 장점을 찾는 것이 인재를 구하는 기본입니다."

(강희맹의《사숙재집》)

영재학교, 과학고 등의 특목고 입시는 계속 변하고 있다. 학교마다 차이는 있지만 잠재력 있는 학생을 선발하고자 하는 것이 흐름이다. 선행학습으로 만들어진 우수한 아이가 아닌 잠재력을 가진 아이를 뽑아 교육하겠다는 것이다. 이를 위해서 필기시험을 축소하거나 폐지하고, 내신과 흥미, 학교생활 등을 살피는 입학사정관 전형이 늘고 있다. 영재학교인 서울과학고도 2012학년도 입시까지는 전원 필기시험으로 학생을 선발했다. 그러나 2013학년도에는 70퍼센트는 지식 테스트로 하고 30퍼센트는 입학사정관 전형을 택했다. 지식 테스트와 가능성 점검인 입학사정관제도에 대해 의견은 엇갈린다. 필기시험과 면접에 의한 지식 테스트는 우수학생을 선발하기에 실패할 확률이 낮다. 특정 분야에 흥미를 가진 학생이 수년 동안 공부를 해 일정 이상의 실력을 갖췄을 때만 합격한다. 두뇌와 잠재력, 실천력을 모두 지닌 학생이다. 이에 비해 입학사정관 전형으로 선발된 학생은 두뇌와 잠재력은 갖췄지만 검증이 되지 않은 상태다. 특정 분야의 공부에서 적용할지 여부는 미지수다. 하지만 교육 당국이 택할 수 있는 방법은 입학사정관제 확대다. 모든 학생이 선행학습을 할 수 없는 상황에서 고른 기회를 주는 게 평등 교육의 취지에 맞기 때문이다.

세종은 이미 영재성을 보인 신하의 잠재력을 더욱 끌어내는 입장을 보였다. 확인된 영재에게 집중 투자를 했다.

조선은 왕후장상의 씨가 분명했던 신분제 사회다. 그러나 임금은 나라 경영에 필요하면 문인도, 무인도, 양반도, 노비도 중용했다. 인재 발굴에 신경 썼던 임금은 29년(1447년) 별시 문과시험에서 '인재 등용 방법'을 물었다. "인재는 천하 국가의 지극한 보배이다. 임금은 세상의 인재를 등용하려고 한다. 그러나 임금이 인재를 알아보지 못하거나, 인재를 절실하게 구하지 않거나, 또는 임금과 인재의 뜻이 통하지 않아 기용되지 않는다. 또한 인재도 어진 임금을 만나지 못해서 세상에 나서지 못하기도 한다. 인재를 잘 판단해 등용하고 육성할 대책은 무엇인가?"

현명한 사람과 어리석은 사람을 구분해 등용할 방법을 묻는 이 시험에서 강희맹이 장원을 했다. 그의 문집 《사숙재집》에 답안이 실려 있다. "완벽한 사람은 없습니다. 그러나 누구나 적합한 자리에 앉으면 능력을 발휘할 수 있습니다. 단점을 지적하는 대신 장점을 찾는 것이 인재를 구하는 기본입니다."

단점보다는 장점을 찾아 인재를 키우라는 답안에 최고 점수를 주었던 세종은 신분을 뛰어넘는 파격 인사를 했다. 능력이 있으면 기용하고, 장점을 키우는 교육을 했다. 대표적인 인물이 황희다. 그는 태종의 세자 교체 논의 때 적극 반대했다. 이조판서였던 그는 강등되어 귀양을 갔다. 그러나 세종은 등극 후 그를 불렀다. 그 결과 그는 태종과 세종 양대에 걸쳐 24년간 재상의 자리에 있을 수 있었다.

황희에 대한 평가는 극과 극이다. 그의 졸기에는 "관대하고 후덕하며 침착하고 신중하여 재상의 식견과 도량이 있었으며, 후덕한 자질이 크고 훌륭하며 총명이 남보다 뛰어났다"고 기록돼 있다. 조선 최장수 재상이자 청백리로서의 모습이 엿보인다. 그러나 10년 6월 25일 그는 뇌물을 받은 게 문제가 돼 사직한다. 당시 사관은 뇌물 사건 외에 그에 대한 추문을 기록하고 있다. "대사헌이 되자 중 설우의 금을 받아 사람들이 '황금 대사헌'이라고 하였다. 또 난신 박포의 아내를 자신의 집 토굴에 숨겨 여러 해 동안 살게 하고 간통하였다. 물려받은 노비는 단 세 명뿐이었는데, 집안에서 부리는 자가 많았다."

황희는 능력이 많음에도 세종 초기에는 비난받는 일도 있었음을 알 수 있다. 그러나 세종은 황희의 장점인 경륜과 학문, 정책 아이디어 등을 보고 감쌌고, 중용했다. 더욱이 임금은 황희의 신분이 미천한 것을 알고 있었다. 황희는 판강릉부사 황군서의 서얼, 즉 어머니가 천민이었다.

세종의 인재 등용은 노비인 장영실의 기용으로 승화된다. 특히 장영실을 발탁한 데 머물지 않고 중국 유학을 통한 영재 교육을 했다. 장영실의 발굴과 그에 대한 배려는 조선의 과학기술 발달로 이어진다. 장영실은 천문 관측대인 간의대로 조선의 독자적인 천문관측시대를 열었고, 스스로 시간을 알리는 물시계인 자격루도 개발했다. 태양의 그림자를 활용한 해시계인 앙부일구, 바람의 세기를 측정하는 풍기대, 강수량을 측정하는 세계 최초의 측우기를 제작했다. 거리를 측정하는 기리고차記里鼓車도 완성도를 더욱 높였다. 당시 임금의 중요한 임무는 농사에 직접 영향을 미치는 하늘의 관찰과 물의 관리, 시간의 안내였다. 그래서 해시계 등 각종 과학기구가 절대적으로 필요했고, 장영실이 핵심 과학자로 활약했다. 그가 만든 자격루와 해시계는 궁궐 외에 종묘와 혜정교에도 설치돼 백성들이 시간을 알 수 있도록 했다.

세종과 소헌왕후는 23년(1441년) 3월 17일, 온양의 온천으로 요양을 떠났다. 왕세자가 모시고 종친과 문무 군신 50여 명이 어가를 호위했다. 이 행차에서 임금은 처음으로 기리고記里鼓를 사용했다. 기리고는 거리를 기록하는 북소리라는 의미다. 수레가 1리, 5리, 10리를 갈 때마다 나무 인형이 스스로 북이나 징을 치게 설계된 한국 최초의 거리 측정기구다. 바퀴가 일정 거리를 회전하면 종이나 북소리가 울린다. 이 울림의 숫자를 기록하여 실제 거리를 측정한다. 기리고차는 왕명으로 중국에 유학을 간 장영실이 기존의 중국식 기리고차를 개량해 새롭게 선보인 기구다. 각 지역 간의 거리를 측량하거나 토목공사를 할 때 사용되었다. 세종은 경복궁에서 온양까지 현대의 거리로 계산할 때 100킬로미터 이상을 여행하면서 거리를 알리는 북소리와 징소리를 들었던 것이다. 임금은 10리를 알리는 북소리와 징소리를 30번 가까이 들은 셈이다. 기리고차는 오늘날 택시의 타코미터Tachometer와 같은 원리이다. 세종은 이미 600년 전에 타코미터 전용차를 탔다고 할 수 있다.

천재 과학자 장영실은 만들어진 인재다. 신분상 발명왕이 될 수 없었던 인물이다. 이긍익의 《연려실기술》에 노비 장영실에 대한 내용이 나온다.

임금은 3년 신축에 남양부사 윤사웅, 부평부사 최천구, 동래 관아의 노비 장영실을 내감으로 불러 천문시계인 선기옥형을 연구 토론하게 했다. 그 내용이 임금의 뜻에 합하지 않음이 없었다. 임금이 크게 기뻐했다. "영실은 비록 지위가 천하나 뛰어난 재주를 따를 자가 없다. 너희가 중국에 가서 각종 천문기계의 모양을 모두 눈에 익혀 와서 빨리 모방하여 만들라"고 했다. 또 "이들이 중국에 갈 때 예부에 자문을 보내어 《조력학산》과 각종 천문 서책을 사고 중국의 물시계를 설치한 보루각, 해시계의 전각인 흠경각, 천문관측기인 혼천의 그림을 가져오라"고 지시했다. 또 생활비로 은과 많은 재물을 내렸다.

혼천의는 천체의 위치와 운행을 측정하는 기구다. 노비 장영실이 국비 유학생이 되어 나라의 전폭적인 지원 아래 중국에 간 것이다. 장영실과 일행은 1년여 동안 중국에 머물면서 다양한 문물을 보았다. 이들은 돌아오면서 천문 관련 책들을 사오고, 천문기구제도를 알아 왔다. 나라에서는 양각 혼의 성상도감을 설치하여 혼천의 등 천문기기 제작에 들어갔다.

연구기관을 설치한 지 3년 만인 7년 10월에 양각이 준공됐다. 임금은 친히 두루 살피고 "기이하다. 훌륭한 장영실이 중한 보배를 성취하였으니 그 공이 둘도 없다"고 기뻐했다. 세종은 그를 노비에서 해방시키고 첨지 벼슬을 내렸다. 또 직책을 주어 서울을 떠나지 않게 했다. 다른 사람에게는 말을 상으로 내렸다.

그런데 이때 장영실이 면천되었다는 서운등록을 인용한《연려실기술》은 잘못된 것으로 보인다. 장영실은 세종 5년(1423년)에 이미 상의원 별좌의 직위였고, 다음해에는 사직에 임명됐다. 7년(1425년) 4월 18일 실록에는 "사직 장영실의 의견을 들어 평안감사는 석등잔을 준비하라"는 구절이 있다. 장영실은 중국에 다녀온 뒤 바로 노비 신분을 벗어난 셈이다.

장영실은 중국에 또 한 번 갔다. 세종 12년(1430년)에 조선 사신 일행이 요동에서 문제를 일으켰다. 말을 달려 사냥하다가 요동 지방사령관으로부터 제지를 당했다. 화가 난 사신 일행이 중국 사람을 구타했다. 사건은 조선과 명나라에 알려졌다. 조선은 사건을 수습하기 위해 책임자급은 형장 90대를 때리고 종사관으로 참여한 장영실은 2등을 감하고 벌금을 내게 했다. 장영실이 보좌관 자격으로 중국에서 과학문물을 살폈음을 생각할 수 있다. 귀국길에 사신 일행이 요동에서 사냥을 하다가 요동도사와 충돌했다는 내용도 있다. 이로 볼 때 장영실은 중국을 최소한 두 번은 다녀왔다.

세종은 성과에 대해 보상을 했다. 세계 최초의 우량계인 측우기와 수표水標를 발명하고, 자동 물시계를 만든 장영실을 종3품인 대호군까지 승진시켰다. 대호군은 요즘의 참모총장이나 군사령관에 해당하는 높은 벼슬이다.

또 구체적인 칭찬을 했다. 15년 9월 16일에 스스로 치는 물시계인 자격루가 완성됐다. 이를 본 세종은 "내가 자격루 제작을 지시했지만 장영실이 아니었다면 만들어내지 못했을 것이다. 원나라 순제 때에 저절로 치는 물시계가 있었다고 한다. 그러나 만듦새의 정교함은 장영실의 정밀함에는 미치지 못하였을 것이다. 만대에 이어 전할 기물을 능히 만들었다"며 극찬했다. 당시 자격루는 수학과 물리학, 기계공학 요소가 접목된 최첨단 기기였다. 장영실은 물의 흐름을 일정하게 통제하고, 다시 오차 없이 시간마다 구슬과 인형을 제어하는 완벽한 자동제어 시스템을 마련했다. 기존의 유압식 원리와 아라비아의 구슬을 활용한 자동시보장치를 융합하여 독창적 기술을 개발한 것이다. 구체적으로 얘기하자면, 우선 3단으로 구성된 항아리가 일정한 수위를 유지하며 1분에 0.1리터씩 물을 흘려보낸다. 일정 시간이 흐르면 쇠구슬이 떨어진다. 그 반동으로 12간지를 표시하는 목각 인형이 올라와 시각을 자동으로 알려주는 원리다.

세종은 배움이 있는 곳이면 달려가게 했다. 또 능력이 있으면 천민이라도 발탁했고, 대우를 했다. 인재를 알아보고, 아끼는 정신이다.

세종은 인재를 모아 작품을 기획했다. 프로듀서나 연출가 능력을 보였다. 단순히 지시를 내리는 것이 아니라 구체적인 시나리오를 짠 것으로 보인다. 신기술 개발의 총감독으로 참여했다. 이를 알려주는 대목이 서거정의《필원잡기》에 실려 있다.

세종시대에 자격루, 간의대, 흠경각, 앙부일구 등을 제작하였다. 만든 것이 매우 정교하였다. 이는 모두 왕의 뜻에서 나왔다. 여러 공인이 있었으나 임금의 뜻을 소화하는 이가 없었다. 오로지 장영실만은 임금의 지혜를 받들어 기묘한 솜씨를 다하여 부합하지 않음이 없었다. 임금이 그를 매우 소중하게 여겼다.

장영실이 세종과 백성을 위해 만든 천상의 시계는 20년(1438년) 1월 7일 완성됐다. 장영실은 자격루의 시계제작 기술을 더욱 발전시켜 첨단 자동 물시계를 완성했다. 천상 시계인 흠경각루이다. 흠경각은 자동으로 시간을 알려주는 물시계가 운영되는 곳이다. 세종은 경복궁의 강녕전 옆에 설치된 흠경각을 보면서 큰 만족감을 얻었다. 세종의 애민정신이 담긴 곳이자 과학입국과 정치의 도를 실현하는 천상의 공간이었다. 그날 37개의 인형이 북, 종, 징을 쳐서 시간을 알리는 장엄하고 드라마틱한 예술이 선보여졌는데 그 장면이 실록에

묘사돼 있다.

자동 물시계인 '옥루기'가 설치돼 있고, 물의 흐름에 따라 여러 인형이 시각에 맞춰 움직인다. 금으로 만든 해는 오색구름의 산허리를 하루에 한 번 지난다. 낮에는 산 밖에 나타나고 밤에는 산속에 들어가는데 천행에 준하였다. 해 밑에는 옥으로 만든 여자 인형 넷이 구름을 타고 동서 남북 사방에서 시간에 맞춰 금 목탁을 친다. 산 남쪽 기슭에는 붉은 비단옷 인형과 무사 갑옷 차림의 인형 셋이 종, 방망이, 북, 징을 잡고 매시간 서로 바라보며 시간을 알린다.

비워야 채워진다

"직무로 인하여 아침저녁으로 독서에 전념할 겨를이 없도다. 지금부터는 집현전에 출근하지 말고 집에서 전심으로 글을 읽어 성과를 나타내라."

《세종실록》 08/12/11)

공무원과 공기업 선호가 심하다. 보수가 많은 대기업보다 공무원을 희망하는 비율이 높다. 공무원과 공기업이 사기업에 비해 정년 보장이 잘 되어 있는 까닭이다. 특히 대학은 안식년제도가 잘 지켜진다. 공부하고 더 연구하고 쉴 수 있는 분위기다. 삶의 질을 따질 때 안식년제도가 있는 곳은 '꿈의 직장'이다. 어떤 기업은 안식년 대신 명예퇴직을 강요한다. 단지 나이가 들었다는 게 이유다. 정년이 보장되지 않은 직장인은 마흔 살이 넘어서면 불안하다. 평생고용 신화가 없는 사회, 그러므로 스스로 살아가야 한다. 곰곰이 생각하면 인재경영이 아닌 사람 버리기 사회다. 사람은 많고, 기계가 대신하고…. 그래도 사회가 발전하고 개인이 행복하기 위해서는 벤치마킹할 게 있다. 세종대왕의 독서경영이다.

삼가 생각하니 우리 조선은 성군들이 계속 나시고, 문치文治가 날로 높았다. 특히 세종대왕께서는 뛰어난 지혜와 세상을 보는 눈이 탁월하셨다. 그 뜻의 신묘함이 하늘의 이치에 부합되었다. 임금은 "나라의 제도와 규칙, 문물은 유학자가 아니면 함께 제정할 수 없다"며 천하의 수재를 집현전에 모아 아침저녁으로 나라를 다스리는 길을 말씀하셨다. 임금은 "바른 도리의 오묘함을 연구하고, 뭇 글의 깊고 풍부함을 널리 종합하려면 전문 학자가 절대 필요하다"고 하셨다. 비로소 집현전 문신 권채 등 세 명에게 긴 휴가를 주어 산의 절에서 글을 편히 읽게 하셨다. 재위 후반기에도 신숙주 등 여섯 명에게 휴가를 주어 즐기며 실컷 그 힘을 펴게 하셨다.

성종 때의 학자 조위가 쓴 《독서당기》다. 조위는 《독서당기》를 써 성종 24년(1493년)에 낙성식을 한 국립 독서당인 남호에 걸었다. 독서당의 유래를 밝힌 이 글에서는 세종이 유능한 인재들에게 특별히 휴가를 줘 공부에 전념케 한 사가독서賜暇讀書가 소개돼 있다. 젊은 학자들에게 정사에서 벗어나 홀로 깊이 공부하고 사색할 기회를 준 것이다.

사가독서의 첫 수혜자는 집현전 학자인 권채, 신석견, 남수문 등 세 명이었다. 이들은 세종 8년인 1426년 12월부터 3개월간 집에서 독서를 했다. 그러나 집에서의 공부는 어려움이 있었다. 친지들의 방문, 장소의 한정, 서적의 한계 등으로 독서와 연구에 전념하기에는 미흡하였다.

그래서 세종 24년(1442년)에는 장소를 조용한 산사인 진관사로 옮겼다. 또 장의사에서도 공부했다. 고려시대부터 왕이 시주하고 행차를 하던 국립사찰인 진관사는 조선의 국왕도 크게 중요시했다. 태조는 여러 번 행차하여 외로운 영혼을 위한 재를 올렸고, 태종도 어린 나이에 죽은 막내아들 성녕대군을 위한 수륙재를 열고 많은 재산을 시주했다. 장의사는 태조가 신의왕후 안변 한씨의 기신제를 지낸 곳으로 왕실의 비호를 받던 사찰이다. 따라서 두 절은 시설과 경제적 여건이 넉넉하고 조용한 산속이어서 학자가 공부하기에 적격이었다.

사가독서를 한 학자는 기록에 따라 다소 다르지만 최항, 박원형, 유성원, 강희맹, 노사신 등 당대의 학자가 망라돼 있다. 《대동야승》에는 박팽년, 신숙주, 이개, 성삼문, 하위지, 이석형 등이 진관사 출신으로 나온다. 《용재총화》에는 홍응, 서거정, 이명헌 등을 장의사 수학생으로 적고 있다. 이들은 전통의 유학서인 경經과 백가百家는 물론이고 역사, 천문, 지리, 의약에다 점치는 복서까지 섭렵했다.

세종이 특별 유급휴가로 공부를 장려한 것은 사기앙양의 일환이었다. 집현전은 학자의 양성과 문풍의 진작, 국가 현안에 대한 연구가 목적이다. 연구는 연속성이 있어야 한다. 집현전 학사는 다른 관직으로 옮기지 않고 내부 승진을 했다. 직제학 또는 부제학에 이른 뒤 육조나 승정원으로 진출하는 게 일반적인 루트였다. 말단인 정자(정9품)나 박사(정7품)로 들어와 책임연구원인 정3품 부제학까지 승진하는 데는 10년 이상의 시간이 필요했다.

집현전 직제는 정1품부터 정9품인 정자까지 14단계다. 이 중에 정 1품인 영전사, 정2품인 대제학, 정3품인 제학은 정승이나 판서 등이 겸직했다. 정3품인 부제학 이하는 전임이다.

우수 연구원은 장기 근무가 불가피했다. 신석견의 27년을 비롯하여 정창손 22년, 최만리 18년, 박팽년 15년, 신숙주 10년 등 장기 프로젝트에 참여하는 학자는 근무처를 옮기는 게 쉽지 않았다. 37년간 존속된 집현전을 거쳐 간 학자는 96명이다. 이 중에 초보 연구원으로 참여해 부제학까지 승진한 사람이 30명, 직제학까지 오른 사람이 16명이다. 10~14년 근무는 15명, 15~19년 근무는 10명, 20~24년 근무는 5명, 25년 이상은 1명이다. 그러나 연구직은 한계가 있다. 승진의 기회가 현장 업무 부서보다 늦을 수밖에 없다. 실제로 선비로서 현업 부서에서 현실 정치를 하고 싶어하는 이들도 있었다.

불만이 있는 학자들에게 세종이 당부를 하기도 한다.

"집현전을 설치한 것은 오로지 문장에 능한 사람을 다스리기 위한 것이다. 지난 정미년(세종 9년인 1427년)에 집현전 관원이 친시에서 많이 합격하여 내 은근히 기뻐하였다. 속으로 생각하기를, 이는 필시 항상 문한文翰을 전공한 까닭이라고 했다. 그런데 근자에 들으니, 집현전 관원들이 모두 이를 싫어하고, 사헌부와 사간원이나 육조로 전출하길 희망하는 자가 자못 많다. 나는 집현전을 극히 중한 선발로 알고 특별한 예우를 해 대간과 다를 것이 없는데도, 일을 싫어하고 근무처를 옮기기를 희망함이 오히려 이와 같다면, 하물며 일반 관리이겠는가. 과인의 신하로서 그 직임을 봉행하는 뜻이 과연 이 같은 것인가. 그대들은 태만한 마음을 두지 말고 학술을 전업으로 하여, 종신토록 이에 종사할 것을 스스로 기약하라."

세종은 학자들의 불만을 해소하고자 집현전 학사의 서열을 같은 품계 관원 중 가장 위에 놓았고, 사헌부의 규찰을 받지 않도록 하였다. 또 책이 출간되면 가장 먼저 볼 수 있게 했다. 그와 같은 여러 대책 중에서 대표적인 것이 안식년제도인 사가독서 도입이다. 젊은 학자에게 유급휴가를 줘 책 읽기로 몸과 마음을 추스르도록 했다. 사가독서는 세종의 지시를 받은 변계량의 아이디어였다. 세종은 변계량이 추천한 권채, 신석견, 남수문에게 사가독서의 첫 번째 혜택을 주었다. 학습 성과가 관리되는 공부 휴가인 사가독서자는 미리 공부할 책을 지정받았다. 가령 권채는《대학》과《중용》을 과제로 받았다. 이를 공부하는 데는 약 3년이 필요한 내용이었다.

세종이 씨앗을 뿌린 사가독서는 세조의 집현전 혁파로 위기를 맞기도 했으나 성종 때는 독서당으로 정착된다. 빈집에서 하는 공가독서, 절에서 하는 산사독서를 반복하다가 서울의 남쪽인 용산에 독서당인 남호南湖를 지었다. 중종 때는 금호동으로 옮겨 동호東湖로 불렀다. 율곡 이이는 이곳에서 공부하면서 군주의 철인哲人정치 사상과 현실 문제를 문답식으로 정리하여《동호문답》이라 하고, 이를 선조에게 바쳤다.

역대 임금은 사가독서자를 극진히 대우했다. 생활비를 모두 제공하고, 책도 수시로 하사했다. 또 술과 안주를 내려 격려했다. 학문을 숭상했던 성종은 독서당에 술과 함께 수정배水精杯를 보냈다. 이에 감격한 홍문관 관원이 도금으로 수정배의 받침대를 만들었다. 그리고 김일손은 독서에 전념하겠다는 다음과 같은 글을 지었다. "맑으면 흐리지 않고, 비면 받아들일 수 있다. 그 물건을 덕으로 알고, 생각을 저버리지 말라."

세종의 인재경영은 일곱 빛깔 무지개

"강호江湖에 봄이 드니 미친 흥이 절로 난다

탁료계변에 금린어 안주로다

이 몸이 한가하옴도 역군은亦君恩이샷다"

(맹사성의 〈강호사시사〉)

세종시대의 인물들은 색깔로 표현하면 일곱 빛깔 무지개다. 획일적인 한 가지 색상이 아닌 다채로운 천연색이다. 세종 치세를 이끈 대표 주역인 허조, 황희, 맹사성, 변계량은 모두 스타일이 달랐다. 허조는 원칙주의자인 반면에 황희는 극단의 대립을 피하는 중용의 덕을 설파한다. 맹사성은 소를 타고 피리를 부는 자연론자였고, 변계량은 문장력이 일품으로 많은 것을 수용하는 입장이었다. 특징적인 구분을 하자면 허조는 법가, 황희는 유가, 맹사성은 도가, 변계량은 불가적인 내음이 났다. 이들의 특징은 백성을 편안하게 하려는 세종의 이상주의 국가 이데올로기에서 융합돼 승화되었다. 임금은 같은 듯 다른 인물들의 장점을 용광로에 녹여 창조의 아름다움으로 키웠다.

좌의정을 지낸 허조는 예악제도를 정비하는 데 크게 공헌했다. 태종과 세종 시기에 이루어진 조선의 예악제도는 거의 그의 손을 거쳤다. 또 많은 법률이 그의 아이디어에서 나왔다. 부민고소금지법도 그의 작품이다. 유교적 상하질서를 확립하려던 그에게 백성이 수령을 고발하는 것은 자녀가 부모를 비난하는 것과 다르지 않았다. 그는 세종에게 "부민(해당 고을에 사는 백성)과 수령은 부자와 군신의 관계와 같아서 절대 위를 범해서는 안 됩니다. 백성이 수령의 허물을 고소하는 것은 신하와 아들이 임금과 아비의 잘못을 들추는 것과 같습니다"라고 주장해 백성이 수령을 고소하지 못하게 하는 법을 만들었다. 또 전곡을 다루는 경관京官은 3년, 수령은 6년 임기를 채우게 하는 구임법을 제정하고, 죄인의 자식이라도 직접 지은 죄가 없으면 처벌하지 않도록 법제화했다. 조선 초기의 법전인《속육전》의 편수에도 참여했다.

원칙주의자인 허조의 성향은 집안 분위기에서도 읽을 수 있다. 조선 중기의 문신 임보신의《병진정사록》에 허조와 그의 형 허주의 이야기가 실려 있다.

허조의 형인 허주는 벼슬이 판서에 이르렀다. 이 집은 한결같이 사당의 모든 행사를 주자의 예법에 따라 행했다. 자제가 허물이 있으면 반드시 사당에 고하고 벌을 주었다. 허주가 병으로 사당의 제사를 지내지 못하고 허조에게 대신 행하도록 했다. 허조는 옛 제도를 조금 고쳐서 모셨다. 허주가 그 사실을 듣고 크게 노했다. 그는 "무릇 작은아들이 종가의 규범을 마음대로 고친다는 것은 있을 수 없다"며 동생을 쳐다보지도 아니했다. 또 문지기로 하여금 오는 것을 거절하게 했다. 허조가 두려워하여, 새벽에 그 문에 가서 날이 저물 때까지 앉아 있었다. 그러나 들어가지 못하고, 또 가서 밤이 깊도록 있었으나 역시 들어가지 못하였다. 이같이 여러 날을 계속하고야 겨우 접견하게 되었다. 이 집안 법도의 엄하기가 이와 같았다.

24년간 재상의 자리에 있었던 황희는 후덕한 소신주의자였다. 기쁨과 노여움을 얼굴에 드러내지 않고 큰 틀에서 보고 일을 처리했다. 종자를 배급하고, 뽕나무 심기를 장려해 백성의 삶을 풍족하게 하였고, 국방 대책, 외교와 문물의 진흥에도 업적을 남겼다. 예법을 널리 바르게 했고, 천인의 첩 소생의 천역賤役도 면제하게 했다. 특히 세종이 말년에 궁중에 세운 내불당으로 인한 왕과 유학자의 갈등을 중화시킬 수 있는 유연한 사고를 지녔다. 그는 역지사지로 중재자 역할을 했다. 이는 여종의 이야기에서도 나타난다.

집에서 쉴 때 두 여종이 싸움을 했다. 그중의 한 명이 "아무개가 아주 못된 짓을 했습니다"라며 상대의 잘못을 일러바쳤다. 그러자 황희는 "네 말이 옳다"고 하였다. 다른 한 명도 똑같은 방법으로 억울함을 호소했다. 황희는 이때도 "네 말이 옳다"고 하였다. 이를 곁에서 본 아내가 "대감의 생각은 무엇입니까. 두 사람에게 모두 옳다고 하니 무엇이 무엇인지 모르겠습니다"라고 말했다. 황희는 다시 또

"당신 말도 옳다"며 읽던 책을 마저 보았다.

경청의 대가로 중용의 미덕을 보인 황희의 모습을 조선 성종 때 문신인 이육의《청파극담》에서 읽을 수 있다.

황희가 홀로 동산을 거닐 때다. 이웃의 분별없는 아이가 돌을 던져 익은 배를 땅에 가득히 떨어지게 했다. 공이 큰 소리로 시동侍童을 불렀다. 아이들은 잡혀갈까 두려워 달아나 으슥한 곳에 숨었다. 공은 시동에게 "바구니를 가져오라"고 하였다. 바구니를 가져오니, "그 배를 가져다 이웃 아이들에게 나누어주라"고 한 뒤 끝까지 한마디도 아니하였다.

문강공 이석형이 장원급제하고 정언에 제수되었다. 그가 공에게 찾아와 인사했다. 공이《강목통감》한 질을 내놓고 이석형에게 제목을 쓰게 하였다. 얼마 후에 한 못된 여종이 음식을 조금 가지고 공이 앉아 있는 데에 기대어 이석형을 굽어보며 말했다. "장차 술상을 들이겠나이다." 공이 "아직 가만히 있어라"며 천천히 말했다. 여종이 다시 기대어 서서 한참 있다가 큰 소리로, "어찌 이리 늦으시오"라고 했다. 공이 웃으며 "그럼 들여오라"고 말했다. 술상을 따라 남루한 옷차림에 맨발인 어린 이들이 죽 들어왔다. 어떤 녀석은 공의 수염을 잡아당기고, 또 어떤 놈은 공의 옷을 밟고, 안주를 모두 움켜쥐고 먹었다. 또 때리기도 했다. 공은 "아프다, 아파"라고 할 뿐이었다. 어린아이들은 모두 노비의 아이들이었다.

대제학 출신인 맹사성은 우의정과 좌의정을 지냈다.《태종실록》을 감수하고《팔도지리지》를 찬하는 등 문화 창달에 크게 기여하였다. 시문에 능하고 음악에 조예가 깊어 악공을 가르치고 향악을 정리하고 악기를 만드는 등 예악 발전에 크게 기여했다. 성격이 소탈하고 품성이 부드러웠으나 도에서 벗어난 것에 대해서는 선을 긋는 과단성이 있었다.

세종은 완성된《태종실록》의 내용이 궁금했다. 그에게 넌지시 볼 뜻을 비쳤다. 맹사성은 "실록을 보고 고치면 반드시 후세에 이를 본받게 됩니다. 사관이 두려워서 제대로 쓸 수가 없습니다"라며 반대했다. 조용한 스타일의 그는 직위가 낮은 사람이 찾아와도 윗자리에 앉히고, 돌아갈 때 공손히 배웅했다. 유유자적함을 즐긴 그는 집 밖을 나갈 때는 소牛를 타고 피리를 곧잘 불어 그가 재상인 줄을 알지 못하였다.

그는 장난기도 많았던 것 같다.《필원잡기》에 이런 내용이 나온다.

맹사성은 경자생인데, 언젠가 장난으로 계묘생 동갑계에 들어갔다. 어느 날 임금이 공의 나이를 물었다. 그는 거짓 없이 대답하고 조정에서 물러 나왔다. 이를 들은 계원들은 동갑이 아니라고 쫓아내 한때 웃음거리가 되었다. 그는 성품이 음률音律을 알아서 항상 통소 하나를 가지고 하루 서너 곡조를 불 뿐, 문을 닫고 빈객을 접하지 아니했다. 무슨 일을 아뢰려는 자가 있으면, 사람을 시켜 문을 열고 만나되 여름에는 소나무 아래에 앉았고, 겨울에는 방안의 창포방석에 앉았으며, 좌우에는 다른 물건이 없었다. 아뢰려는 자가 가면 곧 즉시 문을 잠그는데, 마을 입구에 와서 통소 소리가 나면, 그가 반드시 집에 있음을 알 수 있었다.

그의 삶은 연시조인 〈강호사시사〉에도 잘 나타난다.

강호에 봄이 드니 미친 흥이 절로 난다
탁료계변에 금린어 안주로다
이 몸이 한가하옴도 역군은이샷다

강호에 여름이 드니 초당草堂에 일이 없다
유신有信한 강파江波는 보내나니 바람이로다
이 몸이 서늘해옴도 역군은이샷다

강호에 가을이 드니 고기마다 살져 있다
소정小艇에 그물 시러 흘리 띄워 더져 두고
이 몸이 소일消日하옴도 역군은이샷다

강호에 겨울이 드니 눈 기픠 자히 남다
삿갓 빗기 쓰고 누역으로 오슬 삼아
이 몸이 칩지 아니해옴도 역군은이샷다

네 살 때 고시의 대구對句를 외우고 여섯 살에 글을 지은 영재인 변계량은 세종시대 최고의 문장가다. 10년 이상 대제학으로 재직하며 명나라와의 외교문서 작성을 도맡다시피 했다. 공정함으로 과거 시관 업무를 수행해 고려 말의 폐단을 개혁하였다. 문학에 뛰어난 그는 《태조실록》, 《국조보감》 편찬과 《고려사》 개수에 참여했다. 기자묘의 비문과 낙천정기, 헌릉지문을 지었다. 또 〈화산별곡〉과 태행태상왕시 책문을 써 조선 건국을 찬양하였다.

그는 사람의 생명을 지극히 귀하게 생각했다. 제조 의금부사 시절에 수사를 공명하고 정당하게 하였다. 특히 사형을 단죄함에 있어서는 불쌍히 여겨 살릴 방도를 찾았으므로 살게 된 사람이 많았다. 세종 원년에 왜구가 남쪽 변방을 침입하자 많은 신하와는 달리 토벌을 적극 주장했다. 임금이 명으로 교문을 지어 왜인의 죄악을 낱낱이 적었다. 그런데 대마도 정벌 후 포로를 죽이자는 의논 때에 변계량은 불가함을 역설했다. 이에 포로들이 생명을 건졌다. 불가적인 성향이 있었던 그에 대해 일부에서는 "대제학으로서 귀신과 부처를 섬기고 하늘에 제사를 지냈다"고 비난했다.

세종은 이처럼 다양한 생각과 다른 특징을 가진 신료들을 나라 발전과 백성을 위하는 정치의 주역으로 승화시켰다. 다름과 다름의 영재성을 창조의 신화로 탄생시킨 것이다. 세종은 천재들의 다름을 백성 사랑의 스토리로 묶었다. 세종의 정신은 애플의 창업자인 스티브 잡스의 방법과도 비슷하다. 스티브 잡스는 기계에다 감성을 입힌 스토리로 세계를 제패했다.

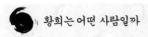

황희는 90세까지 산 행복한 인물이다. 24년간 재상으로 봉직하며 87세에 은퇴했다. 농사의 개량, 예법의 개정 등 세종시대의 대부분 업적을 보좌한 유능한 재상이지만 탄핵도 숱하게 당했다. 좌의정 때는 투옥된 태석균의 감형을 사헌부에 부탁해 파직되기도 했다.

그에 대한 시비는 크게 다섯 가지다. 벼슬청탁 대가로 땅 요구, 직권을 남용한 사위의 살인 사건 축소 조작, 박포의 처와 간통, 적자가 아닌 서자라는 사실, 뇌물 수수 등이다. 《세종실록》을 편찬하면서 황희에 대한 이 같은 소문을 기재할 것인지 여부가 논란이 되었다. 단종 즉위년(1452년) 7월 4일 기록이다. 사관인 이호문이 이상의 내용을 실록 정리작업 중에 기재했다. 황보인, 정인지, 김종서, 이계전 등 중전 정치인들이 의견을 나누었다.

결론은 다음과 같았다. "황군서의 얼자임은 맞다. 즉, 황희의 어머니는 노비 출신이다. 그러나 수상이 된 지 거의 30년에 진실로 탐오貪汚하지 않았다. 관직을 팔고, 옥사에 뇌물을 받아서 치부한 것은 믿을 수 없다. 대사헌 시절에 금을 뇌물로 받아 '황금 대사헌'이라고 하나 진실을 알 수 없다. 박포 처와의 관계는 은밀한 일로 알 수 없다. 하지만 이러한 말들이 세상에 오갔음을 실록에서 지울 수는 없다."

당시 박포 아내와의 관계에 대해서는 두 가지가 전해진다. 하나는 박포의 아내인 황씨가 집의 종과 눈이 맞았고, 이를 숨기는 과정에서 종을 죽였다. 이 사실이 들통나자 그녀는 친족인 황희의 집으로 도망을 가 숨었다. 황희는 집 마당 북쪽 토굴 속에 숨은 그녀를 여러 해 동안 간통하였다. 또 하나는 박포가 아내와 은

근한 관계에 있는 황희를 치기 위해 제2차 왕자의 난을 부추겼다는 내용이다. 두 내용은 황희와 황씨 부인의 관계 시점이 박포가 반역자로 처벌되기 전과 후라는 시점상의 차이가 있다.

차별 없는 세상을 꿈꾸다

"진실로 차별 없이 만물을 대해야 할 임금이 어찌 양민과 천인을 구별해서
다스릴 수 있겠는가."

《세종실록》09/08/29

인류의 삶은 크게 보면 지배와 피지배, 주인과 노예의 역사라고 할
수 있다. 우리나라도 고조선부터 조선시대까지 노예제도가 존속했
다. 전쟁노예, 경제노예 등이 점차로 신분제 노예로 바뀌었다. 조선
시대에는 관노비와 사노비가 있었다. 또 백정 등 노예와 비슷한 천
인이 있었다. 먼 훗날의 역사가들은 21세기의 한국을 어떻게 규정할
까. 여전히 노예제 사회라고 할까? 그럴 가능성도 있다. 이 경우 예
전의 신분제 노예에서 경제 노예로 변화되었다고 설명할 것이다. 경
제민주화, 자본주의의 모순 등을 그 근거로 들 수 있을 듯하다. 물론
현대 자본주의에서 계약관계는 자발적이다. 신체적 구속도 없다. 그
렇기에 노예시대라는 표현은 맞지 않을 수 있다. 하지만 큰 틀에서
보면 그 같은 계약을 할 수밖에 없는 점도 있다. 절대다수의 시민은
기업에서 근무해야 하는 사회구조다. 이는 신분에 의한 것이 아니라

경제 문제에 의한 것이다. 요즘 기업은 인권을 특히 중요시한다. 머슴이나 노예가 아닌 주인이라고 강조한다. 하지만 사회구조를 바라보지 않는다면 인권을 중요시한다 하더라도 실제로는 큰 의미를 가지기 어렵다.

이와 비교하여 노비의 인권에 대해 고민한 세종은 어떤 시각을 보일까. 아마 인격적, 법률적, 경제적으로 차별받는 계층이 있으면 노예제 사회라고 봤을 것이다. 그러나 업무상 평등과 인격적 평등은 구분했을 것이다. 세종은 유교적인 이상국가 실현을 생각했다. 이는 양반 사대부층이 판단을 잘하고 비전을 제시해 어리석은 백성을 편안하게 이끌어가는 사회다. 대신 백성은 생산을 담당해 지도층의 먹을거리를 책임지는 구조다. 왕조국가의 군주였던 세종은 소수자, 취약계층의 인권을 배려했다. 세종은 "임금의 직책은 하늘을 대신하여 만물을 다스리는 것이다. 임금은 진실로 차별 없이 만물을 다스려야 한다. 어찌 양민과 천인을 구별해서 다스릴 수 있겠는가"라고 했다.

이는 전도유망한 집현전 학자 권채가 노비를 학대한 데에 대한 한탄이었다. 권채는 집안의 여종 덕금을 첩으로 삼았다. 덕금은 병든 조모를 문안하고자 하여 휴가를 청하였다. 그러나 휴가를 얻지 못하자 몰래 갔다. 권채의 아내는 남편에게 '덕금이 다른 남자와 간통하고 도망갔다'고 했다. 권채는 여종의 머리털을 자르고 매질한 뒤 왼쪽 발에 고랑을 채워서 방에 가두었다. 권채의 아내는 처음에는 덕금을 칼로 찌르려고 했다. 그러나 집의 종인 녹비가 '더욱 고통스럽게 해 스스로 죽게 하는 게 좋다'고 하자 방법을 바꿨다. 덕금에게 음식을 주지 않고 자신의 오물을 먹게 했다. 그러나 덕금이 구더기가 있는 오물 먹기를 거부하자 침으로 항문을 찔러 강제로 먹이는 등 수개월 동안 가학행위를 했다.

이 같은 사실은 형조판서 노한의 목격으로 알려졌다. 노한은 길에서 한 노비가 물건을 지고 있는 것을 보았다. 물체는 사람인데 가죽과 뼈가 서로 붙어 파리했다. 깜짝 놀란 노한은 자초지종을 캐물었다. 지게에 실린 사람은 집현전 응교 권채의 여종이었다. 노한은 형조에 기초 수사를 지시한 뒤 임금에게 보고했다. 세종은 "그를 편안하고 밝은 사람으로 여겼는데, 그렇게 잔인했던가"라고 철저한 조사를 지시했다. 하지만 그를 조사하는 데는 법률적 문제가 있었다. 당시에는 백성이 수령을 고발하지 못하고, 노비가 주인을 고발하지 못하는 부민고소금지법이 막 시행되던 시점이었다. 이 법률에 의하면 여종 덕금의 억울함을 풀 수가 없다. 권채와 그의 아내는 덕금의 주인이었기 때문이다. 이에 대해 세종은 노비가 주인을 고발한 사건이 아닌, 형조에서 범죄를 인지한 사건으로 규정했다. 세종은 권채 부부를 의금부에서 국문하도록 했다.

9년(1427년) 8월 29일 의금부 제조 신상이 보고했다. "권채의 노비가 범죄 사실을 진술한 내용이 형조와 다름이 없는데도 권채와 그 아내는 모두 실정을 고백하지 않습니다. 오히려 사건을 고변한 형조판서에게 허물을 돌립니다. 권채는 다만 글을 배울 줄은 알아도 부끄러움은 알지 못합니다."

이에 대해 세종은 단호하게 말했다. "임금의 직책은 하늘을 대신하여 만물을 다스리는 것이다. 만물이 그 처소를 얻지 못하여도 오히려 대단히 상심할 것이다. 하물며 사람일 경우야 어떠하겠는가. 진실로 차별 없이 만물을 대해야 할 임금이 어찌 양민과 천인을 구별해서 다스릴 수 있겠는가. 녹비의 증언으로 사건의 진상이 명백함에도 권채가 자백하지 않는다면 마땅히 형벌로서 심문할 것이다."

의금부 심문으로 권채의 죄는 밝혀졌다. 그러나 복병이 있었다. 기득권을 유지하려는 신료들이었다. 부민고소금지법을 입안한 허조가 여론을 일으켰다. 지신사 정흠지를 설득했다. 임금과 신하, 아버지와 아들, 종과 주인의 관계는 이치가 같다고 했다. 종의 문제로 주인을 처벌하는 것은 신하의 문제로 임금을 비난하는 것과 같다는 논리였다. 계집종을 학대한 권채를 해직시키고 귀양을 보내면 사회의 기본 질서가 무너진다고 강조했다.

정흠지로부터 보고를 받은 임금은 "비록 계집종일지라도 이미 첩이 되었으면 마땅히 첩으로서 대우해야 할 것이다. 그 아내도 또한 마땅히 남편의 첩으로 대우해야 한다. 그의 잔인 포학함이 이 정도니 어떻게 용서하겠는가"라고 손을 내저었다.

그러나 정흠지는 권채의 죄가 가볍다는 반론을 폈다. 세종도 한발 물러서 권채를 파면시킨 뒤 부처(벼슬아치에게 어느 곳을 지정하여 머물러 있게 하던 형벌)케 하였다.

이후에도 세종은 어려운 사람의 인권에 계속 신경을 썼다. 12년

(1430년) 3월 24일 종을 죽인 최유원을 국문하게 하면서 한 말에서 세종의 생각을 읽을 수 있다.

"형률에, '주인으로서 노예를 죽인 자는 죄가 없다'고 했다. 그러나 이는 윗사람과 아랫사람의 분별을 엄하게 하고자 하는 의미다. 또 '주인으로서 노비를 죽인 자는 장형杖刑을 받는다'고 했는데, 이는 사람의 목숨을 소중히 여기는 것이다. 노비도 사람이다. 죄가 있으면 법에 따라 심판해야 한다. 사사로이 형벌을 가해 죽인 것은 인덕에 어긋나니, 그 죄를 다스리지 않을 수 없다."

세종은 노비의 생명과 함께 생활 환경에도 관심을 기울였다. 가장 열악한 처지인 관노비에게 1개월 전부터 출산휴가를 시행했다. 12년(1430년) 10월 19일 기사에 임금의 지시가 실려 있다.

옛적에 관가의 노비에 대하여 아이를 낳을 때에는 반드시 출산하고 나서 7일 이후에 복무하게 하였다. 이것은 아이를 버려두고 복무하면 어린아이가 해롭게 될까 봐 염려한 것이다. 일찍 100일간의 휴가를 더 주게 하였다. 그러나 산기가 임박하여 복무하였다가 몸이 지치면 곧 미처 집에까지 가기 전에 아이를 낳는 경우가 있다. 만일 산기에 임하여 1개월간의 복무를 면제하여주면 어떻겠는가. 가령 그가 속인다 할지라도 1개월까지야 넘을 수 있겠는가. 그러니 이에 대한 법을 제정하게 하라.

임금은 4년 후에는 남편에게도 30일간의 육아휴가를 법제화했다. 여종이 출산하면 남편이 산모를 구호할 수 있도록 현실화한 것이다.

세종이 실시한 획기적인 사회복지제도가 남편 육아휴가제도다. 세종은 산모의 남편에게 30일간의 육아휴가를 주도록 지시했다. 이는 요즘과 비교해도 파격적이다. 우리나라는 산모의 남편 출산휴가를 3일간 보장한다.

남녀 고용평등과 일, 가정 양립 지원에 관한 법률 제18조의 2 【배우자 출산휴가】 에 다음과 같이 규정하고 있다. ① 사업주는 근로자가 배우자의 출산을 이유로 휴가를 청구하는 경우에 3일의 휴가를 주어야 한다. ② 제1항에 따른 휴가는 근로자의 배우자가 출산한 날부터 30일이 지나면 청구할 수 없다.

남편의 산후 휴가는 네덜란드 2일, 스웨덴과 뉴질랜드는 각각 14일, 핀란드 21일이다.

《세종실록》 16년(1434년) 4월 26일 기사에는 다음과 같은 내용이 있다.

경외의 여종[婢子]이 아이를 배어 산삭産朔에 임한 자와 산후 100일 안에 있는 자는 사역을 시키지 말라 함은 일찍이 법으로 세웠다. 그러나 그 남편에게는 전혀 휴가를 주지 아니하고 그전대로 구실을 하게 하여 산모를 구호할 수 없게 된다. 이는 부부가 서로 구원하는 뜻에 어긋날 뿐 아니라, 이 때문에 혹 목숨을 잃는 일까지 있어 진실로 가엾다 할 것이다. 이제부터는 사역인의 아내가 아이를 낳으면 그 남편도 만 30일 뒤에 구실을 하게 하라.

효를 바탕으로 충을 실현하다

"변계량이 청했다.《효행록孝行錄》등의 서적을 널리 반포하여 항간의 영세

민으로 하여금 이를 항상 읽고 외게 하여 점차漸次로 효제와 예의禮義의 마당

으로 들어오도록 하소서."

《세종실록》 10/10/03

조선은 인조 2년(1624년) 1월에 내란에 휩싸였다. 인조반정의 주
역인 이괄이 논공행상에 불만을 품고 난을 일으켰다. 평안병사 겸
부원수로 임명된 그는 평안도와 황해도를 휩쓴 뒤 반란군을 이끌고
서울의 코앞인 벽제(고양시 일산구)까지 진격했다. 당황한 인조는
공주로 피란할 것을 결정했고, 젊은 문신인 이경여가 임금을 모시고
가는 호종관 임무를 맡았다. 이경여는 떠나기 전, 집에 들러 어머니
에게 하직 인사를 했다. 어머니 진천 송씨는 예순 살로 홀로 살고 있
었다. 생사의 갈림길이 될 수도 있는 이별. 아들은 차마 발걸음을 옮
기지 못하고 있었다. 어머니는 아들을 꾸짖으면서 길을 재촉했다.

"네가 벼슬길에 올라 임금을 섬기다 난을 만났다. 집안일에 연연하여

지체하는 것은 신하 된 도리가 아니다. 빨리 떠나거라. 나는 조금도 염려하지 마라."(《동고공신도비》)

　충과 효에서 하나를 선택해야 하는 극단의 경우 어떻게 해야 할까. 조선인의 가치관은 효가 충에 앞섰다. 특히 부모를 봉양해야 하는 큰아들은 나라의 업무보다 집안의 일을 우선했다. 임진왜란 때 맏형인 유운룡은 식솔을 이끌고 피란을 했고, 동생인 유성룡은 임금을 모시고 전쟁에 참여했다. 큰아들인 이경여도 홀로된 어머니를 남겨 둔 채 차마 떠나지 못하고 망설였던 것이다. 이는 유학자 대다수의 시각이었다.

　유학의 스승인 공자의 효에 대한 생각은 《효경》에서 엿볼 수 있다. 공자는 제자 증삼에게 "천지에서 사람이 가장 귀하고, 사람의 행실에 있어서 가장 큰 것은 효"라고 설명했다. 또 어버이를 존경하지 않으면서 다른 사람을 사랑하는 자는 덕에 어긋난 것이고, 어버이를 공경하지 않으면서 다른 사람을 예우하는 것은 예에 벗어난 것이라고 말했다. 무엇보다 아버지를 섬김을 근본으로 하여 임금을 섬기라는 설명이다.

　유교는 효를 강조하여 그 범위를 충으로까지 이어가는 구조였다. 따라서 효를 행하지 않은 사람이 충을 말하는 것은 설득력이 떨어졌다. 유교를 삶의 지침으로 받아들인 선비들은 공자의 말을 금과옥조로 여겼다. 대표적인 것이 '신체발부 身體髮膚 수지부모 受之父母 부감훼상 不敢毁傷 효지시야 孝之始也'이다. 몸은 부모에게서 받았으니 손상시키지 말라는 것이다. 그래서 극단적으로 전쟁이 나도 부모 봉양이 우선이었다. 수신제가치국평천하修身齊家治國平天下의 순차적 모습이다. 군자의 길은 효에서 출발해 충으로 이어지는 것이다.

이는 군주도 마찬가지였다. 세종은 신하보다 효를 더 우선시했다. 효를 통한 충을 이끌기 위해 임금의 조상을 모신 종묘의 제향에 직접 참여하며 모범을 보였다. 세종은 아버지 태종의 존호와 묘호를 올리면서 백성들에게 널리 알렸다. "왕은 말하노라. 근본에 보답하는 데에는 부모를 높이는 것보다 클 것이 없고, 정치를 하는 데에는 효도를 세우는 것보다 더할 것이 없다." 선행된 효도가 충성으로 확장되는 원리를 염두에 둔 선언이었다. 국가의 존폐와 같은 극단적인 상황이 아니라면 효가 우선이라는 게 임금의 생각이었다.

이는 행정에서도 나타난다. 세종 3년(1421년)에 정국은 '임군례 사건'으로 시끄러웠다. 임군례는 개국공신으로 한족 역관인 임언충의 아들이다. 임군례는 아버지 덕으로 충의위에서 정3품인 제거 벼슬을 하고 있었다. 역관으로 명나라에 여러 차례 왕래한 그는 큰 부자가 되었다. 경솔하고 재산에 관심이 많은 그는 세력가에 아부를 잘하여 오방저미五方猪尾라고 손가락질을 받았다. 오방저미는 돼지처럼 꼬리를 잘 흔들고 아부하는 사람이라는 의미이다. 임군례는 관의 목수를 개인적으로 부리고, 재정을 축냈다. 도총제 이징은 관청 물품의 장부 기입과 출납을 조사하여, 그의 비리를 상왕인 태종에게 보고했다. 그는 제거직에서 대호군으로 강등됐다.

임군례는 거친 글로 태종에게 항의했다. 문맹인 그는 글을 대신 써준 정안지 등에게 불평을 늘어놓았다. "공신의 아들인 나를 홀대하는 임금이 제대로 된 군주인가. 상왕이 무시로 놀러다니니, 신우(고려 우왕)가 놀며 즐겨하던 일과 다를 것이 무엇인가. 상왕이 거짓으로 병이 났음을 들어 왕위를 세자에게 넘긴 것을 명나라 황제가 안다면 임금이 자리를 보전하겠는가" 등의 왕실을 협박하는 내용이었다. 위험스러운 발언에 옆에 있던 아들 임맹손이 눈짓으로 말리기도 했다.

이로 인해 임군례와 정안지 등이 체포됐다. 이들은 국문에서 모두 자백을 했고, 대역죄로 논단이 되었다. 임군례의 극형에는 이론이 없었으나 아들 임맹손의 처벌에는 시각차가 있었다. 세종과 신하들의 대화를 들어본다.

집의 심도원이 건의했다. "난신 임군례, 정안지의 연좌인을 모두 처벌해야 합니다." 임금이 답했다. "담당관의 법을 집행하는 취지로써는 당연한 일이다. 그러나 내가 이미 상왕께 여쭈었으므로, 상왕께서 재량하여 처리하실 것이다. 너희가 굳이 청할 것이 없다. 또 과거에는 비록 난신에 연좌된 자가 있다 할지라도 문제 삼지 않았다. 그런데 지금에 하필이면 이 사람들만 가지고 벌을 주자고 주장하느냐."

심도원이 아뢰었다. "임군례의 아들 임맹손은 다른 연좌인과 같이 볼 수 없습니다. 그의 아비가 난언을 할 때에 옷을 잡아당기며 말렸은즉, 이것은 함께 참여하여 들은 것이오니 용서해서는 안 됩니다." 임금이 말했다. "너의 말이 잘못이다. 임금과 신하와의 의리가 비록 중하지만, 아버지와 아들의 은의도 또한 큰 것이다. 어찌 군신의 의로 부자의 은혜를 없앨 수 있겠느냐. 임맹손이 그 아버지의 옷을 잡아당기며 반란에 속한 말을 못하게 한 것은 곧 임군례에게 효자 노릇을 한 것이다. 이것을 가지고 어찌 반란에 참가했다는 죄를 씌울 수가 있느냐."

심도원이 나간 뒤에 임금이 말했다. "심도원은 법을 담당한 관리로서, 다만 임맹손이 그 말을 들은 것을 가지고 죄를 논한다. 임맹손이 아비를 사랑하는 효심은 잊어버렸으니, 어찌 법을 안다고 말할 수 있겠느냐."

법 집행관인 심도원은 임군례의 불충한 언행 현장에 같이 있던 아들의 처벌을 주장했다. 이에 대해 임금은 아들의 효심을 살필 때 처벌은 맞지 않다는 설명이다. 임금과 신하 사이의 의례로 아버지와 아들 사이의 은혜 관계를 없앨 수 없다는 지적이다. 군신 간의 인륜보다 부자간의 천륜을 강조한 것이다. 세종이 추구한 효를 바탕으로 충을 실현하는 정치의 핵심이다. 세종은 효와 충을 동시에 겸할 수 있게 했다. 하지만 둘이 상충할 때는 효를 우선 배려했다.

국가의 법규제정을 담당한 상정소 직임의 김치명은 노부모가 전라도 금구에서 살았다. 김치명은 부모 봉양을 걱정했다. 이에 임금은 그를 금구 현령으로 발령했다. 하직 인사를 하는 그에게 임금은 당부했다. "상정소 직임을 받고 있는 그대를 멀리 지방에 내는 것은 나의 본의가 아니다. 그대의 늙은 어버이가 전라도에 산다고 하기에 이 벼슬을 내리는 것이다. 한쪽으로 백성을 잘 다스리고 한쪽으로 어버이를 보살핀다면 충과 효를 다 온전하게 할 수 있을 것이다. 그대는 학문을 공부하였으니 수령의 직책에 대해 많이 생각했을 것이다."

부모에게 효도를 장려한 임금은 70세 이상의 부모가 생존한 관리는 먼 지방으로 발령을 내지 않도록 지시했다. 또 연로한 부모를 모시기 위해 사직하는 경우에는 원칙적으로 허락했다. 하지만 국가의 중요한 업무를 담당하는 관리는 예외였다.

예문제학 정인지가 어버이를 모시기 위해 지방 수령을 신청했다. 한 번 거절당한 정인지는 재차 청했다. "신이 늙은 어버이 봉양을 위해 지방 수령을 원하였으나, 허락하심을 입지 못하였습니다. 신은 어릴 때부터 부모의 슬하를 멀리 떠나서, 한 해도 모시지 못했습니다. 또한 어머니도 갑자기 세상을 떠났는데, 홀로돼 70이 넘은 아버지도 병환을 얻었으니 남은 수명이 얼마나 되겠사오리까. 그러나 신의 누이들이나 동생은 죽거나 먼 곳에 있어 봉양할 수 없습니다. 엎드려 바라옵건대, 신의 지극한 정을 살피시어 어버이를 모시면서 충과 효를 다할 수 있도록 기회를 주시옵소서."

그러나 임금은 이렇게 답했다. "그대는 이미 국사 편수를 맡았고, 또 역법을 담당한다. 외직을 맡길 수 없다. 내가 장차 해마다 역마驛馬를 주어 가보게 해 어버이 보살피는 일을 폐하는 데 이르지 아니하게 할 것이다. 일이 끝나면 소원을 들어주겠다."

나라의 중요한 임무를 맡았기에 개인적인 효를 미루라는 것이다.

좌의정 황희도 같은 상황이었다. 모친상을 당한 황희는 조정 업무에서 손을 뗐다. 그런데 임금은 3개월이 지나자 복직 명령을 내렸다. 상을 당해 정해진 기일 동안 예의를 다하는 게 효자의 지극한 도리이지만 나라를 위해 조정에 나오는 것 또한 신하의 덕목이라고 했다. 임금은 상도常道와 권도權道의 논리를 다 적용해 대신들을 설득했다. 상도는 변하지 않는 진리다. 아들이 부모에게 효도하는 것을 예로 들 수 있다. 권도는 상황에 맞는 해결책이다. 나라의 중요 업무를 맡은 관리는 임금과 백성에 대한 봉사가 충성이고 효도라는 해석이었다.

 세종, 아버지 생전에 묘호를 정하다

조선시대 효 사상의 바탕은 죽은 사람도 산 사람처럼 모시는 것이었다. 그 모습이 제사이고, 신주를 모신 사당으로 나타났다. 임금이 붕어하면 담제를 지낸 뒤 종묘에 부묘를 한다. 그래서 임금이 사는 장소는 세 곳이었다. 살아서는 왕궁에서 생활하고, 사후에 몸은 왕릉으로 간다. 또 혼은 종묘에서 안식을 취한다.

조선시대에는 사람이 죽으면 정신이 혼魂과 백魄으로 나뉜다고 믿었다. 사랑한다, 아름답다, 좋아한다 등의 두뇌로만 감지되는 추상적인 정신이 있는가 하면 (꼬집으면) 아프다, (먹지 않으면) 배고프다 등 몸에서 느껴지는 정신이 있다. 추상적인 정신은 혼이고, 육체적인 정신은 백으로 구분된다. 혼은 자유로워서 죽으면 하늘로 올라가고, 백은 우리 몸에 붙어 있는 정신으로 죽으면 땅에 같이 묻히는 것으로 이해했다.

종묘는 무덤이 있는 곳이 아니다. 제사를 모시는 곳이다. 무덤 묘墓 자가 아닌 사당 묘廟 자를 쓰는 이유다. 사당에는 정신, 혼만을 모신다. 임금은 붕어한 뒤 담제까지 치르면 종묘에 모셔진다. 이때 묘호를 같이 올린다. 그런데 세종은 아버지의 묘호를 아예 생전에 정했다. 태종은 나라를 연 태조와 함께 건국에 가장 큰 공헌이 있는 왕에게 주어지는 상징성이 강한 묘호다. 그런데 세종은 아버지 생전에 반드시 태종이라는 묘호를 사용할 것이라 언급했다. 이는 당시인의 시각으로 볼 때 아버지에 대한 최고의 효도로 볼 수 있다.

세종은 2년(1428년) 7월 17일 신하들과 원경왕후를 위한 사찰 건립 문제를 논의하는 과정에서 "부왕은 만세 후에는 마땅히 태종이 되실 것"이라고 말했고, 유정현 등 신하들도 "상왕은 만세 후에 반드시 태종이 되실 것"이라고 화답했다. 세종은 부왕이 붕어한 지 3개월이 지난 4년(1422년) 8월 8일 다른 의견 없이 묘호를 태종으로 올렸다.

평생공부가 만든 지식경영

영토는 양보할 수 없다

"대마도는 경상도에 속해 있습니다. 모든 보고나 문의는 반드시 경상도 관찰사에게 하십시오."

《세종실록》 02/윤1/23

세종 16년(1434년) 대궐의 양로연에 참석한 이귀령이 감격에 겨운 감사의 말씀을 올렸다. "신의 나이 89세인데 일찍이 함길도 순문사와 찰리사를 지냈습니다. 옛날에 윤관이 여진을 토벌하고 비를 세웠습니다. 그 뒤 알목하의 땅이 야인의 소굴이 되었는데, 이제 군사를 보내 큰 진을 세워 방비를 엄히 하셨습니다. 거룩한 일에 늙은 신하는 기쁨을 이기지 못하겠나이다."

세종은 "알목하 등은 조상의 옛 땅이니 헛되게 버릴 수가 없소"라고 대답했다. 세종의 영토관이 잘 드러난 표현이다.

위대한 군주는 국토를 넓힌다는 게 세종의 시각이었다. 조상의 옛 강토를 되찾겠다는 의지가 넘쳤다. 세종은 국제정세를 활용해 북방 진출을 실현했다. 세종은 15년(1433년) 11월 19일 북방 방어진인 영북진을 회령으로 북상시키고, 함흥 인근에 있던 경원부를 경원으로 옮기는 것을 논의했다. 국토확장이다.

임금은 국토에 관한 생각을 분명히 했다. "회령(알목하)은 본래 우리나라 영토다. 새로운 여진 무리가 알목하에 살게 되면, 우리나라 변경을 잃어버린다. 또 하나의 강적이 생기게 된다. 그러므로 그곳의 허술함을 타 영북진을 알목하로 옮기고, 경원부를 경원(소다로蘇多老)으로 옮겨 옛 영토를 회복할 생각이다."

그리고 새롭게 개척한 땅을 영구히 우리의 것으로 하기 위해 사민 정책을 제시했다. 충청도, 전라도, 경상도의 향리, 역졸, 노비는 물론이고 자원자를 받겠다는 구상이다. 이들에게는 노역을 면제하고, 지방 벼슬을 주면서 군 복무를 겸하게 하려는 생각이었다.

이 과정에서 나타난 것이 세종의 북진 의지다. 조선은 건국과 함께 북진을 추진했다. 비슷한 무렵에 출범한 명나라도 대외팽창정책을 계속했다. 양국은 힘의 공백 상태인 요동에서 충돌했다. 이곳에 거주하는 여진인은 세력이 분열돼 있었다. 명나라 태조는 시종 조선을 압박했고, 조선 태조는 정도전의 의견을 들어 요동 정벌을 준비했다. 일촉즉발의 전운이 감돌던 양국은 정도전과 명 태조가 사망하면서 안정 국면에 접어드는 듯했다.

그러나 명나라 영락제가 만주 지역을 계속 복속시키면서 조선과의 갈등이 심화되었다. 조선 초기에는 중국에 가까운 압록강과 요동 주변의 여진인은 명나라에 기울었고, 중국에서 먼 두만강 지역의 여진인들은 조선의 통제권에 있었다. 그런데 영락제의 대대적 공세에 조선의 세력권에 있던 여진인들이 명나라로 복속되어갔다. 이는 조선의 북방 방어 전략에 비상이 걸리는 문제였다. 막대한 생필품 제공으로 회유했던 두만강 유역 여진인들의 이탈을 막기 위해 조선은 대책이 필요했다.

태종은 명나라에 사신을 파견해 공험진 이남을 조선에 귀속시켰다. 당시 명에 보낸 국서의 내용이다. "조사해보건대, 동북 지방의 공험진으로부터 공주, 길주, 단주, 영주, 웅주, 함주 등 고을이 모두 조선의 땅입니다. 요나라 때 동여진이 웅거하고 있었는데, 고려 때 군사를 보내어 회복하였습니다." 이에 명나라는 공험진 이남을 조선의 땅으로 인정했다. 이로써 양국의 만주 지역 주도권 다툼은 일단 봉합됐다.

명은 영락제 사망 이후 재정 문제로 대외 팽창 의지가 시들해졌고, 조선은 다시 북진 기회를 노렸다. 세종은 끊임없이 변경을 침입하는 여진을 제압하면서 아예 옛 영토를 회복하려는 큰 그림을 그렸다.

세종은 우선 공험진의 위치를 확실히 할 생각을 한 것으로 보인다. 지금도 위치가 불분명한 공험진은 당시에도 양국에 이견이 있었다. 공험진의 위치는 고려시대 윤관이 성을 쌓고 선춘령에 세운 '고려지경高麗之境'이라는 비로 확인할 수 있다. 하지만 고려의 땅 경계비는 오리무중이었다. 《세종실록지리지》에는 선춘령에 세운 비석의 4면에 글이 새겨졌는데 여진인들이 깎았고, 뒤에 사람들이 비석 자리 밑을 파보니 고려지경高麗之境이라는 4자가 있었다는 것이다.

선춘령에서도 공험진으로 가는 길은 멀었다. 《세종실록지리지》 경원부편에서는 선춘령에서 수빈강을 건너면 성터가 나온다. 다시 소다로에서 북쪽으로 30리를 가면 어두하현이 있고, 그 북쪽 60리에 동건리가 있고, 두만강을 건너 북쪽으로 90리를 가면 오동 사오리참이 나온다. 그 북쪽으로 60리에 하이두은이 있고, 그 북쪽으로 100리에 영가 사오리참이 있고, 그 북쪽으로 소하강가에 공험진이 있다. 즉, 두만강에서 한참 넘어가야 공험진이 있다는 설명이다. 이 같은 조선인의 국경인식은 영조 때의 것으로 생각되는 〈서북피아양계만리일람지전도〉에도 반영돼 있다. 두만강 북쪽에 선춘령과 고려경이 표시돼 있다.

불분명한 공험진의 위치를 확인하기 위혜 태종은 하륜에게, 세종은 김종서에게 각각 비석을 찾을 것을 지시했다. 명나라도 요동에 관심이 있는 세종을 경계하고 있다. 세종 6년(1424년) 10월 17일 임금은 비보를 듣는다. 중국에 공녀로 간 한여비가 순사했다는 것이다. 명나라는 영락제가 사망하자 그의 빈들을 모두 순사시켰다. 이때 한확의 누이인 여비도 죽었다. 여비는 마지막 소원으로 "유모인 김흑을 고국으로 보내달라"고 새로운 황제 인종에게 말했다. 인종은 분명히 약속했으나 이행되지 않았다.

이유는 "조선국의 임금이 어질어서 중국 다음갈 만하다. 또 요동이 옛날에는 조선에 속하였다. 만일 요동을 조선이 얻는다면 중국도 항거하지 못할 것이다. 따라서 이런 난을 조선에 알릴 수 없다"는 것이었다. 요동이 원래 조선의 땅이고, 세종이 고토 회복을 염두에 두고 있음을 명나라가 경계하고 있음을 암시하는 대목이다. 결국 세종의 북진 의지는 최윤덕과 김종서를 보내 4군과 6진을 개척, 현재 국토와 비슷한 모습을 완성했다.

세종은 확장한 국토를 지키는 일에도 세심한 신경을 썼다. 여진의 침략에 방어를 잘못한 지휘관을 문책했다. 그런데 전쟁에 패한 것보다는 체계적이고 합리적인 대응을 하지 못한 것을 따졌다. 나라 수호를 위해 위험한 상황에서 무리하게 싸우는 것도 경계했다. 여진과의 국경에서는 청야작전을 폈다. 가을걷이를 빨리 끝내 들판을 깨끗하게 한 뒤 성안에서 지키는 전략이다.

19년 3월에 청야작전 지시를 어긴 경원절제사 송희미를 의금부에 가뒀다. 송희미는 9월 마지막 날까지도 백성들을 성안으로 불러들이지 않았다. 더욱이 적이 국경 가까이 접근해 며칠 동안 묵고, 쳐들어온다는 정보도 있었으나 대책을 세우지 않았다. 이로 인해 많은 백성이 죽고 포로로 끌려갔다. 그러나 송희미는 1천 명이 안 되는 여진군을 조정에 3천 명으로 거짓 보고했다.

세종은 송희미의 문책 사유를 밝혔다. 첫째는 적의 기병 200명이 우리 땅에 들어와 머물러 있는데도 탐색하지 못했다는 점이고, 둘째는 침입을 당한 후 대처에 미흡했다는 점이다. 셋째는 적이 퇴각할 때 전열이 흐트러졌음에도 추격하지 않은 점이다. 넷째는 잡혀간 사람이 300명이 넘었음에도 20여 명과 마소 8, 9마리로 축소 보고한 점이다. 세종은 이와 함께 변방의 장수들이 송희미가 곧 나아가 싸우지 않아 처벌받은 것으로 잘못 생각하지 않도록 유시했다. 이는 뒷날 쳐들어오는 적의 많고 적음도 헤아리지 않고 경솔히 성 밖으로 나가 결전하는 사태를 막으려 함이다. 성안에서는 방어하는 편이 들판에서 싸우는 것보다 유리하다.

조선 전기 문신인 이륙은《청파극담》에 송희미가 나가 싸우지 않아 피해를 크게 한 뒷이야기를 실었다.

송희미가 경원을 지키는데, 아침에 수청 기생이 말했다. "어젯밤 꿈에 적이 갑자기 달려들어 영감의 머리를 베어 갑디다." 얼마 아니 되어 적이 쳐들어온다는 보고가 있었다. 송희미는 기생의 꿈이 마음에 걸려 끝내 성문을 닫고 나가지 않았다. 부하들이 간했다. "적의 형세가 외로우므로 치면 반드시 이길 것입니다. 어찌 저들의 노략질을 앉아서 보기만 하고 나가서 구하지 않습니까." 그러나 그는 듣지 않았고, 적이 말과 사람 100여 명을 잡아갔다. 어떤 군졸이 몸을 날려 크게 외치면서 잡혀가는 사람 수십 명을 빼앗아 돌아왔다. 이 내용을 알게 된 세종이 크게 노하여 송희미를 잡아오게 하고, 군졸은 발탁하여 사품관으로 삼았다. 송희미에게는 군법으로 논하여 죽음을 내렸다.

그가 청파를 지날 때다. 이때 옛 친구인 정승 최윤덕이 술과 안주를 갖추어 영결하기를, "슬퍼하지 마오. 공은 법에 의하여 의당 죽어야 하오. 인생은 마침내는 한 번 죽음이 있는 것이니, 나 역시 얼마 아니하여 공을 따를 것이오."

그렇다면 세종은 독도는 어떻게 인식했을까. 울릉도 동남쪽 뱃길 따라 225리에 동도와 서도가 바라보는 가운데 주변에 흩어져 있는 89개의 바위와 암초 등으로 이루어진 화산섬을 알고 있었을까? 이에 대한 세종의 생각을 구체적으로 읽을 수는 없다. 그러나《세종실록》권153 지리지, 강원도 삼척도호부 울진현에 울릉도와 독도가 설명돼 있다. "우산무릉이도于山武陵二島, 재현정동해중在縣正東海中, 이도상거불원二島相去不遠, 풍일청명風日淸明, 즉가망견則可望見." 우산과 무릉의 두 섬이 현의 정동방 바다 가운데에 있고, 거리가 멀지 아니하여, 날씨가 맑으면 바라볼 수가 있다는 뜻이다. 이 같은 설명이 상세하니 영토에 관심이 높은 세종이 세세하게 읽었을 가능성이 매우 높다.

《세종실록지리지》는 단종 2년에 완성됐지만 골격은 이미 세종 때 갖추어졌다. 세종은 대제학 변계량 등에게 과거 지리지를 참고해 새 지리지를 편찬하게 했다. 그래서 팔도의 지리지로 구성된《신찬팔도지리지》가 세종 14년(1432년)에 왕에게 올려졌다. 이를 바탕으로 구성된 것이《세종실록》에 부록으로 수록된 지리지이다. 결국 세종은 독도의 위치와 환경을 세밀하게 알고 있었다고 볼 수 있다.

한편 대마도는 세종 때 경상도에 편입됐다. 대마도 정벌 다음해인 2년(1420년) 윤1월 10일 대마도주가 귀속을 청해왔다. 대마도주인 도도웅와都都熊瓦가 사신을 보내 "대마도를 귀국의 행정제도에 따라 주州의 명칭과 인신印信을 주신다면 마땅히 신하의 도리를 지키어 시키시는 대로 따르겠습니다"라고 요청했다. 2주일 뒤에 조정에서는 대마도를 경상도에 부속시킨다는 답신을 종씨 도도웅와宗氏都都熊瓦라는 인장과 함께 보냈다.

대마도는 경상도에 속해 있습니다. 모든 보고나 문의는 반드시 경상도 관찰사에게 하십시오. 직접 조선 조정에 올리지 마십시오. 그대가 청한 인장과 하사하는 물품은 돌아가는 사절에게 보냅니다.

세종의 시각에서는 독도도, 대마도도 조선의 땅이었다. 또 당시의 조선인과 명나라 사람은 요동도 조선의 고토임을 인식하고 있었다. 동북공정을 하는 중국은 한반도 서부까지 만리장성을 연장하고 있다. 일본은 대마도를 지배하면서 독도의 영유권도 주장한다. 시계를 세종의 시대로 돌리면 우리가 어디까지 지배했고, 어디를 찾아야 하는지를 알게 된다.

통합을 위해 계승한다

"내가 인물을 잘 알지 못하니 좌의정, 우의정과 이조, 병조의 당상관과 함께 의논하여 벼슬을 제수하려고 한다."

《세종실록》 즉위년/08/12

세종은 1418년 8월 11일 근정전에서 조선의 4대 임금으로 즉위했다. 세종시대의 개막을 알리는 취임사는 '역사의 전통 계승'이었다. 강사포에 원유관을 쓴 젊은 왕은 교서를 반포했다. "일체의 제도는 태조와 부왕께서 이루어놓으신 법도에 따를 것이다. 아무런 변경이 없을 것이다." 군주가 바뀌었지만 기존의 질서를 그대로 유지하겠다는 의지였다.

새 임금이 등극하면 역사는 소용돌이칠 수 있다. 신료들은 거취와 관련돼 촉각을 곤두세울 수밖에 없다. 새 나라 건설과 새 시대 개막에 따른 비전 제시 과정에서 음지와 양지가 바뀌는 게 다반사다. 신神과 같은 절대 권력자는 주위 사람의 생살여탈권을 쥐고 있다. 그래서 차기 왕의 구도에 신료들은 운명을 건 도박을 하기도 했다. 연산군 즉위 후 숙청의 피바람도, 숙종 사후 노론과 소론의 극렬한 대립도 임금의 말 한마디에서 비롯됐다. 냉혹한 정치 현실, 신료들은 새 왕의 즉위교서에 신경이 곤두섰다. 긴장된 상황에서 세종은 전통의 계승을 분명히 했다. 급격한 변화가 없음을 말해 주위에 안정감을 심었다.

임금은 선언의 배경으로 태조와 태종의 업적을 설명했다. "삼가 생각하건대 태조께서 나라를 창업하시고, 부왕께서 큰 사업을 이어받으셨도다. 하늘을 공경하고 백성을 사랑하시어 나라의 안팎이 평안하고 온 누리의 창고가 넉넉했다. 해구가 와서 복종하고, 문치는 융성하고 무위는 떨치었다. 나라에 예절이 일어나고 음악이 갖추어지고 민심이 넉넉해졌다. 옛날에 없는 이러한 극치를 이룸이 어언 20년이 되었다."

조선을 개국한 뒤 나라가 크게 흥하고 백성이 편안해졌으니 앞선 왕들의 좋은 모습을 그대로 따르겠다는 설명이다. 이를 실천하는 첫 마당으로 대사면령을 내렸다. 정치보복이나 사회불안 요소를 미리 차단하는 조치였다. 계승 선언에 이은 통합실천으로 대사면령을 발표했다. 나라의 안위와 인륜국가를 건설하는 데 역행하는 네 가지를 제외한 모든 죄를 용서했다. 즉위 전까지의 모든 죄를 묻지 않을 것을 선언했다. 사면에서 제외되는 대상은 모반대역, 직계존속 사상, 남편을 죽인 처첩, 주인을 죽인 노비, 독약이나 사술로 사람을 죽인 경우다.

세종은 다음 날 개각을 발표했다. 전날의 즉위교서에서 발표한 대로 기존 인물의 의견을 들었다. "내가 인물을 잘 알지 못하니 좌의정, 우의정과 이조, 병조의 당상관과 함께 의논하여 벼슬을 제수하려고 한다." 인물을 잘 모른다는 것은 겸양이다. 대신들에게 명분을 주기 위함이다.

이에 대해 하연은 태종도 조준 등의 의견을 들어 각료를 인선했다는 의견을 낸 뒤 "전하께서 처음으로 정치를 행하심에 있어, 대신과 함께 의논하옵심은 매우 마땅하옵니다"라고 고했다. 결국 임금은 당상관들과 상의해서 허지를 대사헌으로, 허조를 공안부윤으로, 박광연을 경상도 수군 도절제사로, 정수홍을 우사간으로, 박관을 사헌집의로, 정기를 사헌지평으로 삼았다.

세종은 통합을 위해 역사의 계승을 선언했다. 조선이 건국돼 나라의 질서가 잡혀가고 있었지만 여전히 사회 문제가 많았다. 고려를 잊지 못하는 유신들과 그 후손들에 대한 대책, 두 차례 왕권 다툼에서 좌절하고 소외된 사람, 새로운 사회를 갈망하는 인사, 신흥 기득권 세력, 불교계의 불만 등이 혼재된 사회였다. 새 임금은 이런 문제를 극복해야 했다. 세종은 과거사 청산을 선택할 수도 있고, 태종과는 다른 신정치를 구상할 수도 있었다. 그러나 급격한 변화에 의한 흔들림 대신 역사계승의 안정을 통한 변화를 선택했다.

세종이 지금의 우리 사회를 본다면 어떤 조언을 할까. 우리 사회는 대기업과 중소기업의 문제, 빈부격차의 문제, 젊은 세대의 취업 문제, 노인 인구의 증가, 남북 대립 등 세대 간, 계층 간, 남북 간의 여러 문제가 혼재돼 있다. 정권을 진보와 보수, 여당과 야당이 번갈아 잡고 있지만 볼멘소리는 줄어들지 않는다. 이런 현실에서 세종은 진보와 보수를 떠나 현실을 인정하는 선택을 했을 가능성이 있다. 임금은 역사를 계승한 뒤 점진적 변화를 꾀했기 때문이다.

국방을 위해 신하의 건의를 외면하다

"기절한 군사 3명 외에 무수한 사람이 사경을 헤맸다. 말도 많이 쓰러졌다. 임금이 기병 20명을 발송하여 술과 밥을 가지고 가 구조하게 하니 밤은 깊어 새벽에 이르고 있었다. 그러나 26명이 사망하고 말 69필과 소 1두가 죽었다."

《세종실록》 13/02/20)

국력은 군사력이 중요한 요소다. 중국, 일본, 러시아, 미국의 4강이 각축하는 게 한반도의 현실이다. 해마다 국방예산에 시선이 쏠린다. 또 군 복무기간도 관심의 대상이다. 공무원 채용 때 군 가산점도 현안이다. 군 예산은 점진적으로 증가해왔고, 군 복무기간은 계속 감축됐다. 군 복무기간은 한국전쟁 직후에는 전군이 36개월이었다. 1968년 1·21 사태로 육군 36개월, 해군과 공군은 39개월로 늘었다가 이후 점진적으로 줄었다. 2012년에는 육군 21개월, 해군 23개월, 공군 24개월로 됐다. 2013년에는 벽두부터 18개월 단축근무가 논의되었다. 군 복무 단축은 공중전 위주의 첨단전쟁으로 바뀌는 현대전의 여건 변화와 관련이 깊다.

군사력과 방위산업 능력은 나라의 근간이다. 이런 의미에서 국방력

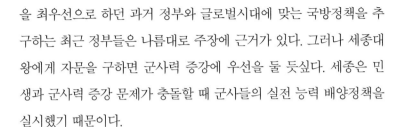

을 최우선으로 하던 과거 정부와 글로벌시대에 맞는 국방정책을 추구하는 최근 정부들은 나름대로 주장에 근거가 있다. 그러나 세종대왕에게 자문을 구하면 군사력 증강에 우선을 둘 듯싶다. 세종은 민생과 군사력 증강 문제가 충돌할 때 군사들의 실전 능력 배양정책을 실시했기 때문이다.

　세종은 문치국가 조선의 기틀을 다졌다. 한글을 창제하고, 안질에 걸려서도 밤늦게까지 책을 본 호학군주다. 각종 기록에도 백성을 사랑하는 영민한 군주로 묘사돼 있다. 《세종실록》은 "영명강과英明剛果, 침의중후沈毅重厚, 관유인자寬裕仁慈, 공검효우恭儉孝友, 출어천성出於天性"으로 표현했다. 빼어난 두뇌에 과감성과 강인함이 빛난다. 신중함과 너그러움과 인자함과 공손함을 갖췄고 효성스럽다는 뜻이다. 승하 후 명나라에 보낸 국서에는 "천자영예天資英睿, 심침중후深沈重厚, 호학불권好學不倦"으로 적었다. 타고난 자질이 영예하고, 깊고 후덕하며, 배움을 즐겨서 멈추지 않는다는 의미다. 부왕인 태종도 "천성총민天性聰敏 파호학頗好學"이라고 했다. 총명하고 배우기를 좋아한다는 내용이다.

　문인기질이 강한 세종, 그러나 더 정확한 표현은 문무를 겸비한 군주라 할 수 있다. 국방력 강화에 심혈을 기울인 임금은 군사 훈련인 강무에 극히 신경을 썼다. 32년 재위 기간 동안 27회의 강무를 실시했다. 건강이 좋던 재위 24년까지는 매년 강무를 강행했다. 1회의 강무 기간은 열흘에서 보름 사이다. 임금은 수천 명의 군사와 함께 말을 달려 강원도 평강을 17차례나 찾았다. 또 원주와 횡성 그리고 황해도 구월산에서도 사냥을 겸한 군사 훈련을 했다. 강무는 군사 훈련인 만큼 혹독했다. 특히 추운 겨울에는 사상자가 다수 발생했다. 진눈깨비가 내린 13년 2월 20일의 기록이다.

> 짐승을 영평현 보장산으로 몰려고 몰이꾼이 이미 출발하였다. 진눈깨비 탓에 날씨가 몹시 한랭하고 길이 진수렁이 되었다. 사람과 말이 모두 휴식을 얻지 못하였다. 추위에 얼고 굶주림으로 현기증을 일으키고, 죽어 넘어진 자가 많았다. 해가 질 무렵에는 기절한 군사 3명 외에 무수한 사람이 사경을 헤맸다. 말도 많이 쓰러졌다. 임금이 기병 20명을 발송하여 술과 밥을 가지고 가 구조하게 하니 밤은 깊어 새벽에 이르고 있었다. 이로 인해 많은 사람이 탈진 상태에서 회복했지만 결국 26명이 사망하고 말 69필과 소 1두가 죽었다.

강무는 인마의 피해가 발생하는 일일 뿐 아니라 백성에게도 번거로운 일이었다. 군사 훈련이 실시되는 지역의 백성은 모든 행동에 제약이 있었다. 이에 따라 신하들은 사냥을 겸한 군사 훈련의 감축을 요청한다.

14년 1월 24일 형조참판 고약해가 아뢰었다. "강무는 임금이 친히 행하는 군사검열로 폐지할 수 없습니다. 그러나 유희에 가깝습니다. 또 요사이는 사신 접대로 경기도, 강원도에 부담을 주는 일이 잦습니다. 강무 일수를 줄이고, 가까운 곳에 거동하시어 백성을 쉬게 하소서."

그러나 임금은 "강무는 유희가 아니다. 강무는 종묘를 받들고 빈객을 접대하고 무예를 익히는 것으로 결코 가벼운 일이 아니다"라고 반박했다.

이에 앞서 13년 1월 30일에는 신하들의 반대에도 세자의 강무 수행을 강행했다. 민폐를 우려해 강무의 최소화를 요청하는 신하들의 건의에도 아랑곳하지 않고 세자의 교육을 위해 강무의 필요성을 설파한다. 경연에서 물었다.

"세자를 교육하기 위해서는 반드시 바른 사람이 가까이에서 바른 일을 들려줘야 한다. 강무는 그저 말을 타고 달리는 것이 아니다. 군사들에게 무예를 강습시키려는 의도다. 실로 나라의 중요한 정책이다. 내가 세자를 인솔하고 가려 하는데 큰 해만 없다면 데리고 가는 것이 어떻겠는가."

이에 우의정 맹사성이 "세자의 나이가 스물이 안 돼 부당합니다"라고 고했다. 군사 훈련에 참가하기에는 어리다는 의견이다. 판서 안순은 "임금이 궐 밖으로 나가면 세자가 국사를 살펴야 합니다"라고 대답했고, 우사간 김고 등은 "강무하는 데 대체에 해로울 것은 없사오나, 나라를 지키며 국사를 대행해 살피는 것만 같지 못합니다"라고 밝혔다. 또 판서 권진 등은 "동행하는 게 해로울 것이 없습니다"라고 했고, 판서 이명덕은 태종이 세자와 함께 강무한 사례를 들어 찬성했다.

신하들의 의견을 들은 임금은 말했다.

"경들의 국사를 감독해 살펴야 한다는 논의는 실로 옳은 말이다. 세자의 나이가 이제 18세나 되었으니 짐을 수행할 만하다. 또 항상 궐에 있어 밖을 보지 못해 마치 계집아이를 기르는 느낌이었다. 혹 중국 사신을 접견할 때 얼굴이 붉어지고 머뭇거리며, 또 몸이 날로 비대해가고 있다. 말을 타고 기를 펴게 하는 것이 옳을 것이다. 이번 강무에 내가 꼭 데리고 갈 것이다. 앞으로는 세자에게 강무를 행하게 하겠다. 봄, 가을로 강무해 사냥하는 법을 폐하지 않도록 하겠노라."

세종은 군사 훈련인 강무를 통해 신하들의 문약文弱을 막고, 군사들의 기강을 바로 세우려고 노력했다. 세종은 문치주의를 표방했지만 나라의 안정을 강력한 무력에서 찾았다. 또 군사 훈련을 통해 국왕 중심의 상하질서를 확고히 하려는 목적도 있었다. 신하들의 반대에도 어린 세자를 강무에 참여시키고, 세자에게 강무를 주관하게 한 것은 보위를 이을 세자를 나약하지 않은 강력한 군주로 교육하는 차원이었다. 세자에게 호연기지를 키워줘 문과 무를 겸비한 재목으로 교육하려는 배려였다.

강무는 원래 태조 5년(1396년) 11월에 의금부 건의로 마련되었다. 전국에서 수만 명이 동원되는 강무는 국가적인 큰 행사로 매우 번거로웠다. 처음에는 1년에 네 차례 시행되다가 단오와 추석 때 두 번으로 조정되었다. 강무는 세종 때에 체계화되었다. 유동적이던 강무의 장소는 세종 2년(1420년)에 궁성에서의 이동거리와 백성의 부담 등을 고려해 광주, 양근, 철원, 안협, 평강, 이천, 횡성, 진보 등 경기도와 강원도 등으로 결정했다. 이에 따라 해당 지역에서는 원래 주민이나 농사짓던 사람 외에는 개간, 벌목, 사냥 등이 일체 금지됐다.

세종은 강무에 관한 의례인 강무의를 제정하였다. 그 내용을 보자.

행사 7일 전에 병조에서 사냥 지역을 정리한다. 당일 새벽에 군사들이 북을 치면서 출동한다. 임금이 말을 타면 왕자들과 관원이 활을 들고 승마하여 앞뒤로 도열한다. 기병이 짐승을 임금 쪽으로 몬다. 임금은 처음과 두 번째 몰이는 통과시키고, 세 번째 몰이에 활을 쏜다. 기병들은 반드시 한 번 몰이에 짐승을 세 마리 이상으로 한다. 임금이 화살을 쏜 뒤, 여러 왕자가 사냥하고, 이어서 장수와 군사들이 차례로 활을 쏜다. 군사들의 행동이 끝난 뒤 백성이 사냥한다. 이때 잡은 짐승 중 큰 것은 종묘에 보내 제사 지내고, 나머지 고기는 즉석 잔치요리가 된다. 작은 고기는 개인이 소유한다. 강무에서는 화살을 맞힌 부위에 따라 점수를 달리했다. 임금은 짐승의 왼쪽에서 화살을 쏜다. 왼쪽 어깨 뒤와 넓적다리 앞부분을 쏘아 오른쪽 어깨로 화살이 나오면 명중이다. 이렇게 잡은 짐승을 종묘에 올린다. 그러나 무차별적인 사냥은 하지 않았다. 여러 짐승을 쫓되 다 죽이지는 아니했고, 이미 화살에 맞은 짐승은 쏘지 아니했다. 정면에서 얼굴로 화살을 쏘지 아니하고, 그 털을 자르지 아니했다. 경계 밖으로 나간 짐승도 사냥하지 않았다.

그런데 나라의 안정을 이유로 신하들은 계속해서 강무의 중지를 건의했다. 나라에 흉년이 들거나 홍수나 나는 등의 재해가 이유였다.

수만 명이 동원되는 강무는 백성 입장에서는 매우 불편한 행사였고, 막대한 경비가 소요됐다. 그러나 임금은 단호했다. 태조, 태종 때부터 제도화된 군사 훈련을 게을리하지 않겠다고 주장했다. 다만 백성의 형편을 고려해 행사를 축소하고, 세자가 대신 주관하게 하는 융통성은 발휘했다.

임금은 24년(1442년) 9월 8일 세자의 가을 강무 대행을 놓고 신하들과 충돌한다. 임금의 뜻을 사헌부 전원이 반대한 것이다. 임금은 몸의 불편을 들어 세자의 대행을 내세웠지만 신하들은 강무를 중지하거나 훗날 실시할 것을 주장했다. 그러나 임금은 "병이 매우 무거워서 친히 강무를 거행할 수 없으므로 군국軍國의 일이 해이하고 폐지될 것이 염려스럽다. 그래서 세자로 하여금 대행하게 하는 것이다. 경 등은 나의 뜻을 알지 못한다"며 쐐기를 박았다.

세종은 어떤 상황에서도 군사 훈련은 계속되어야 한다는 의지를 실천했다. 또 세자에게 군사통수권자로서 강무를 주관하게 해 통치행위를 익히게 하려는 의도도 실천했다. 군사력 강화에 힘쓴 세종대에는 화포의 개량과 발명이 계속되었다. 완구, 소화포, 철제탄환, 화포전, 화초 등이 속속 개발되었다. 화포들의 제작과 규격, 화약 사용법을 그림과 함께 설명한《총통등록》이 간행되는 등 강한 군사력과 함께 군수산업도 크게 발전하였다.

세종은 세자뿐만 아니라 다른 왕자들도 강무에 참여시켰다. 다른 아들은 대권을 이을 왕자가 아니기에 신하들의 특별한 반대는 없었다. 이에 다른 아들들은 이른 나이에 강무에 동행했다. 특히 수양대군은 열세 살에 강무에 참여했다.

11년(1429년) 2월 세종이 평강平康에서 강무할 때 수양대군은 몰이꾼들이 몰아오는 사슴을 향해 화살 7발을 쏘았다. 모두 사슴 목을 관통시켜 사람들을 놀라게 했다. 열여섯 살 때도 빼어난 활 솜씨로 주위로부터 칭송을 들었다. 세자는 동생에게 시를 주어 격려했다. 세종의 군사 훈련에 대한 의지는 세자와 수양대군에게 큰 기상으로 심어졌다. 《동각잡기》에 기록된 내용이다.

수양대군(세조)은 체구가 크고 활쏘기와 말 달리기가 남보다 뛰어났다. 나이 16세에 세종을 따라 왕방산王方山에서 강무講武할 때다. 하루아침에 사슴과 노루 수십 마리를 쏘아서 피문은 털이 바람에 날아와 겉옷이 다 붉었다. 늙은 무사 이영기 등이 보고 눈물을 흘리면서 "오늘 뜻밖에 다시 태조의 신무神武를 뵙니다"라고 하였다. 세자(문종)가 그 활에다 글을 썼다.

철석같은 그 활이여鐵石其弓
벼락인 양 그 살이로다霹靂其矢
당기는 것은 보겠으나吾見其長
늦춤은 못 보겠네未見其弛

조선 초유의 국민투표를 실시하다

"백성이 좋아하지 않으면 행할 수 없다. 그러나 농작물의 생산량 조사는 공정성을 잃은 것이 자못 많았다. 또 간사한 아전들이 잔꾀를 써서 부유한 자를 편리하게 하고 가난한 자를 괴롭히고 있어, 내가 심히 우려하고 있다. 각 도의 결과가 모두 모이면 더 자세히 논의하라."

《세종실록》 12/07/05

봉건국가나 현대국가나 가장 민감한 것이 세금이다. 세금을 많이 걷으면 나라의 재정은 튼실해지고 각종 정책을 원활하게 펼칠 수 있다. 반면 백성의 원성이 높을 수밖에 없다. 유학의 선각자인 맹자는 과세에 대해 연구를 많이 했다. 그는 세무정책이 잘못되면 농민이 토지를 떠나 유민이 되고, 나라의 기반이 흔들릴 수밖에 없음을 강조했다. 그는 토지의 경계를 분명히 하고, 지방에서는 수확량의 9분의 1을, 서울에서는 수확량의 10분의 1을 세금으로 걷는 방법을 제안했다. 즉, 세금이 수입의 10퍼센트를 넘으면 부담스러운 정치로 보았다. 신생국 조선은 고려 말의 세무 문란을 바로잡고자 했다.

토지 국유화 원칙 아래 공전은 세금징수 권리를 나라에 귀속시켰고, 사전은 수조권을 개인이나 관아에 속하게 했다. 세금은 고려시대에 50퍼센트에 이르던 것을 수확량의 10분 1로 제도화했다. 방법은 손실답험損失踏驗이었다. 생산량을 조사하여 세금을 매기는 방식이다. 그러나 제도는 운영하는 사람이 편법을 쓰면 악용된다. 손실답험법을 시행하는 데에도 부정부패가 일어날 가능성이 있었다. 조사하는 관리에 의해 세금이 좌우되는 폐단도 있었다. 생산량이 적음에도 풍년 때와 같은 기준으로 세금을 부과하기도 하고, 반대의 사례도 발생했다.

이에 세종은 세무제도 개혁을 구상했다. 몇 년 동안의 수확량을 통계 처리해 세금을 걷는 '공법貢法'을 생각했다. 그러나 기득권 세력의 반대로 무산됐다. 만만찮은 저항을 확인한 세종은 분위기 반전을 위해 2단계 조치를 취했다. 과거시험에서 현실 답안을 묻고, 국민투표를 했다.

임금은 9년(1427년) 3월 16일 창덕궁 인정전에 나아가서 문과 책문의 시제를 공법으로 했다. 공법추진의 의지를 천명함과 함께 현실적인 아이디어를 얻기 위함이었다.

"백성에게 세금을 걷는 것만큼 중요한 게 없다. 해마다 관리를 여러 도에 보내 손실을 실제로 조사하였다. 간혹 관리가 백성의 고통을 살피지 않아 나는 매우 안타깝게 여겼다. 공법은 하나라의 책에 나오고, 주나라에서도 사용하였다. 그러나 실패한 정책이었다. 공법의 단점을 버리고 장점을 살리려면 어떻게 해야 하는가. 맹자는 어진 정치는 토지제도에서 시작된다고 했다. 백성이 풍족하고 편안하면 임금이 더 바랄 게 있겠는가. 내가 비록 덕이 적은 사람이나 이에 간절히 뜻이 있다. 그대들의 좋은 의견을 진술하라. 내가 장차 채택하여 시행하겠노라."

세종은 3년 뒤에 여론조사로써 공법을 기정사실화했다. 기득권층의 반발을 민심으로 극복하는 방법이었다. 공법의 찬반에 대한 국민투표는 12년 3월 5일부터 8월 10일까지 5개월간 진행됐다. 국민투표 때에 세종은 다음처럼 지시했다. "백성의 뜻을 확인하라. 대신 몇 사람이 결정하는 것은 민의가 제대로 반영되지 않는다. 조선 팔도 백성의 뜻을 다 들어 좋은 의견을 내라."

백성의 의견이 모이는 가운데 호조판서 안순이 중간보고를 했다. "공법의 편의 여부를 경상도의 수령과 백성들에게 물어보았습니다. 좋다는 사람이 많고, 좋지 않다는 자가 적었사옵니다. 함경도, 평안도, 황해도, 강원도 모두 불가하다고 한 바 있습니다."

왕은 원칙을 밝혔다. "백성이 좋아하지 않으면 행할 수 없다. 그러나 농작물의 생산량 조사는 공정성을 잃은 것이 자못 많았다. 또 간사한 아전들이 잔꾀를 써서 부유한 자를 편리하게 하고 가난한 자를 괴롭히고 있어, 내가 심히 우려하고 있다. 각 도의 결과가 모두 모이면 더 자세히 논의하라."

임금은 좋은 제도라도 백성의 동의를 얻지 못하면 행하지 않을 뜻을 밝힌 것이다. 임금은 백성을 위해 존재한다는 소신이다. 그러나 조사관의 허위, 아전들의 농간에 의해 정보왜곡이 일어날 수 있는 현실도 직시했다.

임금에게 최종 보고된 조사 결과는 17만여 명 참여에 찬성 9만 8,000여 명, 반대 7만 4,000여 명이었다. 세부적으로는 중앙 관리 중 현직 259명과 전직 443명이 찬성했다. 경기도는 수령 29명을 포함한 관리와 백성 등 1만 7,076명이 긍정적이었고, 수령 5명 등 236명은 부정적인 의견이었다. 평안도는 찬성이 1,326명인데 비해 반대는 2만 8,474명이었다. 황해도는 찬성이 4,454명, 반대가 1만 5,601명이었다. 강원도는 수령 5명을 포함한 939명이 찬성에 손을 들었으나 수령 10명을 비롯한 6,888명은 손을 내저었다. 함경도는 불과 75명이 찬성한 반면 7,387명이 고개를 저었다. 경상도는 3만 6,262명이 환영했으나 377명은 현 제도 고수를 주장했다. 전라도는 2만 9,505명이 수긍했고, 257명은 부정적이었다. 농경지가 넓고 단위당 수확량이 많은 남쪽에서는 찬성이 압도적인 반면 산악이 많은 북부에서는 반대가 대대수였다.

거국적인 조사에 참여한 인구는 노비와 여성을 제외했다는 점을 고려하면 일반 백성 대다수라고 볼 수 있다. 세종 22년(1440년) 호구는 70만 호가 채 안 되었다. 인구는 600만~700만 명으로 추정된다. 여론 수렴에 참여한 17만여 명은 각 호에서 한 명 정도이기에 전체 가구의 4분의 1 정도이고, 일반 양반과 평민을 따지면 사실상 전 국민이 참여한 조사였다.

세종은 민심을 읽었지만 제도를 곧바로 시행하지 않았다. 단계적으로 테스트를 했다. 22년(1437년) 8월 전라도와 경상도부터 공법을 시범 실시하고, 23년에는 충청도로 확대한다. 점차 적용되는 모습을 확인한 뒤 26년에야 공법은 연분 9등 전분 6등법으로 확정됐다. 국민투표를 한 지 14년 만의 일이었다.

세종 때는 농업이 국가의 절대적인 산업이었다. 나라의 수익원은 농업이었다. 임금은 이처럼 중요한 농민의 의견을 제대로 들었다. 가까운 고위 관리들의 소수 의견과 대중의 여론을 구분했다. 주위의 말에 현혹되지 않고 전 백성의 생각을 물었다. 또 나라의 혼란이나 백성의 불편을 고려해 제도도 연착륙시키는 세심함을 보였다. 가공된 여론에 흔들리지 않고 많은 이의 생각을 들은 소신은 조선 초유의 국민투표라는 일대 사건으로 승화됐다.

세종은 능력이 탁월한 천재다. 하지만 천재 군주라도 성공이 쉽지는 않다. 백성과 소통이 될 때 가능하다. 지도자에게는 개인 역량보다 소통 능력이 절대적이다. 사회에 보탬이 되는 개인의 역량은 전문지식 곱하기 소통능력이다. 전문지식이 100이고 소통능력이 0이면 지도자로서의 역량은 0밖에 되지 않는다. 세종은 전문능력 100에, 소통능력도 100이라고 볼 수 있다. 100에 100을 곱하면 10,000이 된다. 능력, 민본, 민주절차의 세종은 소통력으로 여론과 소신의 정치를 실천했다.

부엉이에게 궁궐을 내어줄 수 없다

"밤에 부엉이가 경복궁景福宮 북원北園에서 울므로, 상왕上王이 북쪽 양정涼亭으로 옮겨 가서 거처하였다."

《태조실록》07/09/10)

옛날에는 과학과 미신이 공존했다. 구분이 불분명했다. 미신을 정성으로 생각하는 경향이 강했다. 조선시대 부엉이 울음에 대한 대처도 미신적 요소였다. 왕실에서는 부엉이가 자주 울면 닥쳐올 화를 막기 위해 해괴제解怪祭를 지냈다. 해괴제는 나라에서 이상한 일이 일어났을 때에 지내던 제사다. 궁중 용마루 위에서 부엉이가 울거나 절의 부처가 땀을 흘리는 경우 등이다.

이 같은 미신을 없앤 왕이 세종이다. 임금은 24년(1442년) 8월 26일 예조에 명했다. "대궐 안에서 부엉이가 울어도 앞으로는 해괴제를 하지 말라." 부엉이 울음을 자연현상으로 선언한 셈이다. 아버지의 미신타파를 본 아들 세조는 한발 더 나아가 부엉이에 대한 보고를 금지했다. 세조 2년(1456년) 1월 9일 밤, 서운관에서 부엉이가 홍례문 서쪽 마루에서 울었음을 아뢰었다. 이에 대한 세조의 조치는

315

"이후로는 아뢰지 말라"였다.

고대로 갈수록 자연현상에 민감했다. 자연의 흐름에서 엇나가는 사건이 벌어지면 하늘의 경고로 받아들였다. 홍수나 가뭄 등의 자연재해, 유성의 움직임 등 사람의 능력 밖 자연현상에 특별한 의미를 부여했다. 조류인 부엉이에도 민감했다. 밤에 궁궐에 나타난 부엉이의 울음도 특별한 메시지로 해석했다.

조선시대에는 부엉이를 음陰의 사나운 기氣를 가진 새로 보았다. '마을에서 부엉이가 울면 초상을 치른다'는 믿음도 이와 관련이 있다. 부엉이의 상징성은 불길함이다. 부엉이 울음소리는 섬찟한 면이 있다. '부엉 부엉'이라는 낭만적인 의성어로 표현되지만 실제 울음소리는 처량한 듯 애절하고 끊어질 듯 이어지는 저음이다. 신비하다 못해 부담스러운 데가 있다.

조선 왕실도 부엉이 울음에 신경을 썼다. 경복궁 등의 궁궐은 산과 이어져 있다. 따라서 밤에 부엉이가 근정전이나 종묘 등으로 날아와 우는 것은 지극히 자연스러운 일이다. 하지만 사관들은 부엉이 울음도 실록에 적었다. 조심스럽게 받아들이고 행동하려는 의미다. 부엉이를 피해 태조와 태종은 거처를 옮겼다. 심야에 침실 근처에서 우는 부엉이에 신경이 곤두선 탓이다. 태조는 15년 경복궁 후원에서 우는 부엉이가 부담스러워 북쪽 양정으로 거처를 옮겼다. 정종은 부엉이를 달래기 위해 승려들에게 두 차례나 재를 올리게 했다. 한 번은 부엉이 울음을 달래려고 했고, 또 한 번은 부엉이가 솔개에 쫓겨 근정전 위로 오자 승려들에게 불경을 외우게 했다.

태종은 즉위 초에 함경도 길주의 바위가 우는 사건을 접했다. 해괴제를 지내 종소리와 같은 소리를 달랜 태종은 부엉이에게도 같은 방법을 썼다. 태종은 부엉이 공포증이 있었다. 태종은 보위에 앉는 과정에서뿐 아니라 등극 후에도 수많은 피를 보았다. 한밤중에 부엉이가 이산 저산 옮겨가며 울다가, 급기야는 임금의 침전 위에서 처량한 듯 애절하고 끊어질 듯 이어지는 저음으로 우는 소리에 불안했을 수밖에 없다.

결국 태종은 피난을 간다. 꼭 부엉이 때문은 아니지만 한성을 떠나 포천에 머물렀고, 개성으로 갔고, 다시 도성으로 돌아온다. 거처도 경복궁에서 창덕궁으로 옮겼고, 부엉이가 침전 주변에 오지 못하도록 대전에 등을 환하게 밝혔다. 악귀를 쫓는 방상시에게 무서운 도깨비 탈을 쓰고 부엉이를 겁주게 하기도 했다. 궁중 행사에서는 악귀를 쫓는 의식인 방상시 연극이 있다. 네 명으로 구성된 방상시가 여러 가면을 쓰고 사람들을 때리고 위협하는 연극이다. 그럼에도 부엉이는 몇 날 며칠을 임금 주변을 맴돌며 괴롭혔다.

임금은 아예 부엉이에게 항복을 선언한다. 신하들이 극력 반대했음에도 결국 도성을 나가 동대문 밖에 거처를 정한다. 신하들은 고사를 들어 이변이나 변고가 임금에게 재앙을 주려는 게 아니라 면역력을 키워 성군이 되게 하려는 하늘의 메시지라고 간언했다. 그러나 두려움에 빠진 태종의 마음을 돌리지는 못했다. 하지만 훗날에도 부엉이가 계속 나타나자 태종은 "궁이 산 옆에 있어서 부엉이가 우는 것은 자연현상"이라고 말하면서도 치성을 드리며 마음을 달랬다.

아버지의 두려움을 본 세종도 초창기에는 부엉이에 대해 두려움을 가졌다. 세종 6년에는 계속 우는 부엉이를 잡아오라는 명을 내린다. 그러나 일주일에 걸친 소탕작전에서 잡은 부엉이는 한 마리에 그쳤다. 이에 세종은 해괴제를 지내는 것으로 방향을 틀었다. 15년(1433년) 2월에 도관서에서 우는 녀석을 위로해 첫 해괴제를 행한 뒤에도 다섯 차례나 들새에게 정성을 다했다. 그래도 부엉이 출몰이 끊이지 않자 다시 강경책을 썼다. 16년(1434년) 12월에 대호군 최보인에게 여러 관청의 사람을 거느리고 은아리의 지휘를 들어서 부엉이를 잡게 했다. 강경책에도 개선되지는 않았다. 결국 세종은 17년에 6회, 21년에 5회의 해괴제를 지낸다.

그런데 임금은 24년에 결단을 내렸다. 해괴제를 하지 말라는 지시다. 부엉이 울음과 재변과의 관계는 미신이라는 믿음이 선 것으로 보인다. 천문학을 공부하고 과학기구 개발에 전력을 다한 임금은 새의 울음을 하늘의 메시지가 아닌 자연현상의 일부로 해석했을 가능성이 높다. 그렇지 않으면 부왕인 태종 때까지 나라의 안위 문제로까지 확대해석한 현상에 대해 결단을 내릴 수는 없으리라. 그 무렵에 조선에서는 천문관측기구인 혼천의가 완성되고, 해시계, 물시계가 만들어졌다. 궁중에 과학관인 흠경각을 마련해 여러 과학기구를 비치했고, 천문, 의상 등의 책들이 간행되었다. 과학적 사고가 크게 신장되던 시기였다.

실제로 이날 조치 이후 《세종실록》에는 더는 부엉이 기사가 보이지 않는다. 과학지식을 갖춘 세종이 미신인 부엉이에 대한 공포를 끊은 것이다.

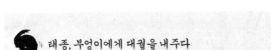

태종, 부엉이에게 대궐을 내주다

태종은 6년(1406년) 8월에 부엉이가 계속 울자 도성 밖으로 이어 移御를 결정한 다. 부엉이는 8월에만 경복궁 누각과 침전, 근정전에 계속 나타나 울었다. 견디 다 못한 태종은 9월에 동문 밖으로 거처를 옮긴다. 궁을 떠난 것이다. 궁을 떠나 기 전에 신하들이 반대한 상황을 그해 실록 9월 1일 기사에서 본다.

사간원에서 상소하여 이어하지 말기를 청하였으나, 윤허하지 아니하였 다. 상소의 대략은 이러하였다.

"엎드려 듣자오니, 전하께서 근자의 재이災異로 인하여 성 밖으로 이어 하려 하십니다. 가만히 생각하건대, 하늘이 재이를 낸 것은 군주를 사랑하 여 수성修省하게 하려는 까닭입니다. 은나라 고종은 장끼가 우는 변을 만나 밤낮으로 두려워함에도 수명이 길었습니다. 주나라 선왕은 한발의 재변 을 만나자 몸을 경건히 해 중흥中興을 이르게 하였습니다. 이것은 모두 정 성과 공경을 다한 결과 하늘과 사람이 서로 감응하여 된 결과입니다. 피방 避方하여 빈 덕분이 아닙니다. 임금에게 피방이 재앙을 면하는 방법이라고 한 것은 술가術家의 요사스러운 말입니다. 원컨대 전하께서는 은나라, 주나 라에서 재앙을 없앤 방법을 본받으소서. 몹시 두려워하며 수양하고 반성 하시면 재앙이 상서로움으로 변할 것입니다. 비록 피방하시어 빌지 아니하시더라도, 별의 경계와 부엉이의 변괴는 염려할 것이 없습니다. 또 임금이 구중궁궐에 계시는 것은 존엄을 보이고, 뜻하지 아니한 변을 방비하자는 소이입니다. 지금의 이어소移御所는 담장이 낮고 좁아서 지존이 계실 곳이 아닙니다. 근방에는 인가도 없어 시종하는 사람들이 들에서 비바람을 맞는 괴로움이 있으니, 그 폐단이 적지 않습니다. 엎드려 바라건대 전하께서는 별전으로 납시어 밤낮으로 조심하고 하늘을 공경하며, 백성에게 부지런하시어, 하늘의 뜻에 보답하소서."

사헌부에서도 글을 올려 성 밖으로 피방하는 것의 폐단을 말하였다. 임금이 장령 이계공, 정언 김위민을 불러 하교하였다.

"몸을 삼가고 행실을 닦는 것이 비록 높은 정론이지만 내가 살펴본 결과 이어하였다는 글도 없지 않았다. 오늘날 들의 새가 집으로 들어오고 지붕 위에서 우니 술자術者가 말하기를, '다른 곳으로 피하여야 합니다'라고 했다. 또 근일에 태백성이 대낮에 나타나고 다시 헌원성을 범하게 되어, 내 마지못해 이렇게 하는 것이니 그대들은 많은 말을 하지 말라."

한글, 지식과 정보 공유의 시초가 되다

"사람마다 쉬 익히어 날마다 쓰는 데 편하게 할 뿐이다."

《세종실록》 28/09/29

한글, 금속활자, 네이버의 공통점은 무엇일까. 정보의 공유다. 소수에 의해 주도되던 지식을 대중화한 도구다. 셋의 출현으로 사회는 혁명적인 변화를 맞았다. 한글 창제는 서민과 여성의 교육을 가능하게 했고, 금속활자는 산업혁명의 모태가 되었다. 네이버로 대표되는 인터넷은 무한 지식 공유 시대를 열었다. 한글은 세종의 지식 공유와 소통의 의지로 구현된 결과물이다.

세종의 뜻은 어제御製에 분명히 설명돼 있다. "나라말이 중국과 달라 한자와 서로 통하지 아니한다. 우매한 백성이 말하고 싶은 것이 있어도 뜻을 잘 표현하지 못하는 경우가 많다. 내 이를 딱하게 여기어 새로 28자字를 만들었다. 사람들로 하여금 쉬 익히어 날마다 쓰는 데 편하게 할 뿐이다."

한글이 창제되기 전에는 지식이 한문에 박식한 소수의 전유물이었다. 한자 외에도 향가의 표기글자인 향찰, 관리들의 행정 기록에 주로 사용된 이두가 있었다. 그러나 한자를 빌려 쓴 우리말이기에 배울 수 있는 계층이 한정되었다. 대다수 백성에게는 어려운 한자도, 한자를 활용한 우리말 표현도 일상적으로 써먹을 수 없는 그림에 불과했다. 사회는 소수의 식자층과 다수의 비식자층으로 이분화되었다. 이는 유교통치의 근간이기도 했다.

조선, 중국, 베트남 등 유교 문화권의 전통개념에는 성인聖人 다음에 군자君子, 즉 대인大人이 있다. 성인과 군자는 지배층이다. 정신적인 활동을 하는 사람이다. 그 밑에 소인小人이 있다. 피지배층으로 육체노동을 하는 사람이다. 지배층은 지식과 도덕을 베풀어 어리석은 소인을 교화하는 게 임무다. 소인은 노동력과 세금으로 대인이 지식을 나눠주는 데 대가를 지불한다.

맹자가 생각한 전통 유교 사회는 지배자와 피지배자의 사회적 분업체제였다. 조선의 건국세력인 신진 사대부들이 생각한 국가 모델이기도 했다. 실제로 거의 전 백성이 문맹이던 당시에는 효율적인 면이 있었다. 그러나 교화는 지배층의 특권을 견고히 하는 수단이기도 했다. 일반 백성이 글을 아는 것이 필요하다거나 바람직하게 여겨지지 않았다. 일부에서는 백성이 글을 아는 것은 정치적으로 위험한 일로 생각했다.

그런데 익히기 쉬운 한글의 보급은 지식의 대중화 가능성을 의미했다. 지식 향유층인 사대부들에게는 위상이 흔들릴 수도 있는 심각한 문제였다. 최만리 등의 한글 창제 반대에는 지배층의 특권 약화,

322
·······
세종의 공부

기존 사회질서의 흔들림을 우려하는 심리가 숨어 있다. 오랜 시간 공부해야 하는 한문은 지배층만이 향유할 수 있다. 조선시대에 과거는 농민도 볼 수 있었지만 양반 중에서도 권력을 쥔 계층에서 독점하다시피 한 것은 이 같은 이유다. 세종이 한글 창제 프로젝트를 비밀리에 진행한 것은 지배층의 집단 반발을 막기 위한 것이었다. 중국과 유교 중심의 세계관에 몰입된 사대부들의 반대는 불을 보듯 뻔했다.

세종은 백성의 수준을 높이기 위해 지식 공유의 차원에서 연구를 계속했다. 세자, 수양대군, 안평대군, 정의공주 등 자녀들과 성삼문, 정인지, 신숙주 등 한글 창제에 우호적인 일부 학자들의 도움을 받았다. 오랫동안 음운과 문자연구가 진행되었으며, 25년(1443년) 창제 성공에 이어 3년 뒤 반포하기에 이르렀다. 임금은 친히 언문諺文 28자字를 짓고, '백성을 가르치는 바른 소리'라는 의미의 훈민정음訓民正音이라고 이름 지었다.

세종의 한글 창제는 크게 세 가지 목적이 있었다.

첫째, 전 백성의 교육이었다. 글자를 알게 해 문맹에서 벗어나게 함이다. 쉬운 글을 창제하는 것이 문자를 몰라 피해받는 백성이 없게 하는 지름길로 생각했다.

둘째, 충효의 강화를 통한 사회 안정이었다. 정치적 통합의 일환으로 한글을 생각했다. 《효행록》 등을 간행하여 사회에 건전한 기풍을 조성하기 위해서는 누구나 쉽게 배울 수 있는 새로운 문자가 필요했다.

셋째, 소통이다. 백성이 글을 알게 되면 생각의 수준이 높아진다. 문화적 상상력이 풍부해진다. 이는 궁극적으로 지배층과 피지배층의 단절이 아닌 소통의 계기가 될 수 있다.

창제 소식이 알려지자 예상대로 반대상소가 올라왔다. 창제 1년 뒤인 26년(1444년) 2월 20일 집현전 부제학 최만리 등이 언문 제작의 부당함을 주장했다. 그들의 요지는 세 가지로 정리할 수 있다. 하나는 사대를 하는 중국에 대한 예의가 아니고, 스스로 오랑캐가 되는 것이라고 지적했다. '대국을 섬기고 중화를 사모하는 데 부끄럽다'는 표현으로 중국의 위협 가능성도 내비쳤다. 특히 비밀리에 추진한 점을 문제 삼았다. 한글을 만드는 것은 풍속을 바꾸는 중대한 문제다. 따라서 백관이 의논하고 중국 황제와 상의해야 할 중대사안으로 규정했다.

또 하나는 한글이 퍼지면 관리가 한문을 공부하지 않을 것이라는 설명이었다. 선비들이 학문하는 문자인 한자를 외면할 가능성을 우려했다. 깊이 생각하는 성리학 공부를 하지 않을 것으로 보았다. '족히 세상에 입신할 수 있는데 무엇 때문에 노심초사하여 성리의 학문을 궁리하려 하겠느냐'고 했다. 만약 과거시험에서 한글이 공식 채택되면 사대부들이 배운 한문은 무용지물이 될 수도 있다. 지배층이 더는 유지되기 어려울 수도 있음을 우려하는 심각한 불안감이 묻어있다.

마지막으로 세자 향의 학습 지장이다. 세자는 한글 창제에 깊이 관여하고 있었다. 공자와 맹자를 공부하는 데 전념해야 할 세자가 한글에 빠져 시간낭비를 하는 것은 심히 부끄러운 일이라는 주장이었다. 이는 다음 보위를 이을 세자가 한글에 우호적이면 한자로 상징되는 자신들의 기득권이 흔들릴 수 있다는 불안감을 에둘러 표현한 셈이다.

하지만 세종은 단호하게 손을 내저었다. 최만리 등에게 단도직입적으로 물었다. "너희가 음운을 아는가." 최만리 등은 상소에서 '음音을 사용하고 글자를 합한 것이 모두 옛글에 위반된다'고 주장하였다. 이에 대한 임금의 대답이었다. "설총의 이두도 음이 다르다. 또 이두를 제작한 본뜻이 백성을 편리하게 하려 함이 아니겠는가. 너희가 설총은 옳다 하면서 임금이 하는 일은 그르다 하는 것은 무엇이냐. 또 네가 운서韻書를 아는가. 사성 칠음四聲七音에 자모字母가 몇이나 있는지 아는가. 만일 내가 그 운서를 바로잡지 아니하면 누가 이를 바로잡을 것인가." 글에 대해 제대로 알지 못하면 반대하지 말라는 표현이었다. 여기에는 글에 대해서는 누구보다도 잘 안다는 자신감이 배어 있다.

임금은 이와 함께 한글을 반대한 김문은 국문하고, 정창손은 파직시켰다. 김문은 한글 제작에 찬성했다가 반대했다는 것이 이유였다. 또 정창손은 한글로 백성을 가르쳐야 교화가 되느냐고 반박해 괘씸죄에 걸렸다. 정창손은 "《삼강행실三綱行實》을 반포한 후에 충신, 효자, 열녀의 무리가 나옴을 볼 수 없는 것은, 사람이 행하고 행하지 않는 것이 사람의 자질 여하에 있기 때문입니다. 어찌 꼭 한글로 번역한 후에야 사람이 모두 본받을 것입니까?"라고 했다.

세종은 한글 창제 뒤《삼강행실》을 한글로 번역하도록 했다. 임금은 명령과 함께 "민간에 반포하면 어리석은 남녀가 모두 쉽게 깨달아서 충신, 효자, 열녀가 반드시 무리로 나올 것"이라고 설명했다. 그런데 정창손이 한글로 교본을 만들어도 열녀, 충신들이 대거 나오지 않을 것이라고 비꼰 것이다. 임금은 "아무짝에도 쓸데없는 속된 선비"라고 분노했다.

세종은 반대를 정면 돌파하며 한글 보급에 심혈을 기울였다. 노력의 결과물 중 하나가 관리 선발에서 시험과목으로 채택한 것이다. 29년(1447년) 4월 20일 함길도 자제의 관리시험 응시에 대해 이조에 교지를 내렸다. "먼저 훈민정음을 시험하여 입격한 자에게만 다른 시험을 보게 하라. 또 각 관아의 관리시험에도 모두 훈민정음을 시험하도록 하라."

이에 앞선 28년에는 이과吏科와 이전吏典의 취재取才 때는 훈민정음도 아울러 시험하도록 했다. 훗날 세조는 아버지 뜻을 받들어 문과의 초장 시험에 훈민정음을 반영했다.

세종은 여자들도 배우기를 권장했다. 문자 해득의 중요성을 말했다. 한글은 왕실 여성부터 배웠다. 왕실 여성들은 편지 등 일상사는 물론이고 정치적인 일에서도 한글을 사용했다. 대왕대비가 수렴청정을 하는 경우, 발 안에서 언문 교서를 내렸다. 이를 신하들이 한문으로 번역했다. 그 결과 임금도 왕실 여인들과의 소통을 위해 한글을 이해해야 했다.

　세종이 만백성의 정보 공유를 위해 보급한 한글은 임진왜란 때 빛이 났다. 선조가 한글로 된 교서를 반포한 것이다. 선조는 민심을 달래고, 의병활동을 촉진하기 위해 백성이 이해할 수 있는 한글을 국가문서에 사용한 것이다. 세종시대에서 150여 년이 지난 선조 때는 지배층과 피지배층의 소통수단으로 한글이 자리 잡았음을 알 수 있다. 세종의 뜻인 정보 독점이 아닌 정보 공유가 서서히 진행됐음을 확인할 수 있다. 백성의 문자 해득을 그리 달가워하지 않았던 왕조시대에 세종은 만백성의 지식 공유를 추구한 선구자였다.

역사적 사실을 있는 대로 기록하라

"역사는 마땅히 사실에 의거하여 바르게 기록해야 한다. 앞선 임금의 과실을 숨기려고 경솔히 고쳐 사실을 인멸해서는 안 된다. 종을 고쳐서 왕으로 일컬을 것도 사실에 좇아 기록할 것이며, 묘호 시호도 사실을 없애지 말고, 일러두기에 고친 것도 이에 준하여 기록하라."

《세종실록》01/09/19

역사는 미스터리다. 문헌이 없는 역사는 진실을 알기가 쉽지 않다. 발굴되는 유물을 퍼즐처럼 맞춰 해석해 역사를 쓴다. 그래서 보는 이에 따라 역사의 진실은 달라질 수도 있다. 한국 고대사도 그렇다. 학계의 주류를 이루는 학자들과 이들의 연구에 손을 내젓는 재야 사학자나 재야 연구가들의 시각은 다른 부분이 많다. 연구 방법론과 절차에서도 차이가 있다. 일반적으로 주류 학자를 강단 사학자, 그 반대에 선 연구자들을 재야 사학자로 부른다. 재야 사학자의 일부는 고대사의 한민족 영역을 중국까지 확장해놓았다. 이에 대해 강단 사학자들은 믿을 수 없는《환단고기》등을 근거로 했기에 인정할 수 없다는 입장이다.

역사는 살아 있는 유기체다. 시대와 사람에 따라 역사가 가감됐다. 한국과 중국에서 전 왕조에 대한 역사서는 대개 새로운 왕조 건설 50년 이내에 편찬된다. 그러나 《삼국사기》는 1145년에 김부식에 의해 쓰였다. 고구려는 668년에 운을 다했고, 백제는 660년에 사라졌다. 신라도 935년에 역사의 무대에서 퇴장했다. 삼국이 망한 지 수백 년이 지난 뒤 쓰인 삼국의 역사는 정확도가 낮을 수밖에 없다. 또 수백 년 후의 사관이 주입될 수밖에 없다. 고려사도 마찬가지다. 역사가들은 조선 초 유학자의 시각으로, 유교 이데올로기로 고려사를 정리했다.

그렇다면 역사를 어떻게 기록해야 할까. 이에 대해 근현대 학자들도 의견이 나뉜다. 독일의 랑케(1795~1886년)는 사료 제일주의자였다. 편견이나 선입견 없이 사료의 비판을 통한 객관적 서술을 주장했다. 영국의 콜링우드(1889~1943년)는 역사가의 주관적 해석과 재구성을 옹호했다. '역사적 사실'이라는 과거는 역사가에 의해 구성되고 그 의미 또한 역사가에 의해 부여되어 순수성이 없다는 것이다. 또 영국의 에드워드 하렛 카(1892~1982년)는 '역사는 과거와 현재의 끊임없는 대화'라며 두 사람의 주장을 수용하는 형식을 취했다. 과거 사실을 기계적으로 편집하는 역사를 쓰거나 현재의 목적을 위해 과거 사실을 주관적으로 왜곡하는 오류를 모두 피해야 한다고 했다.

그렇다면 세종은 어떤 입장이었을까. 세종은 경연에서 역사를 정리하는 시각을 밝혔다. "사관史官은 마땅히 한 시대 행사의 자취를 다 기록하여 후세에 보일 뿐인 것이다. 임금 된 사람이 어찌 능히 사관으로 하여금 착한 것은 기록하게 하고, 착하지 못한 것은 기록하지 못하게 하겠는가."

이는 랑케의 손을 든 것이다. 역사를 쓰는 이의 입장이나 주장을 넣지 말고 기록하도록 했다.

"그대들은 나를 설득시키지 못하고 있다. 의혹을 풀어주지 못하고 있다. 역사적 사실은 사실대로 기록해야 하지 않는가." 세종이 신하들에게 한 질책이다.

신생국 조선은 유학을 통치이념으로 내세웠다. 유학의 큰 물줄기에는 사대주의와 가부장제도가 있다. 유학에서는 가족이 국가 개념으로 확대된다. 가장인 아버지와 식솔인 아들 관계가 나라로 이어진다. 아버지는 임금이고, 백성은 자식이라는 등식이다. 이는 국가 간에도 마찬가지다. 큰 나라는 어버이고, 작은 나라는 아들에 해당한다. 이것을 자연 질서로 보았다. 자연 질서는 큰 것은 작은 것을 위해 힘을 쓰고, 작은 것은 큰 것을 섬기고 보호받을 때 안정된다. 조선은 이 같은 질서의 개념, 즉 사대주의를 받아들였다. 거대 덩치의 명나라에 대립각을 세울 게 아니라 큰 나라로 인정해주고, 조선의 평온을 유지하자는 시각이다. 그래서 명나라로부터 형식상 책봉을 받아 동아시아 국제질서에 편입된다.

그렇다고 조선의 독립성이 훼손되지는 않는다. 현대 그림으로 보면, 미국의 핵우산에 지구촌 수십 개국이 있는 것과 같다. 600년 전 동아시아는 명나라 주도의 국제질서에 조선, 여진, 몽골, 티베트 등 주변국이 편입된 상황이었다. 이는 실리외교다.

고려 후기 200여 년간 백성은 극히 어렵게 살았다. 지배층의 횡포, 왜구의 침입, 홍건적의 개경 점령 등으로 생존에 위협을 받는 상황이 계속됐다. 이런 위기에서 출범한 게 조선이다. 위정자에게는 판단력이 절대적으로 필요하다. 전력이 10배가량 강한 명나라에 대립각을 세우는 것은 현실적이지 않다. 결과적으로 개국세력의 사대주의 정책은 임진왜란 때까지 200여 년 동안 조선에 평화를 선물한다.

그러나 정치철학인 유교의 통치이념에 조선 사대부들이 스스로 빠져드는 경향도 있었다. 신진 사대부들의 자발적인 고려사 폄훼 사건이 그 예다. 동아시아 제국은 새로 나라를 열면 앞선 왕조의 역사를 정리했다.

조선의 태조는 즉위와 함께 앞선 왕조의 역사책 편찬을 지시했다. 조준, 정도전, 정총 등이 4년 만에 37권으로 된 《고려국사》를 만들어 바쳤다. 《고려실록》과 고려 말의 역사 기록을 기본으로 삼아 이제현의 《사략》, 이인복과 이색의 《금경록》, 민지의 《본조편년강목》 등을 참고한 작품이다. 그러나 《고려국사》는 왕조를 보는 시각과 편찬자들의 개인감정이 개입돼 비판되고 있었다.

정도전은 《고려사》를 지은 뒤 "원왕元王 이하는 비기어 참람하게 쓴 것이 많다. 종宗은 왕으로 바꾸고, 절일節日은 생일生日로 썼고, 짐朕

은 나[予]로 바로잡고, 조詔는 교敎로 고쳤다"고 설명했다. 즉, 황제국에 사용되는 용어를 왕국의 단어로 바꾸어 기록한 것이다. 이에 대해 하륜은 "옛날 역사에 상고하여 붙여 쓸 것은 더 써넣고, 없앨 것은 삭제하여야 한다"고 주장했다. 태종 때는 내용과 서술 방법 문제로 수정작업이 시도되었으나 책임자인 하륜의 죽음으로 진전이 되지 않았다.

이 상황에서 《고려국사》를 여러 번 읽은 세종이 경연에서 수정, 보완하라는 지시를 한 것이다. 여기에서 임금과 신하들이 충돌한다. 세종도, 사대부들도 유교의 원리에는 공감했지만 시각차가 있었다. 우리 역사를 보는 눈이었다. 임금은 주체적으로 해석하는 반면 사대부들은 유교 천하관의 큰 틀에서 접근하려고 했다.

임금은 1년(1419년) 9월 19일 경연에서 문제 제기를 했다. "요즘 《고려사》를 읽었는데, 사실과 다른 부분이 많소. 마땅히 개수해야 할 것이오."

이에 유관과 변계량이 《고려사》를 2년 만에 교정했다. 사초를 참고해 개인적인 판단이 있었던 부분을 바로잡았다. 그러나 국제관계는 유교적 사대 관점이 오히려 강화되었다. 황제국의 용어인 제칙制勅·태자太子 등이 제후국의 예에 따라 교敎·세자世子 등으로 수정됐다. 사관들은 이에 반발했다. 태자 태부太子太傅 등의 칭호는 당시의 관제官制이고, 제制, 칙勅, 조詔, 사赦도 당시 호칭임을 들어 역사인멸이라고 주장했다. 하지만 편찬자인 변계량은 "명분을 바로잡아야 한다"

며 물러서지 않았다.

임금은 "역사는 마땅히 사실에 의거하여 바르게 기록해야 한다. 앞선 임금의 과실을 숨기려고 경솔히 고쳐 사실을 인멸해서는 안 된다. 종을 고쳐서 왕으로 일컬을 것도 사실에 좇아 기록할 것이며, 묘호 시호도 사실을 없애지 말고, 범례에 고친 것도 이에 준하여 기록하라"고 말했다.

그러나 변계량은 물러서지 않았다. 사대 사관에서 받아들일 수 없는 참람한 표현은 정도전에 앞서 이제현, 이색이 바꾸었다는 주장을 했다. 황제가 사용하는 종을 왕으로 바꾼 것을 의미한다. 그는 중국의 측천무후 등 후세 사관 입장에서 쓴 사례를 말한 뒤 "신은 주자의 뜻을 받들고, 정도전의 행동을 본받아 참람한 표현 중 전에 고치지 않은 것을 더 고쳤습니다. 이미 고친 바 있는 참람된 일을 다시 쓴다면, 지금 사관들이 반드시 본받아 쓸 것입니다. 이 사실을 그대로 쓴다는 것은 타당하지 않습니다"라고 재고를 요청했다.

임금은 이에 "경의 말을 이해하지 못하겠다.《주자강목》은 명분을 바로잡고 사실을 상세히 기록하였다. 그러나 경의 글에는 기본적이고 중심이 되는 사건의 내용과 전말이 없다. 제대로 쓰지 않는다면 후세에 무엇으로 연유하여 그 사실을 보고 알겠는가. 앞사람의 과실은 뒷사람이 쉽게 안다. 경이 말한 것 같이 지금의 사관이 그것을 보고서 쓸 것이라는 것은, 사실을 그대로 쓴다는 의미다. 사관이 사실을 그대로 쓰는 게 자연스러운 일이 아닌가."

마침내 세종은 유관과 윤회에게 명하였다. 정도전과 변계량이 고친 《고려사》를 옛 문헌대로 살리도록 했다. 윤회는 6년 8월 11일에 《고려사》를 완성했다. 옛 황제국 용어가 그대로 복원됐다. 그러나 발간은 변계량의 반대로 미뤄졌다.

세종 7년(1425년) 12월 7일 실록에 세종의 안타까움이 실려 있다.

> "변계량이 '《고려사》를 정도전이 편수한 전례에 따라, 예에 어긋난 표현은 모두 고쳤다'고 했다. 나는 역사의 기록은 반드시 바르게 쓰도록 했다. 그런 까닭에 윤회에게 명령하여 서문을 다시 지으라고 하였다. 그런데 변계량과 참찬 탁신이 강하게 반대를 한다. 내가 어찌 반드시 말리겠는가. 또 나의 말한 바를 사관은 모두 쓸 것이다. 윤회가 지은 서문은 쓰지 않고 우선 계량의 말에 좇도록 하겠다."

변계량의 반대로 발간되지 못한 《고려사》는 13년(1431년)에 다시 쓰이기 시작해 22년(1442년) 8월에 《고려사전문》이라는 이름으로 만들어졌다. 그 후 29년(1449년) 김종서, 정인지, 이선제, 정창손 등이 보완작업을 해 문종 1년(1451년)에 완성되었다. 황제국과 제후국을 넘나든 고려. 황제국을 표방한 고려는 유교적 사대주의 천하관을 지닌 신진 사대부에게는 자연의 순리를 벗어난 어긋난 행동의 나라로 보였다. 하지만 세종은 역사의 주관성에 주목했다. 후세인의 관점이 아닌 당시의 현실인식과 사실을 역사에 담아야 한다는 입장이었다. 자주국 고려의 모습은 세종에 의해 지켜진 것이다.

젊은 두뇌를 모으다

"임금은 신숙주를 가상히 여겼다. 담비가죽옷을 벗어 그가 잠이 깊이 들 때를 기다려 덮어주게 하였다. 신숙주가 아침에 일어나서 이 일을 알게 되었다. 선비들이 이 소문을 듣고 더욱 학문에 힘을 쓰게 되었다."

(서거정의《필원잡기》)

창의 교육인가, 성실 교육인가. 사람은 분위기에 휩쓸리고 사회는 트렌드에 빠지기 쉽다. 학습에 관련한 트렌드는 창의성이다. 어떤 주제든 '창의'라는 표현을 해야 그럴듯하게 보인다. 역설적이게도 세상이 창의성으로 획일화하는 느낌이다. 창의성을 내걸지 않으면 뭔가 모자란 듯한 느낌이다. 모든 사람이 창의성이 있어야 할까? 모든 일이 창의적이어야 할까? 아니다. 모두 다 창의적이면 배가 산으로 갈 수도 있다. 사회는 창의적인 사람과 기존 방식을 고수하고, 답습하고, 계승하는 사람이 모두 필요하다. 교육은 성실성이 우선해야 한다. 그다음에 창의성을 논해야 한다. 좋은 제도의 답습도 창의성 못지않게 사회 발전과 개인의 행복을 안내한다. 청소년 일탈행동과 관련하여 습관적으로 인성 교육 부재를 외친다. 학생들이 술 마시고 싸운다면 인성 교육이 잘못됐다고 한다. 과연 그럴까. 인성 교육은 인격人格 교육과 성격性格 교육을 모두 포함한다.

싸우고 책임지지 않는 행동은 인격 교육에 해당한다. 성격 교육은 재능 교육이다. 절대다수 청소년은 인간다움이 무엇인지 안다. 해야 할 일과 해서는 안 되는 일을 구분하고, 행동한다. 그렇기에 일부의 무분별한 행동에도 전반적인 학교의 인격 교육은 무난한 셈이다. 그러나 성격 교육, 즉 잠재 능력을 구현하는 재능 교육엔 고개를 흔드는 사람이 많다. 유치원부터 영어, 수학, 국어 등을 모두 똑같이 경쟁적으로 공부하는 상황에서 개성은 드러나기 쉽지 않다. 인격 교육보다는 재능 교육 부실이 더 급하게 해결해야 할 문제인 것이다.

이런 점에서 세종이 집현전을 설치해 성실 교육과 창의 교육을 모두 실현한 것은 고무적이다. 임금은 젊은 두뇌가 마음껏 공부할 여건을 마련했다. 또 장기 근무를 하도록 했다. 수재가 성실하게 연구해 업적을 내는 구조를 만들었다.

"택문신유재행연소자충지擇文臣有才行年少者充之." 세종이 2년(1420년)에 집현전을 설치하면서 한 말이다. 젊은 두뇌를 모으라는 것이다. 세종은 나라의 장래를 행실이 바른 젊은 인재들로 보았다. 이들이 연구에 매진할 공간을 생각했다. 임금의 정치와 학문에 대하여 자문해줄 인재를 육성하고 싶었다.

조선 초기에는 고려의 제도를 이어받았다. 서적이나 연구에 관한 기관으로 수문전, 보문각이 있었으나 유명무실했다. 관청도 없고 직무도 없이 오직 관직만 주는 형태였다. 연구 과제가 없기에 성과도 나올 리 없었다. 세종은 이에 수문전을 폐지하고 보문각을 집현전으로 바꿔 명실상부한 국립연구기관으로 승격시켰다.

사무실을 대궐 안에 두고, 젊은 문관을 계속 발탁했다. 집현전이 있던 곳은 현재의 경복궁 수정전 자리다. 국왕이 조회와 정사를 보는 근정전, 사정전과 이웃해 있다. 집현전에 대한 임금의 관심이 반영됐다. 연구원은 10명으로 출발해 32명까지 늘었다가 18년(1436년)에는 총원 20명으로 확정됐다. 임금은 학자들이 공부에 전념할 수 있도록 배려했다. 연구에 편의를 주기 위하여 각종 서적을 지원했고, 연회를 베풀고, 귤을 하사하기도 했다. 진상품인 귤은 제주도에서 올라오거나 일본의 사신이 바쳤다. 대략 한 번에 1천 개 정도가 올라왔다. 임금은 귤을 조상의 영혼을 모신 종묘의 제수로 쓰고, 왕실 가족이 맛보게 했다. 또 명나라나 여진의 사신이 오면 접대하기도 했다. 이처럼 귀한 귤을 임금은 집현전에도 보낸 것이다.

서거정의 수필집인 《필원잡기》에는 임금의 집현전에 관한 관심이 나온다.

세종은 인재에 대해 탁월한 안목이 있었다. 인재를 키우고 배려하는데 그 어느 임금보다 높고 빼어났다. 집현전 선비들은 번갈아 숙직한다. 임금은 그들을 아끼고 대접함이 융숭하였으니 모두 신선이 사는 곳에 오른 것 같았다.

어느 날 해가 저물고 한밤이 되었다. 임금은 내시에게 숙직 선비가 무엇을 하는가를 엿보게 하였다. 당직인 신숙주가 촛불을 켜놓고 글을 읽고 있었다. 내시가 돌아와서 아뢰었다. "여러 차례 가서 볼 때마다 글 읽기를 끝내지 않다가 닭이 울자 비로소 잠자리에 들었습니다." 임금은 신숙주를 가상히 여겼다. 담비가죽옷을 벗어 그가 잠이 깊이 들 때를 기다려 덮어주게 하였다. 신숙주가 아침에 일어나서 이 일을 알게 되었다. 선비들이 이 소문을 듣고 더욱 학문에 힘을 쓰게 되었다.

세종 2년에 설치된 집현전은 세조에 의해 강제 폐지될 때까지 37년간 존속했다. 이 기간에 96명의 학자가 재직했는데 모두 문과 급제자였다. 젊은 인재 발탁이 문과 급제자 출신에서만 이루어졌음을 알 수 있다. 특히 정인지 등 장원급제자 16명을 비롯하여 46명이 5등 이내로 합격한 우수 인재였다.

이들은 세종이 부여한 임무인 독서, 학문 연구, 정책 자문, 서적 편찬 등을 왕성하게 해냈다. 50여 종의 책을 냈고, 수백 종의 정책 자문서를 작성했다. 대표적 편찬물은 《고려사》, 《농사직설》, 《오례의》, 《팔도지리지》, 《삼강행실》, 《치평요람》, 《동국정운》, 〈용비어천가〉, 《석보상절》, 〈월인천강지곡〉, 〈의방유취〉 등이다. 특히 조선의 최고 작품인 세종의 훈민정음 창제와 연관된 《용비어천가 주해》, 《사서언해》의 편찬을 주도했다.

세종은 젊은 학자들을 대거 등용하고, 적극 지원하여 조선의 문화를 크게 꽃피웠다. 연구원들은 문화 창달의 주역으로서 자부심도 높았다. 공부를 통해 선비의 길을 자연스럽게 몸에 익혔다.

조선 문화의 황금기를 연 집현전의 역사는 크게 3기로 나눌 수 있다.

먼저, 학문 수련기다. 집현전의 기능이 정리되는 가운데 학자들은 학문 수련에 적극 나섰다. 경연관, 서연관, 종학교관으로서 임금과 세자 종친의 교육을 담당했다. 또 문서 작성과 사신 접대를 통한 외교활동을 했고, 과거시험도 주관하고 풍수학도 연구했다.

다음은 문화 활동기다. 세종 10년에서 18년까지로 집현전 인원도 32명까지 늘었다. 기존의 기능 외에도 유교 사회 건설을 위한 옛 제도의 연구와 편찬사업이 왕성했다. 세종이 관심을 크게 보인《치평요람》,《자치통감훈의》,《태종실록》,《효행록》,《삼강행실》등이 편찬돼 황금시대를 열었다.

마지막으로 정치 활동기다. 세종 집권 후반기로 집현전 인원이 20명으로 축소되었다. 학문 못지않게 정치적 영향력이 강해졌다. 학문을 연구하는 기관이었으나 세종의 신병으로 세자의 정무에 학자들이 적극 나선 탓이다. 이들 상당수는 훗날 계유정난을 성공시킨 수양대군에게 적대적이었다. 세조 2년(1456년)에 집현전의 전현직 학사가 주축이 돼 단종 복위를 시도하다 실패했다. 이로 인해 집현전은 폐지된다.

그러나 집현전에서의 연구와 집현전 출신 학자들의 활약으로 조선은 나라가 안정되고 문물이 크게 일어났다. 한국 역사에서 찬란한 문화사상 황금기가 열린 것이다. 세종이 인재를 키우는 연구기관을 설치한 일은 조선 500년 역사의 초석이 되었다.

세종의 창의성과 실험정신은 귤 재배에도 미쳤다. 집현전 학자들의 학문적 연구를 바탕으로 다양한 농사서적을 보급해온 임금은 강화도에서 귤 재배를 시도했다. 귤은 아열대 지역에서 자란다. 우리나라는 제주도에서만 제대로 생장할 수 있다. 그런데 세종은 강화도에 온실을 짓고 귤나무를 키웠다. 귤나무가 잘 자라도록 겨울에는 온실을 만들어 감싸고, 봄에는 집을 허물어 빛을 보도록 했다.

이 같은 일은 농민 입장에서는 번거로울 수밖에 없다. 그 어려움을 이순몽이 임금께 아뢰었다. 《세종실록》 20년(1438년) 5월 27일 자에 실려 있다.

"강화江華 인민의 말을 듣사온즉, 귤나무를 옮겨 심은 것은 본시 잘 살 수 있는 것인지 아닌지를 시험하려는 것이었습니다. 그런데 수령이 가을에는 집을 짓고 담을 쌓고 온돌을 만들어서 보호하고, 봄이 되면 이를 도로 파괴하여 그 폐해가 한이 없습니다. 귤나무가 거의 10척이나 되기 때문에 집을 짓는 데 쓰는 긴 나무도 준비하기 어려워 사람들이 몹시 곤란을 겪는다 하옵니다. 신이 이 말을 듣고 이것이 비록 한 군읍의 사소한 폐단이긴 하오나, 영세민의 근심거리를 진단하지 않을 수 없사와, 감히 천총을 번독하는 바입니다."

하지만 600년 전에 강화도에서 온실을 지어 귤을 재배했던 일은 진취적인 당시인의 생각을 읽게 하는 대목이다. 특히 귤나무의 키가 10척(약 3미터)에 이르렀다는 점은 정상적으로 성장했다는 것을 의미한다.

명을 인정하고 조선의 정체성을 세우다

"신인神人이 박달나무 아래에 내려오니, 나라 사람들이 그를 세워 임금으로 삼아 평양에 도읍하고, 이름을 단군이라 하였다."

《세종실록지리지》평양부)

　중국의 동북공정은 계속 확대 재생산되고 있다. 고구려와 발해사를 자국 역사로 편입하는 것을 넘어 고조선까지 넘보고 있다. 최광식 문화체육관광부 장관은 고려대박물관장 재직 시 중국의 고구려사 왜곡을 파헤치는 작업을 했다. 또 많은 단체와 학자들이 같은 맥락의 연구를 계속하고 있다.

　중국은 2002년부터 동북공정 프로젝트를 통해 고구려를 중국사의 일부로 편입하고 있다. 예전의 중국 사서에 고구려와 백제를 외국편에 서술하던 방식에서 벗어나 중국의 소수민족 지방정권으로 왜곡하고 있다. 중국은 이와 함께 요하 문명에도 야욕을 보이고 있다. 중국 문명의 뿌리는 황하문명이라는 게 기존의 시각이다. 그러나 중국은 만주 남부 일대에 흐르는 강인 요하 유역의 고대 문명을 중화문명의 시원으로 삼는 작업도 병행하고 있다. 중화문명탐원공정이다.

홍산문화로 대표되는 요하문명의 특징은 빗살무늬 토기다. 한민족을 포함한 북방민족들과 연결되는 문화다. 이는 고조선의 강역이고, 문화다. 따라서 중국의 야욕은 고구려, 발해는 물론이고 고조선까지 자국의 역사로 포함시키려는 의도로 볼 수 있다.

중국의 역사 왜곡과 침략을 방치하면 한민족은 고조선과 고구려, 발해를 잃어버릴 수도 있다. 이는 고조선 → 삼국 → 통일신라와 발해의 남북국 → 고려 → 조선으로 이어지는 한국사의 근본 체계가 부정되는 것이다. 자칫 민족의 뿌리도 없고, 정체성도 상실되는 무서운 결과가 될 수 있다. 그래서 역사를 바르게 인식하고 대처해야 한다.

중국의 역사 왜곡 문제에 대한 근본적인 대응 방법에서 가장 우선되어야 하는 것은 고조선의 강역과 민족을 밝히는 것이다. 그런 의미에서 현대가 아닌 600년 전 조선 초기의 고조선 인식을 살필 필요가 있다. 조선은 명나라에 사대함을 정책으로 삼았다. 유학자들은 문화와 사상에서 중국 중심의 질서에 순응했다. 《고려사》 편찬에서도 황제국 용어에 대해 참람하다는 표현으로 스스로 격을 낮추었다. 황제는 중국만이 사용하고 고려나 조선은 안 된다는 시각이었다. 그럼에도 고조선에 대한 인식은 분명했다.

태종 3년(1403년)에 하륜, 권근, 이첨 등이 《삼국사략》을 완성했다. 고구려, 백제, 신라 삼국의 역사를 쓴 이 책에 단군과 기자가 소개돼 있다. 유교적 사관에서 정리한 《삼국사기》에서 빠진 단군의 기록이 되살아났다. 권근의 《진삼국사략전》을 보자.

우리나라는 하늘이 낸 고장이다. 일찍이 단군께서 나라를 세워 1,000여 년 이어왔다. 다시 기자가 이 땅을 맡아 다스릴 때는 8조의 법을 세워 백성을 교화했다.

고조선을 세운 단군을 나라의 시조로 하고, 기자가 다시 이었음을 설명한 것이다. 나라에서는 국조인 단군과 기자를 모시는 사당을 평양에 세우고, 제사를 지냈다. 또 삼국의 건국주들도 함께 제사를 모셨다. 이에 대해 중국은 문제 제기가 없었다. 이는 조선 사람은 물론이고 중국인도 고조선, 고구려를 한민족 조상의 나라로 자연스럽게 받아들였기 때문이다.

《세종실록지리지》평양부 조에는 "신인神人이 박달나무 아래에 내려오니, 나라 사람들이 그를 세워 임금으로 삼아 평양에 도읍하고, 이름을 단군이라 하였다"고 고조선을 설명하고 있다. 또 단군과 기자의 묘가 있고, 고구려 시조인 동명성왕이 단군사당에 같이 모셔져 있음을 서술했다. 또《단군고기》에 나오는 단군이야기가 소개돼 있다. 고조선이 동북지방과 한반도 북부를 관할하고, 부여와 고구려의 뿌리임도 설명돼 있다.

상제 환인에게 아들이 있으니, 이름이 웅이다. 세상에 내려가서 사람이 되고자 하여 천부인天符印 3개를 받아 가지고 태백산 신단수 아래에 강림하였다. 곧 단웅천왕이 되었다. 손녀로 하여금 약을 마시고 사람이 되게 하였다. 신단수의 신神과 혼인해서 아들을 낳으니 단군이다. 나라

343

를 세우고 이름을 조선이라 했다. 조선朝鮮, 시라尸羅, 고례高禮, 남·북 옥저南北沃沮, 동·북 부여東北扶餘, 예濊와 맥貊이 모두 단군의 다스림이 되었다. 단군이 하백의 딸에게 장가들어 아들을 낳으니, 부루로 동부여의 왕이다. 단군이 나라를 누린 지 1천 38년 만에 아사달에 들어가 신神이 되었다.

《세종실록지리지》의 단군 부분은 고고학적으로 뒷받침되고 있다. 고구려의 모두루묘지에는 "하백의 손자 일월의 아들河伯之孫子 日月之子"이라는 글귀가 있다. 이는 단군이 하백의 딸에게 장가들어 부루를 낳았다는 것과 일치한다. 광개토왕비에도 "나는 황천의 아들이요, 어머니는 하백의 딸我是皇天之子 母河伯女"이라는 표현이 있다.

조선은 태종 5년(1405년)에 원구단을 설치하고 고려시대처럼 하늘에 제사를 지냈다. 하늘에 대한 제사는 천자국만 한다. 이는 존명사대 정신을 주장하는 유학자들의 반대로 폐지됐으나 단군과 기자에 대한 제사는 계속됐다. 고조선을 나라의 시원 국가로 본 까닭이다.

세종 때 학자 변계량의 말에는 고조선과 단군에 대한 인식이 잘 나타난다. 2,000년 이상 계속돼온 하늘에 대한 제사를 중지하는 데 반대한 변계량은 단군 제사의 정당성을 세 가지로 설명했다.

첫째, 단군은 나라의 시조다.
둘째, 단군은 중국 천자에 의해 봉분되지 않았다. 즉, 중국과는 관런이 없는 독립된 존재다.

셋째, 단군이 하늘에서 내려온 지 3,000년이나 되었고, 제사도 1,000년 동안 모시고 있다.

세종시대에 국조로 단군이 추앙되었다는 사실은 한 상소문으로도 알 수 있다. 판한성부사를 지낸 유사눌은 단군이 나라를 연 시기를 문헌으로 되살펴 봤다. "신이 상고해 보건대 단군이 처음에 평양에 도읍했다가 뒤에 백악으로 옮겼습니다. 은나라 무정武丁 8년 을미에 아사달에 들어가 신이 되었습니다. 그 노래에는 1,048년 동안 나라를 다스리고 지금도 사당이 아사달에 있다고 하였습니다. 이로 보면 《제왕운기》에서 단군이 나라를 다스린 기간을 1,028년으로 한 것은 1,048년의 잘못입니다."

고려 말에는 단군기원이 거론됐다. 백문보는 공민왕에게 "우리 동방은 단군으로부터 지금까지 이미 3,600년입니다"라며 단군기원에 대한 글을 올렸다. 조선시대에는 고려시대부터 민족의 시조로 추앙받은 단군은 물론이고 기자 등의 고조선에 대한 인식이 널리 자리 잡혔다. 세종시대에는 고조선과 부여, 고구려는 민족의 역사이고, 그 강역은 나라의 고토로 인식했던 것이다. 세종이 요즘 중국의 동북공정이나 중화문명탐원공정을 본다면 가슴을 칠 것이다.

과거의 목적은 참다운 인재를 얻으려 함이다

"우리 태조의 제5자第五子이시다. 나면서부터 신이神異하고, 점점 자라면서 영예英睿가 다른 사람보다 뛰어나고 글 읽기를 좋아하여 배움이 날로 진전하셨다. 나이 20이 못 되어 고려의 과거科擧에 급제하셨다."

(태종 신도비)

세종은 학문을 진흥하고, 우수한 자원을 선발하기 위해 과거시험에 관심을 기울였다. 현대에도 입사시험, 공무원 채용시험, 입학시험과 같은 시험들이 있는데 그 유형은 크게 두 가지로 나뉜다. 필기시험과 면접시험이다. 세종 때 과거시험에서는 시험방식에 제술製述과 경강講經이 있었다. 제술은 논술형태의 필기시험이고, 경강은 발표를 하는 면접시험이었다.

임금은 즉위년(1418년) 10월 7일 처음으로 경연을 했다. 이 자리에서 과거시험 방법을 물었다. "과거의 목적은 참다운 인재를 얻으려 함이다. 어떻게 하면 선비로 하여금 부화浮華한 버릇을 버리게 할 수 있을까."

346

변계량 등은 첫 시험에 경강을 하도록 제도를 바꾼 결과 인재들이 문과를 포기하고 무과에 지원하는 세태가 나타났음을 보고했다. 과거시험은 원래 필기 테스트만 있었으나 태조 때부터 발표면접을 가미한 상태였다. 태조 때부터 과장에서 경서를 외우게 한 이 방법에 대해 태종 때는 반대여론이 크게 일었다. 권근이 여러 차례 강경하게 파기를 요청했다. 발표면접은 수험생이 시험관들의 질문에 막힘없이 대답해야 했다. 극히 높은 수준이어야 시험관들을 만족시킬 수 있었다.

이에 세종 즉위 후에도 변계량 등 다수의 신료가 필기만 실시할 것을 주장했다. 면접시험은 한 명씩 치러야 해 시간도 많이 걸렸다. 지방의 유생은 서울에 오래 머물러야 했다. 세종 4년에는 극심한 흉년이 들었다. 임금은 이해에 실시한 과거에서는 필기만으로 합격생을 정했다. 흉년으로 지방의 생도가 서울에 오래 머물기 어려운 현실을 반영했다. 이를 계기로 과거시험은 필기만으로 지속되었다. 그 후 면접과 필기시험의 병행에 대한 논의는 계속된다. 세종도 경강의 필요성을 인정하고 있었다. 필기시험만으로는 제대로 된 인재를 알아보기 어렵다는 생각이었다. 그러나 불공정하게 진행되는 면접보다는 필기시험의 폐단이 적다고 판단했다.

임금은 14년(1432년) 3월 13일 생원시 합격자의 증서를 수여하고, 과거제도의 미비점을 이야기했다.

"허조는 필기만 치르는 생도들이 경서를 깊이 연구하지 않아 앎의 깊이가 없으므로 발표면접도 해야 한다고 했다. 그런데 여기에도 문제가 있다. 성인이 아닌 사람은 개인 정에 치우친다. 발표시험에서 시험관이 아는 수험생이나 권문세가의 자제를 만나면 어찌 어렵고 깊게 질문하겠는가. 또는 마음에 들지 않아 일부러 강인하게 질문한다면 그 또한 공정한 마음은 아니다. 사람을 뽑을 때는 공정이 우선인데 면접법은 마음으로 온당하지 않다. 실제로 명망이 높은 하윤과 권근도 시험 청탁을 했다. 고려, 송나라, 원나라, 명나라 모두 필기만으로 시험을 본다. 면접은 우리나라만 한다. 발표면접은 시행할 수 없다."

　임금은 필기시험의 부정은 제대로 감독하면 막을 수 있지만 면접시험의 불합리함은 현실적으로 해결하기가 쉽지 않음을 바탕에 두고 설명했다. 하지만 시험 위주의 준비는 예나 지금이나 마찬가지다. 유생들이 과거시험에 나오는 시나 산문을 위주로 공부했다. 나라 경영의 지혜를 얻을 수 있는 사서오경,《성리대전》등의 경학은 흉내만 내는 형국이었다.

　19년(1437년) 9월 3일 이 문제가 크게 논의됐다. 판중추원사 허조와 예조판서 권제 등이 문제를 제기했다. 유생들이 사장詞章만 익히고 경서를 읽지 않아 실제 생활에 도움이 되는 실학에서 멀어진다고 보고했다. 지금이라도 강경講經, 즉 발표면접법을 적용하자고 건의했다. 이에 대해 임금도 고개를 끄덕였다. 항상 이 점을 우려했는데 뾰족한 방법을 찾지 못했다는 것이었다.

　논의가 계속되는 가운데 임금이 신하들의 뜻을 물었다. "시험을 면저 제술로 하되, 내가 친히 그들에게 글을 외우게 해 학문의 깊이를 보는 방법이 좋겠다." 권채가 대답했다. "문과 최종 시험으로 임금께서 보는 전시에서는 글짓기 대신 외우는 것으로 등급을 정하는 것이 좋습니다." 그러나 임금은 "어찌 단지 등급만 하리. 통하지 못한 자는 뽑지 않는 것이 좋겠다"라고 했다. 문과 3차 시험인 전시에서는 합격자 순위만 정한다. 하지만 임금은 경강을 통과하지 못하면 합격시키지 않겠다는 의지를 밝힌 것이다. 신인손은 면접을 계속하면 임금의 건강이 상할 수 있음을 우려했다. 세종은 "면접을 하루에 다 하는 게 아니라 5, 6일 동안 계속하면 괜찮다"고 설명했다.

임금은 마침내 결론을 의정부에 지시했다. "근래에 유생들이 오직 사장만을 익히고 경학經學에 힘쓰지 아니함은 진실로 염려가 된다. 이제 매년 친시親試 때에는 먼저 주장관主掌官으로 하여금 제술製述을 시험 보이게 하고 내가 궐내로 나가 친히 강경에 임하고자 한다. 이를 통과하지 못하는 자는 뽑지 말고, 통과한 사람의 수대로 뽑게 되면 대부분이 사장과 경서를 겸해서 익힐 것이다. 또한 실학을 돕는 일단一端이 될 것이니 여럿이 의논하여 아뢰라."

임금은 발표면접의 부정 가능성을 시험관으로 직접 참여해 차단하려고 한 것이다. 세종에게 공무원 채용의 좋은 방법은 면접이었다. 다만 비리 가능성 때문에 실천하지 못했다. 결국 임금 스스로 면접관이 될 생각까지 했다.

처벌보다는 대책이 우선이다

"수성 금화도감修城禁火都監이 날마다 오부의 방坊·리里를 순행하면서 화재를 단속하는 영을 집마다 타이르고 호마다 깨우쳐줍니다. 그러나 불은 번개같이 빨라서, 때맞추어 끄기가 매우 어렵습니다. 근래에 화재를 진압하는 형편을 보니, 화패火牌와 물에 젖지도 않은 불채[滅火子]를 가지고 다닐 뿐이고 물을 가지고 불을 끄는 자는 적습니다. 지금부터는 한 통統을 열 집으로 하여 다섯 집은 물을 긷고 다섯 집은 불채를 가지고 불을 끄도록 해야 합니다. 한 통마다 물 긷는 통 다섯 개와 불채 다섯 개씩을 본감에서 이름을 적어놓고 주게 하여야 합니다. 후일 불을 끌 때 참고하고 조심하도록 권하며, 그 외에 불을 끄는 기구는 전례를 따라 시행하소서."

《세종실록》20/03/15

처벌보다는 대책이 우선이다. 사건과 사고는 터지기 마련이다. 이때 무엇보다 중요한 것은 재발 방지 대책을 마련하는 것이다. 세종은 대참사 앞에서 흔들림 없이 재발 방지책을 마련했다. 원인을 분석하고, 구호대책과 함께 미래를 위한 구조적인 대책을 세웠다. 한국사 최초의 종합 소방방재 대책이 그것이다.

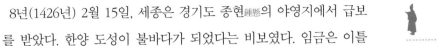

8년(1426년) 2월 15일, 세종은 경기도 종현鍾懸의 야영지에서 급보를 받았다. 한양 도성이 불바다가 되었다는 비보였다. 임금은 이틀 전인 2월 13일 도성을 떠나 강원도 횡성으로 향하고 있었다. 군사 훈련을 겸한 사냥인 강무를 시행하기 위함이었다. 강무는 몇 지역을 거치며 보름가량 행해진다. 임금이 친히 나서기에 종친과 주요 백관이 참여했다. 강무에 따르는 군사는 수천 명에서 수만 명에 이른다.

첫날은 양주의 묘적사 뒷산에서 사냥을 했다. 임금은 행차에 따라온 좌의정, 우의정 이하 여러 신하에게 음식을 먹이고, 모든 군사에게도 술과 안주를 나누어주었다. 다음 날은 지평의 지덕원 냇가에 이르러 잠시 머문 뒤, 저녁에는 종현 들에서 야영했다. 그런데 이날 도성이 아비규환이 된 것이다.

도성에는 소헌왕후와 나이 어린 세자가 있었고 최고 중신으로는 영의정이 남아 있었다. 도성에서 급파된 고상충의 보고에 임금은 아연실색했다. 평소 화를 잘 내지 않던 임금이었지만 이날은 크게 분노했다. 병조판서 조말생 등을 크게 나무란 임금은 몰이꾼들을 돌려보낸 뒤 환궁을 준비했다. 임금은 환궁의 예식을 생략하도록 했다. 의장행렬을 갖추지 말고, 세자의 성 밖 마중도 금지했다. 각 관리도 관청 밖 마중을 하지 말고 조방朝房에서 대기하게 했다.

마른 날씨가 오랜 기간 계속된 탓에 도성에서는 몇 건의 화재 사건이 있었다. 그런데 15일과 16일 이틀 동안은 건조한 날씨에 세찬 바람까지 불어 화마가 크게 번졌다. 이틀 동안의 피해는 막대했다. 한양의 중부, 남부, 동부가 잿더미로 변했다. 한양 사람 열 명 중에 한

351

명 이상이 피해를 봤다. 그날의 참상을 실록을 들춰 알아본다.

　　점심 무렵에 서북풍이 강하게 불었다. 한성부의 남쪽에 사는 인순부의 하인인 장룡의 집에서 불길이 치솟았다. 시전과 나라의 부역을 담당하는 관청인 경시서가 불탔다. 또 북쪽의 행랑 106간과 중부의 인가 1,630호, 남부의 350호, 동부의 190호가 연소됐다. 인명 피해는 남자 9명, 여자가 23명이다. 그러나 어린이와 늙고 병든 사람으로 타죽어 재로 화해 버린 사람은 계산되지 않았다.(2월 15일)

　　이날도 바람이 불었다. 미시未時에 전옥서의 서쪽에 사는 정연의 집에서 불이 일어났다. 전옥서와 행랑 8간까지 연소되고 종루에까지 미쳤는데, 대신과 백관이 힘을 다하여 불을 껐다. 종루는 보전되었으나, 불꽃이 종루 동쪽에 있는 행랑으로 튀어가서 인가 200여 호가 연소되었다. 이틀 동안의 화재에 도둑맞은 것이 절반이나 되었다. 불이 번지지 않은 집에서도 황급히 화재를 피하였다가, 재산을 또한 다 망실하였다.(2월 16일)

　　조정은 비상이었다. 모든 군사와 백성이 불을 끄기 위해 나섰다. 비상사태를 맞아 소헌왕후는 임금을 대신하여 모든 대신과 백관에게 전교했다. "화재가 발생했다. 돈과 식량이 들어 있는 창고는 구제할 수 없게 되더라도, 종묘와 창덕궁은 힘을 다하여 구하라."

　　첫날 불길이 잡힌 저녁에 대신들이 화재 상황을 보고했다. 소헌왕후는 말했다. "오늘 재변의 참상은 이루 다 말할 수 없다. 그나마 종묘가 보전된 것만이라도 다행한 일이다." 한양의 10~20퍼센트가 불

탄 참혹한 상황에서도 소헌왕후는 종묘의 안위를 먼저 걱정했다.

임금의 머릿속에서 항상 떠나지 않는 곳이 종묘다. 임금 조상의 영혼이 깃든 곳이다. 조선시대 나라의 다른 표현은 '종묘사직'이었다. 종묘를 잃는다는 것은 나라를 잃는 것이요, 종묘가 불타는 것은 나라가 불타는 것으로 받아들였다. 그래서 진화 최우선 순위는 곡식을 쌓아놓은 창고도 아니요, 나라의 행정을 하는 관아도 아니었다. 바로 종묘였다. 소헌왕후는 세종이 부재중인 절박한 상황에서 종묘만은 지키려고 했던 것이다.

당시 한양은 1만 7천여 호에 인구는 11만 명에 가까웠다. 세종 10년(1428년) 한성부 장계에 보면 세종 8년의 도성 내 인구는 1만 3,328명, 도성 밖 10리 안에 사는 사람은 6,044명이었다. 불은 도성 안에서 일어났다. 2천여 채가 불탔기에 이재민이 1만 명가량이 된 엄청난 화마였다.

16일 도성에 돌아온 임금은 화재민 구제책을 지시했다. "화재를 당한 집과 양곡이 사라진 사람에게 식량을 공급하고, 화상을 입은 사람에게는 의원으로 하여금 치료하게 하라. 죽은 사람 한 명당 쌀 1석과 종이와 거적 등의 물품을 주어 매장하게 하라. 그중에 친족이 없는 자는 관청에서 장사에 쓸 기구를 주어 한성부로 하여금 사람을 시켜서 장사 지내게 하라."

화마 피해가 어느 정도 집계된 19일에는 각 부처에 2차 구호조치를 지시했다. "화재를 당한 집 수와 인구를 장년과 어린이로 나누어 힘써 구제하여, 굶주리며 곤란을 당하는 사람이 없게 하라. 화재를 당한 사람들이 집을 지을 때 재목으로 말라 죽은 소나무를 베어 주라." 다음 날인 20일에는 화재로 배고픈 백성에게 묵은 장醬 3백 석을 나누어 주도록 했다.

대참사 앞에 민심은 흉흉했다. 먹을 것이 부족한 백성은 도둑질을 마다치 않았다. 사회 불만세력의 방화로 보이는 불도 있었다. 세종의 이복형인 경녕군이 왕이 된다는 소문도 돌았다. 세종은 사회 안정 차원에서 치안조치를 취했다. 25일 병조에서 올린 도둑 방지책을 윤허했는데 처벌을 위한 조치가 아니라 빠른 안정을 위한 파격적인 조치였다. 기존의 법을 뛰어넘는 관용이었다.

병조는 다음과 같이 대책을 올렸다. 방화범 색출에 대해 관직을 상으로 걸고, 방화범도 자수하면 용서는 물론이고 상까지 줄 수 있는 엄청난 조치였다. 그만큼 사회 안정이 절대적으로 필요한 위기상황이었다.

"근래에 흉년이 들어서 무뢰한 무리들이 몰려다니며 도둑질을 하고, 성안의 주택가에다 불을 지르기를 거의 매일같이 합니다. 삼가 도둑을 방지하는 방책을 결정하여 조항별로 다음과 같이 나열하나이다.

1. 각 방坊과 각 동洞의 중심지 1개소에서 5명씩 교대로 파수를 보며, 경更마다 순찰을 하여 확인한다.

1. 불 지르는 사람을 잡아서 고발하면 양민은 계급을 초월하여 관

직을 주며, 천민은 양민으로 옮겨주며 모두 면포 200필을 준다.

1. 불을 지른 사람이 자수하면 죄를 용서하고, 서로 고발한 사람은 죄를 사면하고 면포 200필을 상으로 급여한다."

세종의 위대함은 이 같은 응급조치와 함께 항구적인 대책을 마련한 점이다. 세종은 화재 발생 5일 후인 20일에 소방대책을 발표했다. "서울의 행랑에 방화장을 쌓고, 성내의 도로를 넓게 사방으로 통하게 만들라. 궁성이나 전곡이 있는 각 관청과 가까이 붙어 있는 가옥은 적당히 철거하라. 행랑은 10간마다, 개인 집은 5간마다 우물 하나씩을 파고, 각 관청 안에는 우물 두 개씩을 파서 물을 저장하라. 종묘와 대궐 안과 종루의 누문에는 불을 끄는 기계를 만들어서 비치하라. 화재가 발생하면 쫓아가서 끄게 하라. 군인과 노비가 있는 각 관청에도 불을 끄는 모든 시설을 갖추라. 화재 소식을 들으면 곧 각각 그 소속 부하를 거느리고 가서 끄게 하라."

세종이 대참사를 계기로 확정한 소방대책은 방화시설 설치, 소화작업 담당구역 설정, 소화 책임관서 설치 등이었다. 특히 종묘와 주요 궁궐에는 불을 끄는 소방기계를 설치하도록 했다. 이때 체계화된 소방시스템을 '서울육백년사 홈페이지 소방체제' 편에서 인용한다.

먼저, 시설이다.

① 각 행랑과 행랑 사이에 담장을 높이 쌓아 불길이 번지는 것을 막도록 방화장을 구축한다.

② 도성 내의 도로를 넓게 터서 사방으로 통행할 수 있도록 한다.

③ 궁궐과 전곡을 관장하는 각 관사에 가까이 있는 민가는 기준을 세워 철거한다.

④ 행랑은 10간마다, 개인 주거는 5호마다 웅덩이 하나씩을 파고 관부에는 웅덩이 2개씩을 파서 항시 물을 채워놓는다.

⑤ 종묘, 궐내와 종루의 문전에는 소화기기를 비치한다. 소화기기는 구화용 사다리, 저수조, 물 푸는 그릇, 불 끄는 기계 등이다.

둘째, 금화도감禁火都監의 설치이다.

① 소화작업을 위한 인원에게는 야간통행의 신패(통행증)를 발급한다.

② 화재 발생 시에는 병조 및 각 사와 한성부에서 군인과 민간인 및 노자奴子를 검찰해 도난을 방지한다.

③ 의금부 관원이 교대로 종루에 올라가 밤낮없이 주위를 살펴보고, 공적 기관에 불이 나면 종루의 종을 치고 민가에 불이 나면 급보로 알린다.

셋째, 비화조건 실시이다.

① 금화도감에서는 각 관사에서 차출한 의무 소화요원의 수를 정한다.

② 금화도감에서는 각 관사가 보유하는 여종의 수에 따라 물을 퍼나르는 급수자를 정하고 급수통을 준비한다.

③ 마을마다 다섯 가구에서 한 사람의 장長을 선발, 각 가호에서 차출할 인원을 정한다. 급수통을 미리 준비한다.

④ 각 사와 각 방에서 동원되어 나온 자들이 소화지휘소를 알 수 있도

록 지휘소에 기를 세우고 북을 쳐서 소재를 알린다.

⑤ 바람이 사납게 부는 날 화기가 크게 발하고 종소리가 들리면 병조의 관원도 보고자를 제외하고는 금화도감의 지휘에 따른다.

⑥ 진화 후에 공과를 왕에게 보고해 신상필벌을 한다.

⑦ 증명서가 없더라도 소화하기 위해 자진해서 출입하는 자는 금지하지 않는다.

⑧ 각 사의 화재 시 동원책임을 맡은 사람은 반드시 한 달에 두 번씩 모인다.

특별방화대책은 효과를 나타낸다. 세종은 13년(1431년) 4월 3일 2품 이상의 대신들과 함께 백성의 집과 종묘의 화재 예방책을 논의한다.

이 과정에서 시행 중인 방화대책 덕분에 그 후 불이 났으나 화재가 크게 번지지 않았음이 소개된다. "병오년 화재가 난 뒤 여러 신하의 건의로 각 방의 민가에 도로를 개통한 덕분에 지난 그믐날의 불로 사망한 사람은 없다."

이어 임금은 종묘의 화재 예방을 위한 생각을 밝힌다. "종묘에 소나무가 없으면 진실로 화재가 없을 것이다. 지금 소나무가 무성하여서 전일의 화재와 같은 것이 혹 일어나지 않을까 염려된다. 지금 솎아내는 것이 어떠할까." 이에 대해 맹사성이 아뢰었다. "종묘 담 안의 소나무는 자로 재어 솎아서 베는 것이 좋겠습니다."

이로써 울창했던 종묘의 소나무는 일정한 간격으로 솎아 베어졌다. 그러나 여러 차례의 간벌에도 소나무는 계속 번성했고, 중종 6년

(1511년)에는 종묘 담장 밖 인가에서 난 불이 담장 안 소나무에까지 번지기도 했다. 조선의 화재대책은 종묘의 화재대책이라고 할 수 있다. 여러 중요 기관을 언급하면서 종묘가 제일 먼저 거론되었기 때문이다.

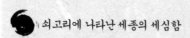 쇠고리에 나타난 세종의 세심함

대화마를 당한 임금은 자나 깨나 불조심이었다. 한국사 최초로 종합 소방매뉴얼을 작성한 임금은 13년(1431년) 1월 2일 세심한 지시를 한다. 근정전 등에 화재 시 사용할 쇠고리를 만들게 한 것이다.

임금이 승정원에 전지했다. "근정전이 높아서 만일 화재가 있다면 창졸간에 오르기가 어려울 것이다. 쇠고리를 연쇄하여 처마 아래로 늘여놓았다가, 화재가 있으면 이를 잡고 오르내리게 하는 것이 어떠한가. 또 옥상이 위험하여 불을 잡으려던 자가 미끄러질 경우 잡을 만한 물건이 없으니, 역시 긴 쇠고리를 만들어서 옥상에 가로 쳐놓는 것이 어떤가."

총제 이천이 아뢰었다. "성상의 하교가 실로 지당하옵니다." 이로써 근정전, 경회루, 사정전, 문무루, 인정전, 광연루, 모화관 등에 사용할 쇠고리가 만들어졌다.